우리 말이 우리 말이 아니다

-우리 말·글 오염의 현주소-

이 진 우 지음

서 문 당

머 리 말

국어사랑은 나라사랑이다. 국어사랑 있는 곳에 나라사랑이 있고 나라사랑 있는 곳에 국어사랑이 있게 마련이다. 국어사랑 없는 나라사랑이나 나라사랑 없는 국어사랑은 모두가 허구이고 위선이라고 생각한다. 그런데 나라사랑이란 무엇인가? 어떻게 하는 것이 애국인가? 이 나라 강토의 산과 강, 흙과 바다를 사랑하는 것이 애국인가? 그 어느 것도 나라사랑의 일부는 될지언정 나라사랑 그 자체는 아니다. 그렇다면 참된 나라사랑은 무엇인가?

그것은 우리가 모두 대한민국의 국민이라는 의식, 배달민족의 한 사람이라는 생각을 함께 나누는 것이라고 생각한다. 이것을 공속의식(BewuBtsein der Zusammengehoerigkeit) 또는 공속감정(Gefuehl der Zusammengehoerigkeit) 이라고 말한다. '나는 대한민국이고 대한민국은 나'라는 의식과 감정말이다. 나와 네가 배달민족 안에서 우리로 승화하는 것이다. 이러한 의식과 감정은 민족의 얼과 정신으로 승화하여 역사 속에서 스스로를 구현시키는 것이다.

그런데 얼과 정신은 언어로 표현된다. 나라사랑이 언어사랑으로 될 수밖에 없는 이유가 여기에 있다. 이런 애국이라야만 독선과 배타에 흐르지 아니하고 긍지와 사명감으로 뻗어나가는 것이다. 그래서 우리의 나라사랑은 필연적으로 우리말의 우수성과 한글의 과학성에 대한 긍지에서 출발하여 우리 속에 우리말의 얼을 심어 가는 사명감으로 귀결되어야 할 것이다.

우리나라 말은 지금 중대한 질병에 걸려 있다. 그런데 그 질병에 대해서 책임을 져야 할 사람은 우리말을 국어로 사용하는 모든 국민이다. 이 점에 있어서 너와 나의 구별이 있을 수 없다. 누구도 다른 사람을 향하여 비방의 손가락질을 할 수 없다.

그런데 그 너와 나 중에는 정치지도자들도 있고, 지위가 매우 높은 공무원들도 있고, 학자들과 문인들 그리고 언론인, 방송인들까지 들어 있다는데 우리의 아픔이 있다고 할 것이다. 나는 고등교육을 받은 사람들 중에서 자기 나라말을 제대로 사용하지 못하는 사람은, 소위 선진국 대열에 끼인 나라치고 우리나라 사람밖에는 없는 것이 아닌가 하는 생각을 해본다. 그 '우리나라' 사람 중에는, 당연히 나를 포함하여 열외자가 거의 없다고 본다. 그 이유는 무엇인가?

우리는 지금 극심한 환경 오염 때문에 큰 시련을 겪고 있다. 그러면서 우리는 이 환경 오염에 조금도 뒤지지 아니하는 말·글 오염에 찌들어 가고 있는 것이다. 그런데 환경 오염에 대해서는 많은 걱정들을 하고 있으나, 우리의 말·글 오염에 대해서 걱정을 나누고 있는 사람은 극히 드물다.

여기에 우리말, 글 오염의 심각성이 있는 것이다. 우리 모두 우리말, 글의 오염 속에서 살다보니 그 오염에 면역이 되어 이 사태의 중대성을 깨닫지 못하면서 살고 있다고 봐야 할 것이다.

이러한 상황 속에서는 국민들의 나라사랑을 기대할 수도 없고 힘있는 대한민국을 바라볼 수도 없다는 것이 나의 현실 진단이다.

우리 민족의 선각자인 주시경 선생은 이러한 견지에서, <한 나라말>이란 글에서 나라의 말과 글의 관계, 말·글과 나라사람들의 애국심 간의 함수관계 그리고 말·글의 힘과 국력의 상호관계를 다음과 같이 설파하고 있다. 우리가 옷깃을 여미고 귀를 기울이며 경청해야 할 금언이라고 생각한다.

"말이 오르면 나라도 오르고 말이 내리면 나라도 내리나리라. 글은 말을 담는 그릇이요 말을 닦는 기계니라. 말이 거칠면 그 말을 적는 글도 거칠어지고 글이 거칠면 그 글로 쓰는 말도 거칠어지나니라. 말과 글이 거칠면 그 나라 사람의 뜻과 일이 다 거칠어지고 말과 글이 다스리어지면 그 나라 사람의 뜻과 일도 다스리어지나니라. 이러하므로 나라를 나아가게 하고자 하면 나라 사람을 열어야 되고 나라 사람을 열고자 하면 먼저 그 말과 글을 다스린 뒤에야 되나리라 또 그 나라말과 그 나라 글은 그 나라의 빛이니라."

그런데 우리의 현실은 어떠한가? 일반인의 생활언어는 말할 것도 없고 정치지도자들의 담화, 정부의 공문서, 법률의 규정, 학자·문인의 글, 방송·언론의 언어에 이르기까지 우리말·글의 질환이 깊고 넓게 퍼져 있다.

주시경 선생이 설파한 바와 같이 나라사랑이 국어사랑이고 나라 힘이 말·글의 힘이라는 것을 인정한다면, 우리 함께 이 문제를 깊이 생각해 볼 때가 되었다고 생각한다.

나는 말과 글의 전문가가 아니다. 하나의 평범한 생활인에 불과하다. 그러한 생활인인 나의 눈에는 우리말과 글이 중한 질병을 앓고 있는 것으로 비쳐지고 있다. 이 말·글의 질병은 우리의 산천을 죽이고 있는 극심한 환경 오염, 수없는 대형 참사의 원인을 제공하는 부실·부정공사, 엄청난 사회 불안을 몰고 오는 준법정신의 총체적 후퇴, 우리를 절망케 하는 종교계의 비리, 모든 가치기준의 근본적 붕괴와 맥을 같이하고 있다는 것이 나의 현실 진단이다.

참과 아름다움의 상실이 이 모든 질환의 공통적인 원인이 되고 있는 것이라고 생각한다. 내가 자신의 분수를 넘어서까지 올바른 우리말·글의 회복을 이토록 목마르게 외치는 이유가 여기 있다.

나라사랑은 국어사랑이고 나라 힘은 말·글의 힘이라는 것을 인정한다면 우리 함께 이 문제를 깊이 생각해 볼 때가 되었다고 생각한다. 우리말·글 연구에 관한 한 문외한인 내가 부끄러움과 아픔을 무릅쓰고 이런 글을 쓰는 이유는 바로 여기에 있다.

나의 이 부끄러움과 아픔이 국어사랑의 내일을 위해, 보잘 것없는 것이기는 하나, 하나의 이정표가 되었으면 하는 간절한 기원을 해본다. 우리의 의식과 말·글에 문제가 있는 것은 사실이다. 그러나 우리에게는 또한 무한한 능력도 있다. 모든 문제를 극복하고 힘차게 일어설 수 있는 능력이 있다. 문제는 우리의 의지다. 하고자 하는 결단이다. 이것만 있으면 우리에게 약속은 기필코 있는 것이다.

추천의 말

오 리 전 택 부
(한글날 국경일 제정 범국민추진위원회 위원장)

무엇보다도 먼저 이진우 변호사님의 역작 ≪말·글의 힘, 나라의 힘≫의 출간을 축하드립니다. 독자들이 저자의 이름을 보지 못하고 책의 제목과 목차를 먼저 보았다면 아마도 이 책은 어느 언어철학자나 국어학자의 작품이겠거니 착각을 할 정도로 그 내용이 언어철학적 문제를 폭넓게, 또 깊이 있게 다루고 있습니다. 그러나 놀랍게도 저자 이진우님은 언어철학자도 국어학자도 아닌, 법조인이며 법철학자로서 이러한 역작을 내었다는 데 우리는 놀랄 수밖에 없습니다.

오늘날 전세계의 걱정거리는 오염 문제에 있는 것이 사실입니다. 바닷물이 썩어가고, 공기가 숨을 쉬지 못할 지경에 이르고, 자연이 파괴되어 생물들이 멸종 위기에 처해 있습니다. 우리나라도 마찬가집니다. 그러나 수질 오염이니 공기 오염은, 그 정도에 따라 소수 개인이나 어느 지방에만 국한될 수 있습니다. 그러나 말의 오염은 민족 전체의 문제입니다. 심하면 민족 전체가 다 죽을 수도 있습니다.

언어철학자 훔볼트(W.V. Humbolt)는 일찍이 말하기를 "모든 언어에는 한 겨레의 문화적인 전통 속에서 자라난 세계상〔Weltbild〕이 있다"고 했습니다. 또 다른 언어철학자 바이스겔버(Weisgelber)는 말하기를 "모든 언어에는 창조적인 에너지 즉 힘이 내재되었는데, 이 힘이 발휘되는 광장을 우리는 세계상〔Weltbild〕이라고 한다"고 했습니다.

이러한 이론대로 한다면, 영어에는 앵글로 색슨의 세계상이 있고, 독일어에는 게르만 민족의 전통적인 세계상이 있고, 우리 민족에게는 배달민족의 세계상이 있다고 하겠습니다. 우리의 언어철학자 이규호는 ≪말의 힘≫이라는 저서에서 이 세계상을 '얼'이라고 재해석한다고 했습니다.

글의 오염 문제는 예나 지금이나 민족의 사활 문제와 더불어 거론되고 있습니다. 우리의 문자를 만든 사람은 세종대왕이었습니다. 세종대왕은 "우리나라의 말소리는 중국과 달라서… 우리 백성은 글자가 없어서 말하고자 하는 일이 있어도 자기의 뜻을 발표하지 못하는 사람이 많다…"하면서 한글을 창제했습니다. 한글창제의 동기는 어디까지나 민족의 생존 문제에 있었습니다.

이 뜻을 계승해서 투쟁한 사람은 우리의 언어철학자 주시경이었습니다. 이진우님도 이 책 머리말에서 인용했듯이, 주시경은 <나라사랑>이란 글에서 "글은 말을 담는 그릇이요 말을 닦는 기계니라, 말이 거칠면 그 말을 적는 글도 거칠어지고, 글이 거칠면 그 글을 쓰는 말도 거칠어지니니라. 말과 글이 거칠면 그 나라 사람의 뜻과 일이 다 거칠어지고 말과 글이 다스려지면 그 나라사람의 뜻과 일이 다 다스려지니니라… 또 그 나라말과 그 나라글은 그 나라의 빛이니라" 했습니다.

말과 글의 관계는 생명수와 그릇의 관계와 같습니다. 아무리 생명수가 귀한 존재라 해도 그릇 없이는 보존할 수가 없습니다. 또한, 말과 글의 관계는 보석과 기계의 관계와 같습니다. 아무리 보석이 귀중한 것이라 해도 기계나 도구 없이는 그것을 빛나게 닦아낼 수가 없습니다. 이와 같이 어떤 학자는 말을 '세계상'이라고도 하고, 어떤 학자는 '얼'이라고도 하고, 어떤 학자는 '힘'이라고도 하고, 또 어떤 학자는 '빛'이라고도 했습니다. 어쨌거나 말과 글은 인간과 민족의 생사 문제를 판가름하는 귀중한 존재임에는 틀림없습니다.

흔히 사람구실을 바로하지 못하는 사람을 두고 얼빠진 놈이라고 합니다. 민족에게도 얼빠진 민족이 있습니다. 제 나라 고유의 말과 글이 있음에도 불구하고 남의 나라말과 글만을 숭상하는 민족을 얼빠진 민족이라 합니다. 얼빠진 민족치고 잘 사는 민족은 하나도 없습니다. 제 나라 고유의 말과 글을 보존하지 못하는 민족치고 망하지 않은 민족은 하나도 없습니다.

멀리 갈 것 없이 이웃 나라 청(淸)나라 하나만을 보아도 알 수 있습니다. 청나라는 만주족이 세운 나라입니다. 만주족은 금(金)나라를 세웠으며, 그뒤 명(明)나라를 무너뜨리고 청나라를 세운 강대한 민족입니다. 중국 본토만 아니라 북으로는 몽고까지, 서쪽으로는 신강·티베트까지, 남쪽으로는 대만·안남·버마·샴까지 무려 3백년간이나 지배했던 강대한 민족이었습니다. 만주민족은 자기 고유의 말과 글을 가지고 있었습니다. 지금도 우리는 잠실벌에 가면 그 글자를 볼 수 있습니다.

청태종(淸太宗)이 병자호란 때 우리의 인조(仁祖)대왕을 무릎꿇게 하고 그 자리에다 소위 청태종송덕비를 세웠는데,

그 비문이 만주족 글자와 한자로 되어 있습니다. 그러나 청나라는 자기네 글자는 무시하고 한자를 공용문자로 썼기 때문에 점차 한족에게 동화되어 버려서 지금은 만주족의 씨조차 찾아보기가 어렵게 되었습니다.

이와 같이 말과 글의 힘은 막강한 것입니다. 민족의 얼입니다. 그럼에도 불구하고 우리의 지도자들은, 특히 정치인들은 부국강병, 즉 경제와 안보가 시급하지, 그까짓 말과 글의 오염쯤이야 문제될 것이 없다는 식으로 행세하니 걱정거리가 아닐 수 없습니다. 우리의 정치인들은 말과 글의 오염은 육체만 아니라 민족의 얼과 정신을 송두리째 썩게 한다는 사실을 까맣게 모르고 있습니다.

저자 이진우님은 이 책 머리말에서 "나는 말과 글의 전문가가 아니다. 하나의 생활인에 불과하다…. 내가 자신의 분수를 넘어서까지 올바른 우리말·글의 회복을 이토록 목마르게 외치는 이유가 여기에 있다"고 했습니다. 참말 재야의 의병장 같은 외침입니다. 광야의 예언자 같은 소리입니다. 듣고 보니 숙연한 마음 이를 데 없습니다.

끝으로 부탁이 있습니다. 떨치고 나선 김에 한글의 세계화도 앞장서 주시기를 바랍니다. 오늘날 세계에 말은 가지고 있어도 글이 없어서 죽어 가는 민족이 얼마나 많습니까? 글을 가지고 있는 민족도 영어세력에 밀려 자꾸 죽어 가는 민족도 허다합니다. 우리 배달민족도 무지막지한 정치인들과 지도자들의 잘못된 교육정책 때문에 큰 상처를 입고 있습니다.

이때에 우리 한글의 우수성을 들어낼 필요가 있습니다. 한글이야말로 인류사상 가장 배우기 쉽고, 쓰기 쉽고, 가장 과학적이며, 표음력이 강하기로는 이보다 더 좋은 글자를 찾아보기 어렵다는 것이 세계 언어학자들의 공통된 평가가 아닙니까? 그래서 UN기구인 UNESCO도 배우기 쉬운 한글을 통한 문맹퇴치를 이루기 위하여 '세종문맹퇴치상' 제도를 마련하고 해마다 시상을 하고 있지 않습니까?

어떤 민족은 알파벳 문자를 가지고 문맹퇴치를 시도하고 있지만 그것은 거의 불가능합니다. 표음력이 약하고 한 글자의 발음이 왔다갔다하는 알파벳 문자를 가지고는 어림도 없습니다. 우리 한글이 가장 적합한 문자라는 것은 세계 석학들의 정평입니다.

이미 한글의 세계화운동은 지구촌 여기저기에서 일어나고 있습니다. 몇몇 국어학자들과 기독교 선교사들에 의해 한글로 문자생활이 시도되고, 성경을 한글로 번역해서 읽게 하고 있습니다.

이 운동은 특정인들만의 사명이 아닙니다. 우리 모두의 사명입니다. 우리 모두의 자랑입니다. 세계사적 공헌이 될 수도 있습니다. 세계화가 될 수만 있다면 우리 민족은 글자가 없어서 죽어 가는 민족의 구원자가 될 수도 있기 때문입니다.

차   례

1. 총 론

1) 환경 오염과 말·글 오염, 총체적 오염

우리는 파괴되어 가고 있는 지구와 몸살을 앓고 있는 환경 때문에 가슴을 조이고 있다. 자연은 또 다른 우리이다. 그러므로 자연은 곧 생명이다. 우리는 생명을 사랑하듯이 자연을 사랑해야 한다. 우리가 자연을 사랑하는 것만큼 자연은 우리를 사랑하는 것이다. 그런데 우리는 자연을 사랑하고 있지 아니한다. 오히려 자연을 괴롭히고 있는 것이다.

하나님께서 인간을 향하여 "땅을 정복하라. 모든 생물을 다스려라"(창 1:28)라고 명령하셨다고 해서가 아니라 인간은 땅(자연)을 정복하는 일에만 열을 올리고 있다. 이제 화가 난 땅(자연)은 인간을 정복하기 시작한 것이다. 자연이, 인간으로부터 괴로움을 당한 것만큼 인간을 괴롭히고 있는 것이다. 자연이 얼마나 화를 내고 있는지 그 실상을 살펴보자.

97 세계환경의 날 국제회의가 6월 5일 서울에서 열렸다. 거기서 채택된 환경윤리에 관한 선언문의 요지는 '온누리에 생명을(For Life on Earth)'이라는 말로 압축된다. 지구상의 산림 중 33%가 무모한 개발로 황폐화되었다고 한다.

산소생산의 감소로 2,000년대에는 4만 종의 생물체가 지구에서 사라질 것이라고 한다. 심각한 식수난도 우리 코앞에 다가와 있다.

우리나라는 더욱 심각한 환경 문제에 봉착하고 있다. 그런데 우리의 환경 오염 무감각증은 더욱 큰 문제로 부상하고 있다. 많은 사람들이 환경 무정부 상태를 개탄하고 있다.

4대 강 중 1급수의 수질을 유지하고 있는 곳은 하나도 없다. 서울에서는 1996년 한해에도 11차례나 오존주의보가 발령되었다.

우선 4대 강의 오염도(BOD) 현황을 살펴보자. mgll 2.5 내지 3.0이 2급수에 해당한다고 한다. 84년도에 6.7까지 올라갔던 한강이 96년에 4.0으로 내려온 것은 다행이라고 볼 수 있으나 아직 기대치에는 훨씬 못 미친다.

96년 기준으로 낙동강 5.3, 금강 3.7, 영산강 6.0은 우리를 어둡게 하는 수치이다. 토양 중 중금속 함유량을 살펴본다. 중금속 자연 함유량과 대비할 때 Cd 1.1, Pb 1.5, Cu 1.7, Zn 3.0, As 1.4로 나타난다. 역시 걱정스러운 수치이다.

다음으로 대기오염도를 살펴본다.

SO^2에 관해서는 7대 도시 중 서울, 광주, 인천을 제외한 모든 도시가 문제를 안고 있다고 한다. T.S.P(먼지)에 있어서는 7대 도시 전부가 기준치를 상회하고, O^3에 있어서도 7대 도시 전체가 기준치 미달이다. 강우 중 산도도 7대 도시 전체에서 문제를 나타내고 있다.

이는 중대한 문제가 아닐 수 없다. 그래서 때늦은 감이 없지 않으나 인간은 자연을 사랑하고 보호하기 위하여 호들갑을 떨고 있다. 우리나라에서도 정부와 학계, 언론과 기업이 이 문제를 심각하게 다루고 있다.

우리는 산과 바다, 대지와 호수, 그리고 물과 공기가 썩어 가고, 죽어 가는 모습을 매일처럼 영상으로 바라보면서 절망 같은 공포를 느끼고 있다. 당연한 공포이다. 이 공포는 해결책을 찾을 길이 없다고 느끼는 데서 오는 공포다. 그런데 문제는 우리가 자연과 환경의 오염에 대해서는 공포감일망정 의식을 가지고 있는데, 말과 글의 오염에 대해서는 아무런 느낌을 가지고 있지 않다는 데 있다. 말과 글의 오염 문제에 대해서 언급하면 많은 국민들이 "말과 글의 목적은 의사를 전달하는 데 있는 것이다. 말하고 글 쓰는 사람의 뜻만 전달되면 되는 것이지 그 이상 무엇을 요구하는가?"라고 반문한다.

나는 자연의 오염이 물리적 오염이라면 언어의 오염은 화학적 오염이라고 생각한다. 자연의 오염은 평면의 오염인데 언어의 오염은 입체의 오염이라는 말이다. 자연의 오염이 밖의 오염인 데 비해서 언어의 오염은 안의 오염이기 때문이다. 언어의 오염은 우리 얼의 오염이다.

환경의 오염이 있는 곳에 말의 오염이 필연적으로 뒤따르는 것은 아니다. 그러나 언어의 오염이 있는 곳에는 반드시 환경의 오염이 있게 마련이다. 그런데 언어의 오염은 환경의 오염만을 가져오는 것이 아니다. 언어의 오염이 있는 곳에 부실, 부정공사가 있게 마련이다. 준법정신의 해체가 뒤따른다. 가치기준의 붕괴가 일어나게 된다.

나는, 이러한 뜻에서 국어사랑과 국어정화운동을 우리 정신문화의 개혁 차원에서 추진하자는 제의를 하고자 한다. 나는 우리말을 학문적으로 연구할 기회를 전혀 가진 바 없다. 그렇기 때문에 이런 글을 쓰거나 강연을 할 때마다 송구스러운 마음을 금할 수 없다.

그러나 우리말 오염의 실태에 대한 나의 현실진단은 나로 하여금 그런 체면만 지키면서 기다리고 있게 놓아 두지 아니하므로 이 결례를 계속하고 있다는 것을 사람들이 이해해 주기를 간곡히 기원한다. 한편 생활인의 체험에서 얻은 지식은 학문적 지식보다 오히려 생동감을 동반할 수 있다는 강변도 애교로 받아들여지기를 바란다.

2) 나라사랑과 국어사랑의 관계

그러면 나라사랑과 국어사랑 그리고 나라 힘의 관계를 구체적으로 그 사례를 들어 살펴보기로 한다. 영국사람들을 향하여 인도와 셰익스피어 중 하나를 택하라고 하면 기꺼이 후자를 택하겠다고 한다는 것은 유명한 이야기다. 그들은 그 옛날에 이미 말과 글의 힘을 충분히 알고 있었던 것이다. 그래서 그들은 위대한 국가의 국민이 될 자격이 있음을 스스로 입증한 것이다.

서구의 선진국들 중에서 독일이 제일 낙후되어 있었던 것은 공지의 사실이다. 그런데 독일이 선진국 대열에서 두각을 나타내기 시작한 것은 독일의 국어순화운동의 출발과 맥을 같이하고 있다는 점에 대해서 관심을 베풀 필요가 있다고 본다.

1885년 헤르만 리겔(Hermann Riegel)이 일반 독일어협회(Der allgemeine Deutsche Sprachbewewegung)를 창설하면서 '국어의 독일화(Verdeutchung)'를 제창했다. 이 운동은 '국어순화(Sprachreinigung)', '독일국어운동(Die deutsche Sprachbewewegung)', '외래어 추방'의 세 가지 방면으로 진행되었다.

이것은 곧 애국심 신장의 계기가 되고 결정적인 국운 개발의 원동력이 되었다. 25년이 지난 1910년에는 독일어협회의 국내외 지부가 324개에 이르게 되고, 그 회원수는 35,000명에 이르렀다.

'신독일혼(薪獨逸魂)의 모범적 체현(模範的體現 : dievorbildliche Verkoerperung des neuen deutschen Geistes)'이라는 별명으로 불렸던 황제 빌헬름 2세가 이 운동을 적극 후원함으로써 근대 독일의 터를 닦을 수 있었던 것은 너무나 당연한 일인지 모른다.

프랑스 사람들은 "명백하지 않은 것은 프랑스어가 아니다"라는, 대단한 긍지를 가지고 있다. 그만큼 자기 나라말을 사랑하고 있다는 것이다. 프랑스인의 나라사랑과 프랑스어 사이에는 절대적인 함수관계가 있다고 본다.

알퐁스 도데의 <마지막 수업>의 한 장면을 옮겨 본다.

내가 이런 모든 일에 놀라고 있는 동안, 아멜 선생님은 교단 위에 올라가서 나를 맞이해 줄 때와 똑같이 부드럽고 무거운 목소리로 말문을 열었다.

"어린이 여러분, 내가 여러분을 위해서 수업을 하는 것은 이것이 마지막입니다. 알자스와 로렌 주(州)에서는 이제부터 도이치 말 외에는 가르쳐서는 안 된다는 명령이 베를린으로부터 시달되었습니다. 새 선생님은 내일 도착하십니다. 오늘은 여러분에게 프랑스 말의 마지막 수업이 됩니다. 아무쪼록 주의해서 들어주세요"

이 짧은 말은 내 마음을 온통 뒤집어 놓았다. 아아, 지독한 악당놈들! 면사무소에 게시한 것은 바로 이것이었구나. 프랑스 말의 마지막 수업이다!

별안간 학교의 괘종시계가 열두 시를 치고 이어서 알젤뤼스의 종(아침·낮·저녁기도를 알리기 위해 치는 종)소리가 들려왔다. 동시에 훈련을 마치고 돌아온 프러시아 병사의 나팔 소리가 우리 교실의 창밑에서 울려 퍼지기 시작했다…. 아멜 선생님의 얼굴이 새파랗게 되어 교단 위의 자기 자리에서 일어섰다. 그가 그렇게 크게 보인 적은 일찍이 없었다.

'여러분' 하고 그는 말문을 열었다. "여러분, 나는…나는…."

그러나 무엇인가가 그의 숨을 막히게 했다. 그는 그 말을 끝맺을 수가 없었다. 그는 칠판 쪽으로 돌아서더니 분필 한

조각을 집어 들고는, 있는 힘을 기울여 한껏 큰 글씨로 이렇게 쓰는 것이었다.

VIVE LA FRANCE!(프랑스 만세)

그러고는 머리를 벽에 눌러대고 잠시 그 자리에 꼼짝도 않고 있더니 이윽고 말없이 손짓으로 우리에게 신호하는 것이었다.

"끝났어… 모두 돌아가거라."

이만하면 말·글 사랑은 나라사랑이 아닌가!

3) 우리말·글의 힘

우리나라의 선각자 중 한 사람인 서재필 박사는 10년간의 미국 유학생활을 마치고 귀국한 후 '독립신문'을 만들었다. 그 때 그가 한 말은 우리를 감동케 한다.

"나는 의사이지만 병보다 나라를 구하여야 한다", "한글을 전용해야만 나라가 독립하고 우리가 잘 살 수 있다"

이것이 애국의 길이었다. 이승만 박사와 주시경 선생은 애국운동과 한글운동을 함께 펴나갔던 것이다.

우리나라에서도 '조선어학회 사건' 등이 일어났을 때가 나라사랑의 절정기였고 민족 근대화의 초석이 닦아지기 시작한 때라고 생각한다.

한민족 말살을 위한 일제의 철권정치가 판을 치고 있는 가운데서 우리의 선각자들이 줄기차게 저항운동을 계속해 온 것은 우리 모두가 알고 있는 우리의 긍지이다. 당시의 우리 애국자들이 펼친 독립운동은 우리말·글 회복운동을 중심으로 이루어졌던 것이다.

1920년부터 우리말 신문과 잡지가 나오게 된 것이나 1921년에 '조선어연구회'(1931년에 조선어학회로 개명)가 활동을 시작한 것은 이러한 사실을 뒷받침하고 있다.

1926년 11월 4일 훈민정음 480돌을 맞이하여 제1회 기념식을, 동아일보·조선일보·우리 잡지사 후원으로 거행하고 그 날을 '가갸날'로 정한 일이나, 1928년 이를 '한글날'로 개명한 것도 나라사랑과 국어사랑의 두꺼운 관계를 말해 주는 것이다.

그러므로 1938년 4월 1일 일제가 '조선교육령 개정령'(칙령 제 103호)에 따라서 '조선어'를 모든 학교의 교과목에서 완전히 없애 버린 것은 결코 우연한 일이 아니다.

이 조선교육령 개정령이 우리에게 창씨개명을 강행케 한 '조선인 씨명에 관한 건'(제령 제20호-1940. 2.11)보다 앞서 시행되었다는 것은 중대한 의미를 가진 것이다.

일본이 1940년 8월 10일 동아일보와 조선일보를 폐간시키고 우리말 잡지들을 폐간시킨 것도, 그들이 우리말·글과 우리들의 나라사랑의 관계를 속속들이 알아차렸기 때문이라고 봐야 할 것이다.

그들이 1942년 10월 1일부터 1943년 3월 5~6일 동안 네 차례에 걸쳐서 조선어학회 회원들을 검거하여 옥살이를 살게 한 것도 다 의미를 가진 일이라 할 것이다. 역설적이기는 하나 조선어학회는 일제가 뒤집어씌운 죄명대로 '민족주의자의 단체'였던 것이다.

그래서 일제에 의하여 다시 한 번 말·글은 민족의 얼이고 말·글 사랑은 나라사랑이라는 것이 밝혀진 것이다. 이것은 곧 우리의 자랑이다.

나는, 외람되지만 독자들의 양해가 있을 것을 전제하고, 개인적인 경험을 몇 자 적어 보려고 한다. 나는 초등학교에 입학하기 전에 엄하신 선친으로부터 한글을 배웠다. 당시만 하더라도 취학 전에 아동들에게 글씨나 예능 등을 가르치는 일은 전혀 없었다.

더구나 일제의 소위 '국어상용(國語常用)'시대에 아무런 현실적 실익이 없는(?) 한글을 가르친다는 것은 생각도 할 수 없는 일이었다.

매를 맞으면서 배운 나의 한글은 학교생활이나 사회생활에서 아무런 쓸모도 없었다. 집에서 가정예배를 볼 때 성경 읽고 찬송가 부르는 데 쓰이는 것이 한글 효용의 한계였다. 이러던 중 나는 초등학교 5학년이 되었다. 그때 우리학반의 담임을 맡으신 분이 박호용 선생님이셨다.

그분은 동료교사, 학부형과 학생들로부터 존경을 받던, 훌륭한 교육자이셨다. 그런데 어느 날 박 선생님은 수업중(무슨 시간이었는지 기억에 없다) 느닷없이 흑판에 한글로 "가거라, 먹어라"라는 글씨를 쓰셨다. 그리고 학생들을 향하여 "이것, 읽을 줄 아는 학생 손들어" 하셨다. 물론 일본말로 하신 것이다.

우리는 서로 얼굴만 쳐다볼 뿐 아무런 반응을 보이지 아니하였다. 나는 하는 수 없다고 생각하고 손을 들었다. 그리고 흑판에 적힌 글을 읽었다. 선생님은 그 글을 지우시더니 이번에는 "똥똥, 도마 위에서 고기를 썬다" 라고 쓰셨다. 그러고는 다시 전체 학생들을 향하여 "이거 읽을 수 있는 사람?" 하셨다. 나는 같은 일을 되풀이하였다.

선생님은 다시 흑판의 글씨를 지우고 이렇게 말씀하셨다. "너희들이 장성해서 선생님이 왜 오늘 흑판에 이런 글씨를 썼는지 그 뜻을 새길 수 있는 날이 오기를 선생님은 바란다." 나는 그때 무엇인가 뜨거운 것이 어린 가슴에 찡하고 와닿는 것을 느꼈다.

선친께서 매를 들고 나에게 한글을 가르치시던 의미가 무엇이며, 박 선생님이 일본말로 수업을 하시다가 흑판에 한글을 쓰신 뜻이 어디에 있는가 하는 것을 어렴풋이나마 알 수 있을 것 같았다. 그것은 감격 같은 것이기도 했고 통곡 같은 것이기도 했다. 그래서 그것은 눈물 같은 것이었다.

그후 나는 다행스럽게도(?), 박호용 선생님과 두 차례나 같은 도시에서 근무할 기회를 가졌다. 그분은 초등학교 교장 선생님으로서, 나는 검사로서 일할 때였다. 나는 명절 때가 되면 박 선생님께 인사를 드리러 갔었다. 그분은 어김없이 나를 교무실로 데리고 가셔서 교사들에게 인사소개를 했다. "지방검찰청에서 근무하고 있는 내 제자이오! 명절이라고 내게 선물을 가지고 왔는데 우리 나눠 가집시다." 이렇게 자랑할 수 있는 것을 선생이라는 천직의 보람으로 생각하고 계시는 듯했다.

그때 나는 어김없이 그 선생님들 앞에서 흑판에 적은 한글 사건을 소개했다. 그러고는 이렇게 말을 이었다. "선생님들 여러분들께서는 애국자이자 선각자이신 분을 교장 선생님으로 모시고 있다는 긍지를 가지시고 훌륭한 교육을 펴주시기 바랍니다." 옆에서 듣고 계시던 선생님의 눈에 이슬 같은 것이 맺히는 것을 나는 볼 수 있었다.

자신의 신념과 교육철학을 제자가 조금이라도 알아차린다는 것을 발견하는 것이 교육가의 최고의 기쁨이라는 것을 나는 실증적으로 체험한 것이다. 이래서 국어사랑은 나라사랑일 수밖에 없는 것이다.

지구상에서 힘있는 나라, 위대한 국민치고 힘있는 어학자, 위대한 문학가를 배출하지 아니한 것이 어디에 있었는가? 우리도 국민체력의 증진, 군사력의 강화, 경제의 선진화를 위해서 노력해야 하지만 위대한 우리말 찾기 운동이 없는 국력 신장 노력은 사상누각을 만드는 일밖에 되지 않는다고 본다.

4) 예문 설명

(1) 서 론

이 책의 예문은 정치인, 행정가의 담화문, 문인·학자의 글, 교과서, 언론의 보도 등 여러 분야에서 뽑은 것이다. 그런데 예문 중 상당 부분이 성경과 찬송가에서 인용되었다. 이 점에 대해서 약간의 설명을 첨가하고자 한다. 나는 먼저 기독교의 홍보를 위해서 그렇게 한 것이 아님을 밝힌다. 그 글들을 읽고 성경과 찬송가에 대해서 독자가 스스로 관심을 가지게 되는 것은 별개의 문제다.

한편 위 인용문이 가지고 있는 문제점을 지적함으로써 성경과 찬송가의 권위에 흠집을 내겠다는 생각은 더욱 없다는 것을 말하고자 한다. 오히려 성경과 찬송가를 사랑하기 때문에 그 완전성을 추구하려는 뜻으로 이 일을 하고 있다는 것을 말하고 싶다. 성경과 찬송가 중에서 비교적 많은 예문을 끌어낸 것은 다음 두 가지 이유에서 비롯된 것이다.

첫째는 내가 기독교신자로서 성경과 찬송을 항상 몸 가까이에 두고 있기 때문에 손쉽게 그런 자료를 얻을 수 있다는 것이 그 이유이다. 둘째 이유는 기독교가 우리말·글의 발전에 기여한 업적에서 찾을 수 있다. 기독교(천주교와 신교를 포함해서)가 우리말·글의 보급 발전에 기여한 공은 실로 큰 것이다. 초대 교회의 성경과 찬송가 그리고 전도지(기독교를 안내·홍보하는 글)가 한글과 우리말로 쓰여졌다고 하는 것은 공지의 사실이다.

1866년 병인박해 때 천주교 교인들이 가지고 있던 신앙서적들(한글로 쓰여진 것들이다)의 분량에 대해서 당시 정부관리들이 놀랐다는 기록이 있다. 대원군은 천주교 교도들에게 박해를 가하면서 이렇게 말했다고 한다.

"천주쟁이가 잘하는 것이 세 가지 있다. 그 하나는 한글 잘하기요, 다음은 송장 잘 치우기며, 그 셋은 밀초 잘 만들기이다." 이 말 중 한글 잘하기와 시체 잘 치우기는 신교신자들에게도 그대로 적용되는 것이다.

당시 기독교신자들 중 문맹자는 거의 없었던 것이다. 그리고 기독교는 이러한 말·글 보급에 있어서 선각자적 직책을 계속해서 담당해 온 것이 사실이다. 그러므로 결국 역설적으로 말하면 성경, 찬송가 가운데서 발견되는 문장의 오류는 우리말, 글의 현주소를 그대로 보여 주는 것이라고 할 것이다. 내가 성경과 찬송가에서 예문을 찾는 이유는 여기에 있다고 할 것이다.

앞에서 말한 바와 같이 이 책에서는 우리말 오염의 현주소를 밝히기 위하여 광범위하게 잘못된 예문을 모아 보았다. 우리나라 헌법규정의 문법상 오류와 정치인들의 우리말 공해 사례 그리고 TV 연속극 중 한 작품의 실상을 살펴보고자 한다. 다른 뜻은 전혀 없다. 우리 의식과 문화의 진로에 대해서 지도적인 위치에 서 있는 사람들의 우리말 인식은 바로 전 국민들의 우리말 사랑을 그대로 나타내고 있다고 할 것이다. 그러므로 이들의 우리말 애용의 현주소를 이 책 서두에서 집중적으로 검정하는 것은 매우 의미 있는 일이 될 것이라고 믿는다.

(2) 애국가 가사의 문제점(크리스챤한국 2002. 3.25 게재)

한 나라의 국가(國歌)는 그 나라의 얼굴이요 또 그 얼이다. 그렇다면 우리의 애국가는 대한민국의 얼굴이요 대한민국의 얼이라고 말할 수밖에 없다. 우리 애국가에 비친 우리의 얼굴과 얼이 어떠한 것인가 하는 점을 살펴보고자 한다.

애국가는 "동해물과 백두산이 마르고 닳도록…"이라는 노래말로 서두를 장식하고 있다. 두 개 이상의 주어와 그 주어들의 움직임을 서술하는 두 개 이상의 동사가 겹칠 때는 그 동사들이 모두 주어 전체의 동작을 나타내는 것이 원칙이다. 가령 "민족과 국가가 번창하고 전진한다"라고 말하면 '번창하다'와 '전진하다'의 동사는 '민족'과 '국가' 모두에 미치는 것으로 된다.

그렇다면 "동해물과 백두산이 마르고 닳도록"이라는 노래말은 '동해물'과 '백두산'은 다 같이 '마르기'도 하고 '닳을' 수도 있어야 한다. 그러나 동해물은 '마를 수' 있어도 '닳을 수'는 없다. 그리고 백두산은 '닳을' 수 있어도 '마를 수'는 없다.

"동해물은(이) 마르고 백두산은(이) 닳-도록"이라고 고쳐 부르는 것이 바람직스럽다고 생각한다. 굳이 이렇게 부르지 않더라도 현행 애국가 가사의 위 부분이 이러한 의미를 가지고 있다는 것을 모르는 사람은 없다. 그러므로 위 노래말에

는 아무런 문제가 없다는 주장이 나올 수는 있다고 생각한
다. 그러나 "동해물과 백두산이 마르고 닳다"라는 노래말이
'변형'된 문장으로 이루어졌다고 하는 점에 대해서는 아무도
이의제기를 할 수 없다고 본다. 변형은 어디까지나 '변형'이
다. 변형된 문장이 국가의 가사가 되기에는 문제가 있다고
생각된다.

애국가의 2절은 "남산 위에 저 소나무 철갑을 두른 듯 바
람 서리 불변함은 우리 기상일세"라고 선포한다. '남산 위에'
의 '에'는 '산 위에 뜬구름'처럼 처소를 나타내는 부사격 조사
이다. 그러므로 그 말은, 예컨대 '남산 위에 서 있는 저 소나
무' 또는 '남산 위에 저 소나무가 서 있다'라는 말처럼 쓰여질
수 있는 조사이다. 그러므로 그 말은 '저 소나무'를 수식하는
형용사구로 쓰여질 수는 없다. 그런 의미로 '남산 위'를 나타
내려고 하면 '남산 위의 저 소나무'라고 말하는 것이 합리적
이라고 생각한다.

다음으로 '바람 서리 불변함'이란 말의 뜻을 생각해 보고자
한다. 이 말은 그 형태만 보면 바람·서리 '가' 불변하다는
것을 뜻하는 것인지, 아니면 바람·서리 '를' 변화시키지 못
한다는 것을 뜻하는 것인지 알기 힘들게 되어 있다. '촬영금
지'라고 하면 그것은 촬영 '을' 금지하는 것으로 이해되고 있
다. 반면 '회원출석'이라는 말은 회원 '이' 출석하는 것을 뜻한
다.

그렇다면 '바람 서리 불변함'이란 노래말은 위 두 가지 사
례 중 어느 경우에 해당하는가? 물론 필자가 그 뜻을 몰라서

이러한 문제를 제기하는 것은 아니다. 우리나라 사람들은 거의 예외 없이, 위 노래말이 "남산 위에 전 소나무가 비바람에도 끄떡 없이 버틴다"라는 의미로 받아들이고 있다.

그런데 문제는 "바람 서리에 끄덕없이 버틴다"는 것을 나타내기 위해서 '바람 서리 불변함'이란 말을 쓰는 것은 무리를 동반하는 것이 아닌가 생각한다.

마지막으로 애국가의 후렴을 살펴본다. "무궁화 삼천리 화려강산 대한사람 대한으로 기리 보전하세" 이것이 우리 애국가의 후렴이다.

첫째 '화려강산'이라는 말의 의미를 생각해 본다. 이것은 의문의 여지 없이, '화려한 강산'을 뜻하는 노래말이다. 문제는 왜 '화려한 강산'이라 하지 않고 '화려강산'이라 하느냐 라는 점에 있다.

우리말은 두 개 이상의 명사를 합쳐서 합성어를 만드는 경우는 많다. 그러나 형용사와 부사, 또 동사와 명사를 합쳐서 합성어를 만드는 것은 용납되지 아니한다. '몰래바이트', '떳다방', '묻지마 투자' 등이 속어의 경지를 벗어나지 못하는 이유가 여기에 있다고 본다.

만약 '화려강산'이라는 말이 허용된다면 '용감군인', '출중명사', '탁월교수' 등이라는 말도 받아들여야 할 것이다. 이는 어림없는 일이다. '화려한 강산'이라고 하면 얼마나 자연스럽고 화려하지 않는가. 더구나 '화려한 강산'이라고 하면 음표의 숫자와도 일치하게 되는 것이다.

끝으로 "대한사람 대한으로 길이 보전하세"라는 노래말을 살펴보자. '으로'라는 어휘는 방향을 나타내는 부사격 조사이다. '동쪽으로 가다' 또는 '한국으로 돌아가다'와 같이 쓰이는 말이다. '대한으로'의 '으로'가 이런 의미로 쓰여진 어휘라는 주장을 펴는 사람도 있다. 그렇다면 위 노래말은 대한사람이 '대한으로' 가면서 (대한을) 보전하자는 말인가?

한편, '으로'라는 말은 자격을 나타내는 조사로 쓰이기도 한다. '사람으로 태어나다'라는 것이 그 예이다. 위 애국가의 가사 중 '으로'를 이러한 의미로 받아들여 보자. 그렇게 되면 위 가사는 "대한사람이 대한민국 국민의 자격으로 대한을 길이 보전하자" 또는 "대한사람은 대한을 대한으로 길이 보전하자"라는 뜻을 가지게 된다. 그러나 이러한 설명은 쉽게 이해되지 않는다.

"대한사람 대한을-길이 보전하세"라고 노래하기를 제의하고 싶다.

(3) 대한민국 헌법의 문제점

① 머리말

나는 우리나라 사람들의 말·글 오염의 현주소를 살피는 과업의 둘째 대상으로 대한민국 헌법을 택하고자 한다. 그렇게 하는 데는 내 나름대로의 이유가 있다.

저명한 독일의 형법학자이자 법철학자인 M.E 마이어 (Mayer)는, 그의 세기적 명저인 ≪법규범과 문화규범 (Rechtsnormen und Kulturnormen)≫이라는 제목이 말하고 있듯이, 법규범의 실체를 문화규범이라는데서 찾고 있다.

그의 주장에 의하면 문화에는 문화의 주인공인 민족의 역사와 가치관, 현실과 철학이 용해되어 있는 것으로 된다. 그는 그러한 문화가 규범으로 현상화된 것이 법이라고 주장한다.

바꾸어 말하면, 어느 민족의 문화수준은 그 민족의 법률 가운데 그대로 투영된다는 것이다. 그의 주장을 따르면 대한민국의 최고 법규범인 헌법은 우리 문화의 최고 수준을 대표하는 것으로 된다. 사실 이것은 마이어의 '문화규범' 설을 따를 때만 얻어지는 결론이 아니다. 어느 나라 헌법이든지 그 헌법의 정신과 규정을 정밀하게 살펴보면 그 민족의 문화수준을 판별할 수 있다는 것은 상식에 속한다고 할 수 있다.

그런 의미에서 우리 헌법에 대한 국어학적 분석과 국문학적 평가 그리고 어휘와 문장의 분석을 통해서 우리 민족의 철학과 문화에 대해서 정확한 평가를 내릴 수 있게 된다고 본다.

내가 우리말·글 오염의 현주소를 살피면서 우리 헌법을 제 1차적 고찰의 대상으로 삼은 이유는 여기에 있다. 나는 문제를 내포하고 있는 우리 헌법 개개 규정을 살펴보기 전에 총체적인 차원에서 이를 고찰해 보고자 한다. 나는 한마디로 말해서, 우리 헌법이 다른 법률과 마찬가지로, 왜 우리가 잘 쓰지 않는 어려운 어휘를 사용하는 한편 딱딱하기 그지없는 문장을 쓰고 있는지 알 수 없다.

그것도 일본식 어휘와 그 표현의 찌꺼기를 지키면서 한자

용어에 매어 달려 있다고 생각한다. 바꿔 말하면 그 용어와 표현이 이해하기에 매우 어렵고 관료적인 것이라고 하지 않을 수 없다.

이것은 근대 독재국가들이 가지고 있던 권위주의 통치철학의 잔재라고 할 수 있다. 당시 독재국가들의 통치원리는 법률에 대해서 "국민들로 하여금 알게 하지 말고 그 내용대로 통치받게 하라"는 것이었다. 그러나 이것은 민주주의 국가에서는 받아들일 수 없는 것이다. 국민들이 쉽게 알 수 있는 법률이라야 참된 법률이다. 헌법도 법률인 이상 이 원칙은 철저히 지켜져야 할 것이다.

② 법률의 한글화

'한글전용에 관한 법률'은 "대한민국의 공용문서는 한글로 쓴다. 다만, 얼마 동안 필요한 때에는 한자를 병용할 수 있다"라고 규정하고 있다. 헌법은 공용문서 중의 공용문서이다. 그러므로 헌법은 마땅히 한글로 쓰여져야 했다.

이 점에 대해서는 반론이 제기될 수 있다고 본다. 그 반론이란 한글전용에 관한 법률은 헌법이 제정된 후 2개월 27일이 지난 1948년 10월 9일에 발효되었다는 사실을 토대로 전개된다. 즉, 헌법 제정 당시에는 '한글전용에 관한 법률'이 존재하지 아니하였으므로 헌법이 한글로 쓰여져야 할 이유가 없었다는 것이다.

그러나 규범의식은 법률보다 먼저 존재한다는 점에 대해서는 아무도 이의를 제기하지 못한다. 그러므로 헌법 제정 당시 이미 우리 국민들의 마음속에는 '한글전용에 관한 법률'의 규범의식이 자리잡고 있었다고 봐야 할 것이다. 즉, 헌법은 한글로 쓰여져야 한다는 규범의식이 우리 국민들의 합의사항으로 받아들여졌던 것이다.

그런데 헌법이 제정된 후 여덟 차례에 걸친 개정이 있었음에도 불구하고 그 개정에 '한글전용에 관한 법률'의 정신은 한 번도 발휘된 일이 없다. 그래서 위 법률은 마치 "대한민국의 공용문서는 한문으로 쓴다. 다만 얼마 동안 필요한 때에는 한글을 병용할 수 있다"라고 규정하고 있는 것 같은 착오를 일으키게 하고 있다.

나는 지금 당장 한문을 전폐하자는 뜻으로 이 말을 하고 있는 것이 아니다. 그것은 현실적으로 불가능한 일일 뿐 아니라 다른 많은 무리를 수반하는 것이기 때문이다.

그러나 나는 적어도 8차에 걸친 헌법개정에서는 이해하기 힘든 용어나 이치에 맞지 않는 문장은 개정의 대상이 되었어야 했다고 생각한다. 이것이 바로 우리 헌법의 문제점이자 우리 문화의식의 문제점이라고 생각한다. 나는 이러한 문제의식을 전제로 우리 헌법에서 살펴보아야 할 사례 몇 가지를 들어보고자 한다.

③ 짧은 문장의 사용

현대는, 동서를 가리지 아니하고 문장을 짧게 쓰는 쪽으로 가고 있다. 그런데 현행 헌법의 전문(머리말)은 100마디의 어휘로 구성된, 하나의 문장으로 이루어져 있다. 이것은 극히 예외적이면서도 부끄러운 문장 형태다. 그러므로 헌법의 새로운 머리말은 적절한 수의 문장으로 쪼개져야 할 것이라고 생각한다.

④ 전문

우리 헌법의 ‘前文’이라는 표현도 ‘머리말’로 바꾸어져야 한다고 생각한다.

⑤ ‘유구한 역사와 전통에 빛나는 우리 대한국민’

‘에’는 처소, 진행 방향 또는 원인을 나타내는 조사이다. ‘전통에’라는 말의 ‘에’는 그 어느 것에도 해당하지 아니한다. 마땅히 ‘전통으로 빛나는 우리 대한국민’이 되어야 할 것이다.

⑥ “대한민국임시정부의 법통을 이어받았다”

“대한민국임시정부의 법통을 이어받았다”는 선언 다음에는 대한민국 건국 초에 공산주의자들의 폭력혁명운동과 6.25 남침전쟁 속에서도 우리가 끝까지 지켜온 자유민주주의 수호에 대한 우리의 결의를 확인할 필요가 있다고 본다. 그러한 의미를 다음과 같이 표현해 본다.

“대한민국 임시정부의 법통을 이어받는 한편 대한민국의 건립을 방해한 공산주의자들과의 피나는 투쟁을 거쳐서 우리들의 영원한 민족사적 이념으로 확립하고 6.25전란의 참화 속에서 사수해 온 자유민주주의를 끝까지 지키기로 다짐한다.”

⑦ "4.19 민주이념을 계승하고"

이 부분은 '이념을 이어받았다'라고 고쳐서 문장을 일단 끊는 것이 바람직하다고 본다.

⑧ "조국의 민주개혁과 평화적 통일의 사명에 입각하여"

'평화적 통일'은 일본식 어법이다. '평화통일'이라고 하는 것이 자연스럽다고 본다. '사명'은 '띠거나 지니는' 것이므로 '사명에 입각한다'는 말은 아주 어색하게 들린다. 그래서 위 규정은 "조국의 민주개혁과 평화통일을 위하여 노력한다"라고 고치는 것이 좋다고 생각한다.

⑨ "정의·인도와 동포애로써 민족의 단결을 공고히 하고"

'로써'와 '로'는 다 같이 구실을 하는 조사이다. 그러므로 '동포애로써 민족의 단결을 공고히 하다'와 '동포애로 민족의 단결을 공고히 하다'는 다 같이 쓰일 수 있는 말이다. 그러나 후자가 훨씬 자연스러운 문장이라고 생각한다.

⑩ "모든 사회적 폐습과 불의를 타파하며 자율과 조화를 바탕으로 자유민주적 기본질서를 더욱 확고히 하여"

이 부분은 '조국의 민주개혁'에 대한 동어반복(Tautologie)에 불과하므로 문장의 간결을 위해서 이를 삭제하는 것이 좋다고 생각한다.

⑪ "각인의 기회를 균등히 하고 능력을 최고도로 발휘하게 하며 자유와 권리에 따르는 책임과 의무를 완수하게 하며"

이것은 세련된 문장이라고 볼 수 없다. 이 부분은 "각자가 균등한 기회를 누리면서 능력을 최고도로 발휘하여 자신의 책임과 의무를 다하기로 한다"라고 고치는 것이 좋다고 생각한다.

⑫ "안으로는 국민생활의 균등한 향상을 기하고 밖으로는 항구적인 세계평화와 인류공영에 이바지함으로써 우리들과 우리들의 자손의 안전과 자유와 행복을 영원히 확보할 것을 다짐하면서"

이 부분의 표현도 너무 복잡하다고 생각한다. 특히 '국민생활의 균등한 향상'은 자칫 잘못하면 '시장경제 원리에 역행하는 하향식 평준화'에 중점을 두는 표현으로 오해될 수도 있다고 본다.

그래서 이 부분은 "국민의 생활수준을 높이는 일에 힘을 기울인다. 우리는 나아가, 세계평화와 인류공영에 이바지하여 우리와 우리 자손들이 안전, 자유 그리고 행복을 누릴 수 있도록 힘쓸 것을 다짐한다"로 하는 것이 좋다고 생각한다.

⑬ "1948년 7월 12일에 제정되고 8차에 걸쳐 개정된 헌법을 이제 국회의 의결을 거쳐 국민투표에 의하여 개정한다"

이 부분은 "우리 헌법은 1948년 7월 12일에 제정되고 8차에 걸쳐서 개정되었다. 이제 이 헌법은 국회에서 의결한 후 국민투표로 개정한다"라고 고치는 것이 좋다고 본다.

⑭ 맺음말--고쳐 본 대한민국헌법의 머리말
유구한 역사와 전통으로 빛나는 우리 대한국민은 3.1운동

으로 세운 대한민국 임시정부의 법통을 이어받는 한편 대한
민국의 건립을 방해하는 공산주의자들과의 피나는 투쟁 속에
서 우리들의 영원한 민족사적 이념으로 확신하고 6.25 전란
의 참화 속에서도 끝까지 사수한 자유민주주의를 지켜나가기
로 다짐한다.

　우리는 불의에 항거하여 분연히 일어섰던 4.19 민주이념
을 이어받아 조국을 민주주의 원칙에 따라 개혁하고 평화통
일을 위하여 꾸준히 노력한다. 우리는 정의·인도와 동포애
로 굳게 단결하여 정치, 경제, 사회, 문화의 모든 영역에서
각자가 균등한 기회를 누리면서 능력을 최고도로 발휘하여
자신의 책임과 의무를 다하여서 국민의 생활수준을 높이는
일에 힘을 기울이다.

　우리는 나아가 영원한 세계평화와 인류공영에 이바지하여
우리와 우리 자손들이 안전, 자유 그리고 행복을 영원히 누
릴 수 있도록 힘쓸 것을 다짐한다.

　우리는 이러한 우리의 마음을 담아 1948년 7월 12일에
제정된 뒤 여덟 차례 개정된 헌법을 이제 국회의 의결을 거
쳐 국민투표로 개정한다.

⑮ 주체의식의 혼동을 일으키고 있는 사례
　(1) 헌법 제86조 제1항은 다음과 같이 규정하고 있다.
"국무총리는 국회의 동의를 얻어 대통령이 임명한다". 이
규정이 무엇을 뜻하는지 모르거나 그 내용에 대해서 혼동을
일으킬 사람은 전혀 없을 것이다.

그러나 문장의 생명은 그 의미를 상대방에게 전달하는 데에만 있는 것이 아니다. 문장의 형식도 논리법칙에 합치해야 하는 것이다. 그러한 견지에서 보면 위 규정에는 중대한 문제가 내포되어 있다.

위 규정의 형식을 보면 마치 '국무총리'가 ○○○을 '임명한다'는 것으로 오해하도록 되어 있다. 국무총리는 '임명받는' 사람이지 '임명하는' 사람이 아니다. 위 규정은 행위의 주체에 대한 의식이 혼미한 데서 비롯된 잘못이다. 다시 말하면 행위의 주체와 객체를 혼동한 데서 생겨난 것이다.

국무총리를 굳이 행위의 주체로 삼으려고 하면 "국무총리는 국회의 동의를 거친 후, 대통령에 의하여 임명된다"라고 해야 할 것이다. 나는 위 규정을 그렇게 개정해야 한다는 뜻으로 이 주장을 펴는 것이 아니다.

그러나 현행 헌법 제86조 제1항이 주체의식의 혼동으로 말미암은 규정이라고 하는 점에 대해서는 아무도 이의를 제기하지 못할 것이다.

헌법 제87조 제1항의 규정은 다음과 같다. "국무위 위원은 국무총리의 제청으로 대통령이 임명한다" 이 규정도 헌법 제86조 제1항과 꼭 같은 문제를 안고 있다.

'임명권자'인 대통령과 '피임명자'인 국무위원의 관계가 불분명하다는 말이다. 이 규정도, 탐탁스러운 것은 아니지만, "국무위원은, 국무총리의 제청을 거쳐서, 대통령에 의하여 임명된다"라고 해야 할 것이다. 나는 위 규정을 그렇게 개정해야 한다는 뜻으로 이 주장을 펴는 것이 아니다. 그러나 현행헌법

제86조 제1항이 주체의식의 혼동으로 말미암은 규정이라고 하는 점에 대해서는 아무도 이의를 제기하지 못할 것이다.

헌법 제87조 제1항의 규정은 다음과 같다. "국무위 의원은 국무총리의 제청으로 대통령이 임명한다". 이 규정도 헌법 제86조 제1항과 꼭 같은 문제를 안고 있다. '임명권자'인 대통령과 '피임명자'인 국무위원의 관계가 불분명하다는 말이다. 이 규정도, 탐탁스러운 것은 아니지만, "국무위원은, 국무총리의 제청을 거쳐서, 대통령에 의하여 임명된다"라고 해야 할 것이다.

위 양 규정의 근본적인 문제점은 임명권의 주인공(주체)인 대통령을 주어로 삼지 아니하고 임명권의 객체인 국무총리와 국무위원을 주어로 삼았다는 데 있다. 이러한 문제를 해결하는 방법은 오로지 하나이다. 그것은 위 양 규정들(국무총리의 임명 및 국무위원의 임명에 관한 규정)의 위치를 바꾸는 것이다.

더 구체적으로 말하면 문제가 되고 있는 헌법 제86조 제1항과 동법 제87조 제1항을 헌법 제78조(대통령의 공무원임명권) 바로 앞에 규정하면 모든 문제가 깨끗하게 해결된다는 것이다.

그렇게 되면 위 세 조문의 주어(행위 주체)는 모두 '대통령'이 되는 것이다.

그리고 이 세 조문은 다 같이, 대통령의 공무원임명권에 관한 규정으로서 공통점을 가지게 된다. 그래서 헌법 제77조의 1을 "대통령은 국회의 동의를 얻어 국무총리를 임명한다"로, 동 77조의 2를 "대통령은 국무총리의 제청을 거쳐 국무위원을 임명한다"라고 고치면 된다는 말이다. 이렇게 되면 법규정의 형식이나 내용의 면에서 논리적으로, 흠잡을 데 없는 완벽한 것이 된다고 본다.

(2) 헌법 제70조(대통령의 임기)는 다음과 같이 규정하고 있다. "대통령의 임기는 5년으로 하며 중임할 수 없다." 이 규정의 주부는, 의심의 여지없이 '대통령의 임기'이다. 그러므로 '중임할 수 없다'라는 둘째 술부의 주어도 '대통령의 임기'가 될 수밖에 없다.

그러나 '중임할 수 없는 것'은 '대통령'이지 '대통령의 임기'가 아니다. 이 규정은 바로 주체의식의 혼미로 말미암아 생겨난 것이다. "대통령의 임기는 5년으로 하며 대통령은 중임할 수 없다"로 고쳐져야 할 것이다.

⑯ 부적절한 어휘를 사용하고 있는 사례
(1) 헌법 제53조 제4항은 다음과 같이 규정하고 있다. "(대통령의) 재의요구가 있을 때에는 국회는 재의에 붙이고…"

대통령의 거부권행사로 말미암아 국회재의에 회부된 법률안은 풀이나 다른 접착제로 국회에 '붙여진' 것이 아니다. 그러므로 '국회가 재의에 붙이다'라는 말은 잘못된 것이다. 재판이나 회의에 "회부하는 경우에는 '붙이다'가 아니고 '부치다'라고 말한다.

(2) 헌법 제63조의 제목은 '국무총리, 국무위원의 해임건의권'으로 되어 있다. '의'는 소유격조사이다. 그러므로 위 조문의 제목을, 문자대로 해석하면 해임건의권은 국무총리나 국무위원이 가지는 권한이 된다.

이 사실은 헌법 제62조의 제목을 살펴보면 분명해진다. 그 제목은 '국무위원 등의 출석·답변의 의무'로 되어 있다. 출석·답변의 의무는 국무위원 등이 지켜야 하는 의무이다. 즉, 국무위원 등은 위 조문에 의하여 국회에 출석하여 답변해야 하는 의무를 지게 된다.

그런데 헌법 제63조에 의한 국무총리 등의 해임권은, 이와 반대로 국무총리 등이 행사하는 권한이 아니다. 국회가 대통령에게 행사할 수 있는 해임건의권이다.

그러므로 위 조문의 명칭은 '국무총리 등에 의한 해임건의권'이라고 바꾸어져야 한다고 본다. 공식 문서에서는 줄인 말이나 생략어를 쓰지 아니한 것으로 되어 있다. 예컨대 '않다'는 '아니하다'로, '평안케'는 '평안하게'라고 써야 한다. 그리고 '참석·발언하다' 라는 말은 쓰지 아니하는 것이 원칙이다.

그러므로 헌법 제62조 제2항의 "국무총리 등은… 출석·답변하여야 한다" 하는 규정은 바람직하지 아니한 것이다. 이것은 동조 제1항이 "국무총리 등은 국회에 출석하여 국정처리 상황을 보고하거나 의견을 진술하고 질문에 응답할 수 있다"라고 규정하고 있는 것을 보면 쉬 이해될 수 있다고 본다.

같은 내용을 중복해서 기술하는 번거로움을 피하기 위해서

위와 같이 규정하였을 것이라는 짐작은 한다. 그러나 그것은
설득력 있는 해명이 되지 못한다. 백보를 양보하여 생각하더
라도 "국무총리 등은 국회에 출석하여 답변하여야 한다"라고
규정해야 한다고 생각한다.

(3) 우리 헌법은 여러 개의 '자문회의'를 두고 있다. 제90
조의 '국가원로자문회의'와 제92조의 '민족평화통일자문회의'
와 제93조의 '국민경제자문회의'가 그것들이다. '자문'이란 말
은 '남에게 의견을 묻다'라는 뜻을 가지고 있다. 그런데 위
자문회의들은 누가 누구의 의견을 청취하기 위해서 설치된
기구인가 하는 점이 불분명하다.

국가원로자문회의를 중심으로 이 점을 살펴본다. 위 기구
의 명칭만을 보게 되면 '국가의 원로'들이 특정인에게 어떤
의견을 묻는 기구인지, 아니면 다른 '제3자'의 질문에 대해서
'국가원로'들이 해답을 내리는 기구인지 알 수 없게 되어 있
다.

헌법의 규정을 따르면 위 세 자문회의는 모두 다 '대통령
의 자문에 응하기 위하여' 설치된 기구들이다. 그렇다면 위
세 '자문회의'는 '자문응답회의(기구)'라고 불려져야 할 것으
로 본다.

왜 이처럼 이해할 수 없는 일이 생겼는가 하는 점을 잠시
살펴보고자 한다. 그것은 우리나라 사람들이 스스로 사용하
고 있는 말의 개념을 정확하게 이해하고 있지 아니하는 비문
화적 사고로 말미암은 것이라고 생각한다.

'자문'이란 말은, 전술한 바와 같이 '남에게 의견을 묻는다'라는 뜻을 가지고 있다. 그런데 많은 우리나라 사람들은 '(누구에게) 자문을 구한다'라는 말을 잘 쓴다. 그러므로 '자문을 구하다'라는 말은 '남에게 의견 묻는 것을 요구한다'는 의미를 가지게 된다. 이것은 말이 안 되는 말이다.

우리 헌법이 규정하고 있는 자문회의는 '남에게 의견을 구하는 회의'가 아니고 '남으로부터 자문을 받고 이에 해답을 주는 회의'로 변질되어 있다. 다시 말하면 우리 헌법상의 '자문회의'는 고유한 의미의 '자문회의'가 아니고 '자문회답회의'인 것이다. 이것은 바로 '자문'에 관한 한 주객의 전도를 의미한다. 얼마나 부끄러운 일인가?

⑰ 조사(토씨)를 잘못 쓰고 있는 사례

(1) "국회는… 외국 군대의 대한민국 영역 안에서의 주둔에 대한 동의권을 가진다"(제60조 2항).

'에서의'라는 말도 일본식 표현이다. "국회는… 외국 군대를 대한민국 영역 안에 머무르게 하는 일에 동의할 권리를 가진다"라고 고치는 것이 좋다고 생각한다.

(2) 우리 헌법 제9조는 "국가는 전통 문화의 계승 발전과 민족문화의 창달에 노력하여야 한다"라고 규정하고 있다. '에'라는 토씨는 잘못 쓰여진 것이라고 본다.

결국 이 문장은 '…민족문화의 창달을 위하여…'라고 고쳐져야 한다고 본다. "민족문화의 계승·발전과 민족문화의 창달"이 바람직하게 이루어지지 아니한 것은 바로 최고 규범인 헌법 자체가 목적의식을 뚜렷하게 가지고 있지 않기 때문이 아닌가 하는 생각을 해본다.

(3) "국가는 모성의 보호를 위하여 노력하여야 한다"(제36조 2항). 이 규정에는 소유격 조사인 '의'가 들어갈 여지가 없다. 여기서는 의가 목적격 조사로 쓰여지고 있다.

우리는 목적어에 목격조사 '을'(또는 '를')을 지나치게 많이 쓰고 있다. 예컨대 '꿈꾸다'는 '꿈을 꾸다'로, '집짓다'는 '집을 짓다'로 '대화하다'를 '대화를 하다' 등으로 표현하고 있다.

이러한 점을 감안할 때 위 규정은 "…모성 보호에 노력하여야 한다"라고 하든가 "…모성을 보호하는 일에 노력하여야 한다"라고 고치는 것이 좋다고 생각한다.

(4) "나는… 대통령으로서의 직책을 성실히 수행할 것을 국민 앞에 엄숙히 선서합니다"(제69조)의 '으로서의'라는 어휘는 일본말의 천한 직역이다. "나는 대통령의… 직책을 성실히…"라고 개정하는 것이 좋다고 생각한다.

(4) 정치인들의 나라말 사랑(크리스챤신문 1998.1.5~2.16 게재)

① 머리말

정치인들에게 요구되는 첫째 덕목은 나라사랑의 마음이다. 이 점에 대해서는 이론이 있을 수 없다. 그런데 정치인들 중 누가 가장 큰 나라사랑의 마음을 가지고 있느냐 하는 점에 관해서는 이론이 분분하다. 정치인은 제각기 자신이 나라를 가장 사랑한다고 주장한다.

특히 대통령 후보 또는 국회의원 후보들간의 다툼은 대단하다. 각 후보는 자기가 가장 큰 나라사랑의 마음을 가졌다고 주장하면서 자기 이외의 다른 후보들은 나라를 사랑하기는커녕 나라를 망치고 있다고, 서슴없이 성토한다.

나는 여기서 후보자들의 나라사랑의 무게를 재는 색다른 척도를 제시하고자 한다. 그 척도는 우리말에 대한 그들의 사랑이다. 그것은 곧 정치인들의 나라사랑하는 마음을 측량하는 눈금인 것이다.

② 대통령의 나라말 사랑

나는 먼저 전직 모대통령이 국가조찬기도회에서 행한 치사 가운데 드러난 그의 나라사랑과 국어사랑의 실체를 살펴보고자 한다.

우리말·글에 대한 사랑은 대통령의 자격을 위한 필요조건이기는 하나 그 충분조건은 될 수 없다. 만약 이 최소 한도의 필요조건마저 갖추지 아니한 정치지도자가 있다면 나라사랑에 대한 그의 말은 믿을 수 없는 것으로 된다.

위 치사 초두에 '하나님에 의지하여'라는 말이 나온다. 이것은 '의지하다'라는 낱말이 타동사라는 사실을 간과한 데서 생긴 잘못이다. '하나님을 의지하여'라고 말해야 한다.

굳이 부사격 조사인 '에'의 사용을 고집한다고 하더라도 위 문장에는 또 다른 문제가 따른다. 사람을 대상으로 하는 조사로는 '에게' 또는 '께'가 씌어야 한다. '에'는 비인격체를 나타내는 명사의 체언 아래에 쓰인다.

그러므로 '하나님'이라는 체언 아래에 조사 '에'를 쓰게 되면 '하나님'을 무생물이나 동물로 격하시키는 것이 된다. 이것은 있을 수 없는 일이다. 그러나 하나님께 대해서는 '에게'라는 토씨도 쓸 수 없다. '에게'는 동격 또는 아랫사람에게만 쓰여지는 조사이기 때문이다. 윗사람께는 높임말 조사인 '께'를 써야 한다. 그러므로 '하나님께'라고 말해야 한다.

위 치사의 다른 곳에서는 '사랑하시는 하나님께'라는 말이 발견된다. 이 사실만 보더라도 대통령 자신이 하나님께 대해서는 '에'라는 조사를 쓸 수 없다는 것을 알고 있다고 말할 수 있을 것이다.

그런데 '사랑하시는 하나님'이라는 말에는 또 다른 문제가 내재해 있다. '사랑하는' 주인공은 하나님이 아니고 사람들이다. 하나님은 사람들의 사랑의 대상이 되신다. 하나님이 인간을 사랑하고 계시는 것을 나타내려고 한다면 '사랑하시는 하나님'이 된다.

그러나 그것을 표현하는 글은 달라져야 한다. '우리를 사랑하시는 하나님'이다. 위 문장이 뜻하고 있는 바를 정확하게 표현한다면 그것은 '사랑하는 하나님'으로 되어야 한다. 사랑하는 주체는 하나님이 아닌, 인간이기 때문이다. 그러므로 위의 문장의 뜻을 풀어서 표현한다면 '우리가 사랑하는 하나님'이 된다.

위 치사 가운데는 "귀빈과 동포 여러분에게도 고마운 인사를 드립니다"라는 말이 나온다. '귀빈'에 대해서는 물론 동포들을 '여러분'이라고 존대말의 대상으로 본다면 그 체언들 아래에는 반드시 '에게'의 높임말인 '께'를 써야 한다.

'인사'에는 '고마운' 인사가 따로 있을 수 없다. '고맙습니다'라는 인사가 있을 뿐이다. 여기서 생각해야 할 문제가 또 하나 있다. '고맙다'라는 말은 형용사이다. 그런데 '고맙다'라는 말과 같은 뜻으로 쓰이고 있는 '감사하다'라는 말은 동사이다. 꼭 그러한 이유 때문이라고 말할 수는 없지만 '고맙다'라는 말은 '감사하다'라는 말보다 덜 정중한 것으로 평가되고 있다.

언어를 달리하는 사람들간에는 문화, 습관, 생활 감정의 차이가 있게 마련이다. 그러므로 서로 상이한 언어 사이에는 완전한 일치점을 찾을 수 없는 것은 사실이다.

그러나 가끔은 외국어들을 서로 비교해 보는 일이 사물을 판단하는 일에 도움을 줄 수 있다고 생각한다. 그런 의미에서 '고맙다'라는 말과 '감사하다'라는 말의 이동(異同)을 영어와의 대비에서 찾아보고자 한다.

'고맙다'라는 말은 영어로 I am thankful 또는 I am grateful이라고 번역될 수 있다. '감사하다'라는 말은 영어로

Thank you라고 번역된다. I am grateful은 마음속으로 고마움을 느낀다라는 의미를 가지고 있다. 그런데 'Thank you'는 감사하다는 생각을 '행동'으로 표시한다는 의미를 가지고 있다. '행동'은 '느낌'보다 적극적이고 강한 것이다.

그러므로 상대방에 대하여 경의를 표하려고 하는 경우에는 '고맙습니다'라고 말하기보다는 '감사합니다'라고 말하는 것이 더 바람직스러운 것이다. 후자가 한층 정중한 인사라고 생각되기 때문이다.

위 치사 중에는 "두려워 말라 내가 함께 함이라. 놀라지 말라 내가 네 하나님이라"라는 말이 나온다. 이 말은 여호수아 1장 9절을 인용한 것이다.

남의 말이나 글을 인용하는 경우에는 그 출처를 밝히고 그 내용의 정확성을 지키는 일에 총력을 기울여야 한다. 그런데 위 치사는 인용된 글의 출처를 밝히지 않고 있다. 그리고 인용문의 생명은 인용의 정확성에 있는데 위 인용문은 원문의 뜻을 많이 손상하고 있다.

여호수아서의 원전은 "두려워 말며 놀라지 말라 네가 어디로 가든지 네 하나님 여호와가(께서) 너와 함께 하느니라"라고 기록되어 있다. 이렇게 보면 성경 원전과 인용문 사이에는 상당한 괴리가 있다는 것을 알게 된다. 인용문을 기준해서 그 말의 정확성을 살펴본다. '함께 함이라', '네 하나님이됨이라'라고 하는 우리말은 없다. 물론 '이니라'라는 조사도 없다. 그러나 성서 원문대로 "여호와가 (여호와께서라고 말해야 한다) 너와 함께 하느니라"라고 말하면 아무런 문제가 없다.

③ 대통령 후보들의 우리말·글 사랑

(Ⅰ) 시작

나는 다음으로 대통령 후보자들의 우리말·글 사랑과 나라 사랑의 실체를 살펴보고자 한다. 만약 후보자들의 우리말·글 사랑과 지식에 문제가 있다고 하면 이것은 중대한 문제가 아닐 수 없다. 후보자들은 최고의 학력을 가진 지식인들이다. 뿐만 아니라 각 후보자들의 참모들은 막강한 능력과 지성의 소유자들로 알려지고 있다. 이러한 선량(選良-엘리트) 집단이 만들어 낸 홍보물 가운데서 우리말·글의 문제점이 발견된다고 하면 이것은 심각한 문제가 아닐 수 없다. 나는 이러한 우려의 심정으로 대통령 후보자 6명 중 선두주자 3명의 홍보물 내용을 살펴보고자 한다.

중앙선거관리위원회가 유권자들에게 발송한 각 대통령 후보들의 소형인쇄물 중 우리말·글 사랑의 문제점을 살펴본다.

(Ⅱ) 가 후보의 경우

1) "우리는…거지신세로, 경제신탁통치 식민지로 몰락했습니다".

'우리'와 '거지'는 모두 사람이기 때문에 같은 격으로 볼 수 있다. 그러나 '우리'와 '식민지'는 같을 수 없다. '우리'는 인격체인데 '식민지'는 비인격체인 땅이기 때문이다. 그러므로 위 글이 바른 문장으로 되려면 다음과 같이 바꾸어져야 한다.

"우리는 거지 신세로, 이 땅은 식민지로 몰락했습니다".

2) "아무리 빌어먹는 사람이지만 같은 사람이다".

대통령 후보가 걸인의 인격까지 존중한다는 사실을 국민들에게 알리기 위하여, 그들도 일반 국민들과 '똑같은 사람'이라고 선포하려는 충정은 충분히 알 수 있다. 그러나 그렇게 귀중한 인격의 소유자들, 즉 걸인을 '빌어먹는 사람'이라고 말하는 것은, 변명의 여지가 없는, 잘못이다. 그들로 하여금 수모감을 느끼게 하는 말이다. 적어도 '걸인' 또는 '얻어먹는 사람'이라고 해야 할 것이다.

3) "문민시대를 열었다고 얼마나 감격에 겨워했습니까?"

'감격에 겹다'라는 우리말은 없다. '눈물겹다', '힘겹다'라는 말은 있을 수 있다. "얼마나 감격(스러워)했습니까?"라는 훌륭한 말이 있지 아니한가? 그리고 위 글에서는 감격스러워하는 주체(주어)를 찾아볼 수 없다. 이는 주체의식의 박약에서 비롯하는 것이라고 본다.

4) "지금도 5,6공 사람들에 둘러싸여 당만 새옷으로 갈아입은 사람".

'당만 새옷으로 갈아입은 사람'이란 말은 아주 서투른 표현이라고 생각한다.

5) "신랑은 백수였다".

우리말에 백수(白手)라는 낱말은 없다. 백수건달(白手乾達)이 있을 뿐이다. 아무것도 가진 것이 없는 멀쩡한 건달이라는 뜻을 가진 말이다. '건달'은 일정한 주소나 직업이 없이 남의 일에 참견이나 하면서 풍을 치며 돌아다니는 사람을 말한다. 자기 당의 대통령 후보를 '건달'이라고 부르기는 어려웠을 것이다. '건달'을 빼고 '백수'만 살리려고 한 뜻은 이해할 수 있으나 문제는 그런 말이 없다는 데 있다.

6) "하루하루가 급변하는 21세기".

이 표현은 시칭에 대한 착오 때문에 생긴 잘못이라고 생각한다. 마땅히 '하루하루가 급변하게 될 21세기'가 되어야 할 것이다.

7) "한 번 뒤쳐지면 다시는 따라잡을 수 없습니다".

이 말은 '뒤쳐지다'란 낱말의 오해에서 비롯한 것이다. '뒤쳐지다'라는 것은 '물건이 뒤집혀서 젖혀지다' 뜻을 가진 낱말이다. 따라서 위 글은 '한번 쳐지면…' 또는 '한번 뒤로 쳐지면…'이라고 고쳐져야 할 것이다.

8) "강력한 리더십으로 이들 젊은 지도자들과 당당히 겨룰 우리의 지도자!"

'통솔력' 또는 '지도능력' 등 훌륭한 우리말이 있는데 굳이 '리더십'이라고 표현해야만 외국 지도자들과 힘을 겨룰 수 있는 것은 아니라고 본다.

9) "열외를 하다"

'열외를 하다'라는 우리말은 없다. 우리는 지금 '눈물하다', '슬픔하다', '자리하다' 등 숱한 저질의 '하다 동사' 남발로 인한 언어공해를 겪고 있다.

10) "짜샤, 손가락에 불붙여 끓여내란 말야"

'짜샤'는 듣기만 해도 얼굴이 뜨거워지는 은어이다. 대통령 후보의 선거홍보물에 등장할 수 있는 말은 결코 아니다. 아무리 젊은층의 표를 의식한다고 하더라도 그것은 용인될 말이 아니다.

11) "그의 손엔 전역비를 모아 산 석유곤로 선물이 들려 있었다".

'곤로'는 일본말이다. 이에 해당하는 우리말은 '풍로'이다. 우리말을 쓰고도 충분히 세계적인 대통령이 될 수 있다. 아니 우리말을 잘 쓸수록 훌륭한 세계적 대통령이 되는 것이다.

12) "국가적 혼란기를 극복할 수 있는 대통령"

'혼란기'는 '극복'의 대상이 아니다. '혼란'이 '극복'의 대상이다. 그러므로 '국가적 혼란을 극복할 수 있는 대통령'이라고 말해야 한다. 굳이 '혼란기'란 말을 쓰고 싶으면 "국가적 혼란기를 뛰어넘을 수 있는 대통령"이라고 해야 한다.

13) "○○도지사의 실물경제 경험을 바탕으로".

이 글은 실물경제의 주인공이 ○○도지사라는 뜻을 내포하고 있다. 이것은 말이 안 된다. '○○도지사시절의 실물경제 경험' 또는 '○○도지사 때 쌓은 실물경제 경험'이라고 고쳐야 한다.

(III) 나 후보의 경우

1) "우리는 과연 얼마나 준비되어 있습니까".

'우리'는 '준비'의 주체이지 그 객체가 아니다. 그러므로 우리는 준비되는 것이 아니다. "우리는 과연 얼마나 준비하고 있습니까"라고 하는 것이 바른 표현이다.

2) "권력에 취해 국민을 두려워하지 않는 50년 여당의 오만과 무능입니다".

이 문장에는 주어가 보이지 아니한다. 뿐만 아니라 '오만과 무능'의 주인공이 누구인지 짐작할 수도 없다(적어도 문맥상). 위 글의 앞에 나오는 문장을 옮겨 본다. "경제가 무너지고 나라가 파탄을 맞고 있는데도 정작 책임을 져야 할 정부 여당은 방관만 하고 있습니다".

위 두 문장이 서로 연관될 수 있도록 뒤의 문장을 고쳐 보면 이렇게 될 것이다. "이것은 권력에 취해… 여당의 오만과 무능 때문에 일어나고 있는 현상입니다" 또는 "우리가 볼 수 있는 것은 권력에 취해… 여당의 오만과 무능뿐입니다".

3) "경제, 통일, 외교, 사회, 문화에 두루 거친 경륜".

'두루'는 '전국 각지를 두루 여행하다' 또는 '두루 찾아보다'처럼 주로 동사(움직씨) 앞에 쓰이는 부사(어찌씨)이다. '거친'은 동사의 형용꼴이므로 '두루' 다음에 쓰이기에는 부적당하다. '두루 거친'이란 말 자체가 우리말로서는 생소한 것이다. 그리고 '경제, 통일' 등은 '거치다'의 목적어이므로 '에'라는 조사는 쓸 수 없다. 마땅히 "경제, 통일, 외교, 사회, 문화 등 각 분야를 두루 거친 경륜"이라고 해야 할 것이다.

4) "TV 토론을 통해 국민 앞에 검증받았습니다".

'에'는 체언 뒤에 붙어서 쓰이는 부사격 조사로서 처소, 때, 대상 등을 나타내는 데 쓰인다. '산 위에 뜬구름', '공부에 전념하다', '낮에 만나다' 등에서 그 예를 볼 수 있다. 위 문장에서처럼 사물이 움직이고 있는 처소를 나타내는 부사격 조

살서는 '에서'를 써야 한다. 그래서 위 문장은 "TV 토론을 통해 국민 앞에서 검증받았습니다"라고 고쳐지는 것이 바람직하다고 본다.

5) "강력한 리더쉽과 탁월한 식견으로 경제 위기를 타개해 주길 기대하고 있습니다".

이 문장은 '기대하고 있는' 주인공이 누구인지, '경제 위기를 타개할' 주인공이 누구인지 이 점을 밝히지 않고 있다. 문법적으로 말하면 주문장의 주어와 종속절의 주어가 다 사라지고 없다는 것이다. 이것은 전형적인 주체의식의 결여를 나타내고 있는 것이다. "국민은 ○○○이 강력한 리더쉽과 … 기대하고 있습니다"라고 해야 옳은 문장이 된다고 본다.

그리고 가후보의 경우에서처럼 '리더쉽'이란 외국어를 사용하는 것은 칭찬받을 일이 되지 못한다고 본다. 더구나 외국어 한글표기법에 따르면 '리더쉽'은 '리더십'이 되어야 한다.

6) "국제무대에서 당당히 국익을 지킬 수 있는 자신이 있습니다".

이것은 세련되지 아니한 문장이다. "…국익을 지킬 자신이 있습니다"로서 족한 것이라고 본다.

7) "가정의 안정에서 나라의 안정까지 믿음직한 지도자가 열어 가겠습니다".

'안정'은 '추구'하고 '구축'하는 대상이지 '열어 가는' 대상이 아니다.

8) "○○○은 철통 같은 안보태세를 확립해… 북한을 화해와 협력의 길로 이끌 능력이 있습니다".

이 문장의 주어는 글 첫머리에 나온 ○○○이다. 그런데 그 주어를 다듬을 술어가 없다. 문장 도중에 '능력'이라는 새 주어가 등장해서 '있습니다'라는 술어를 가로채어 버렸기 때문이다.

이 문장은 "○○○은… 능력을 가지고 있습니다"라고 고쳐져야 할 것이다. 아니면 "○○○에게는… 이끌 능력이 있습니다"라고 해야 한다.

9) "실패한 정권을 바꿀 수 있게 되었습니다".

'바꾸다', '교환하다'라는 말은 원칙적으로 동등한 가치를 가진 물건을 서로 바꾼다는 의미를 가지고 있다. '돈을 바꾸다'[換錢], '집을 바꾸다'라고 하는 경우 등이 그것이다. '쌀과 보리를 바꾸다'라고 하는 물물교환의 경우에도 쌀과 보리의 등가성이 전제되어 있다. 그렇다면 '실패한 정권을 바꾼다'라는 말은 '실패한 정권'이 또 다른 '실패한(할) 정권'에 의해 바꾸어져야 한다는 뜻인가? 위의 말은 마땅히 '실패한 정권을 물리칠 수 있게 되었습니다'라고 고쳐져야 할 것이다.

10) "지도력도, 경륜도, 비젼도 갖추지 못한 준비 안 된 후보에게 미래를 맡길 수는 없습니다".

'비젼'에 해당하는 우리말로는 '미래상', '구상' 또는 '이상' 등 좋은 어휘가 숱하게 있다. 굳이 비젼이란 영어를 쓴다는 것은 민족적 자존의 차원에서 문제가 된다고 본다.

그리고 '비젼'은 외국어 한글표기법에 따르면 '비전'으로 바뀌어야 한다. 그리고 '비전도 갖추지 못한', '준비 안 된'이라는 2중의 형용사를 겹쳐 쓰는 것은 음률적으로나 시각적으로 바람직한 것이 못 된다고 본다.

11) "안전과 번영의 새시대, 정권교체만이 열 수 있습니다".

'정권교체'란 추상적 관념이 '새시대'를 열 수 있는 것은 아니다. '교체된 정권'이나 인간의 의지 또는 그 활동이 새 시대를 여는 것이다.

(Ⅳ) 다 후보의 경우

1) "○○○은 입법, 사법, 행정 등 국정 전반을 두루 거친 경륜이 있습니다".

이 문장에는 주어가 둘 있다. '○○○'과 '경륜'이다. "코끼리는 코가 길다"라고 하는 말에서처럼 한 문장에 주어가 둘 등장하는 경우는 있을 수 있다. 그러나 이러한 예외적인 경우를 제외하면 이것은 가능한 한 피해야 하는 것이라고 본다. 말투와 표현방법상 피하는 것이 좋다고 생각한다. 그리고 '입법… 등 국정 전반을 두루 거친 경륜'은 세련된 표현이 아니다.

2) "○○○은 한 마디 말을 해도 신중합니다".

이 말은 매끄럽지 않다고 느껴진다. "○○○은 말 한 마디에도 신중을 기합니다"라고 고치는 것이 좋다고 본다.

3) "국민이 편안한 정치를 펼쳐 갈 신뢰의 지도자".

이 표현은 '국민에게 편안을 주는 정치를…' 또는 '국민을 편안하게 하는 정치를…'이라고 고치는 것이 좋다고 본다.

4) "그럼으로써… 깨끗한 정치를 실현하겠습니다".

이 문장은 "그렇게 함으로써 깨끗한 정치를 실현시키겠습니다"라고 고치는 것이 좋다고 본다.

5) "실추된 국민의 자존심과 세계 일류국가의 꿈을 되찾읍시다"(신문공고 中).

이 문장에서 '되찾을' 대상은 '국민의 자존심'과 '세계 일류국가의 꿈'으로 되어 있다. 그런데 '국민의 자존심'에는 형용사가 붙어 있다.

'실추된'이 그것이다. 그런데 '세계 일류국가의 꿈'에는 형용사가 없다. 이것은 좋은 문장구성 방법이 아니다. 격식을 갖추어서 다 같이 형용사를 붙이려면 예컨대 '허물어진 세계 일류국가의 꿈'이라고 표현하는 것이 좋다고 본다. '실추된'이 부정적 의미를 가진 형용사이기 때문에 같이 부정적인 의미를 가지고 있는 '허물어진'을 쓴 것이다. 그런데 '세계 일류국가의 꿈'이란 말에는 다른 문제가 있다. '세계 일류국가'는 '꿈'의 주인공이 아니다. 그러므로 '세계 일류국가의 꿈'이란 있을 수 없는 것이다. '세계 일류국가에로의 꿈' 또는 '세계 일류국가를 향한 꿈'이라고 해야 할 것이다.

(Ⅳ) 맺음말

나라말을 사랑하지 아니하거나 이를 바르게 사용하지 아니하면서 나라를 사랑한다는 말은 거짓이다. 대통령 후보들은 자신의 홍보인쇄물이 잘못된 것은 참모들의 실수로 말미암은 것이라고 말할지 모른다. 만약 그렇다면 그것은 우리를 더욱 슬프게 할 것이다. 우리는 대통령감으로서 재치문답가나 응

변가를 바라지 아니한다. 우리는 바른 말 고운 말을 쓸 줄
아는 나라사랑의 후보를 찾는다.

(5) '용의 눈물'과 우리말 · 글(국회보 1998년 3월 게재)

(Ⅰ) 머리말

'용의 눈물'은 한때 잘 나가고 있던 KBS 텔레비전의 연속
극이다. 그 프로가 방송담당자들의 투표를 거쳐서 '97 베스
트'로 선정되었다는 사실은 결코 우연한 일이 아니라고 본다.
작가에게는 말할 것도 없고 기획, 연출을 맡은 사람은 물론
출연자들에게 큰 기쁨이자 보람이 될 것이다. 나 자신도 시
간이 나는 대로 가족들과 함께 이 연속극을 즐겨 시청했다.
우선 부담 없이 볼 수 있는 재미 때문에 그렇게 한 것이라고
말할 수 있다.

그런데 '용의 눈물'을 보는 다른 시각도 있다는 것을 간과
해서는 안 된다고 본다. 이러한 문제제기와 토론은 우리의
문화를 한층 건전하게 만든다는 계기가 된다고 할 것이다.

혹자는 '용의 눈물'이 시청률 상승에만 신경을 쓴 결과 드
라마 제작의 기본 철학을 잊어버리고 안일한 상업주의로 흐
르고 있다는 말도 했다. 혹자는 그 작품이 역사적 고증을 소
홀히 하고 있다고 말했다. 실내장식이나 의상에서부터 시작
하여 대화에 등장하는 용어에 이르기까지 역사적 허구성이
드라마 도처에 깔려 있다는 것이었다. 홍미 위주의 상업주의
때문에 인물과 인간관계의 묘사가 과장과 왜곡으로 흐르고

있다는 지적도 있었다.

역사적 고증 분야에 대해서 문외한인 나로서는 이러한 지적에 대해서 왈가왈부할 자격도 없거니와 그렇게 할 생각도 없다. 그러나 다른 면에서 이 '용의 눈물'은 한 번 허심탄회한 논의의 대상이 되어야 할 필요가 있다는 생각을 해본다. 그것은 우리말, 바른 말의 견지에서 '용의 눈물'을 살펴보자는 제안이다.

물론 나는 우리말에 대한 지식이나 경륜에 있어서 남에게 내세울 만한 것이 없다. 그러나 나는 우리 국민과 함께 우리말을 늘 쓰고 있는 생활인의 한 사람으로서 이런 문제를 제기할 수 있는 자격을 갖추고 있다고 생각한다.

제 나라 말을 바르게 쓰지 않는 국민치고 위대한 나라를 가져 본 백성은 일찍이 없었다. 그러한 국민들은 나라사랑의 마음에 대해서도 의심을 받아 마땅하다고 생각한다. 서구 선진국 국민들의 국어사랑과 나라사랑 간에는 필연적인 상관관계가 있다. 자기 말에 대한 그들의 긍지는 바로 그들의 국력으로 이어졌다는 사실도 우리는 간과할 수 없다. 이렇게 볼 때 우리의 말·글에 대한 우리들의 자세는 적지않은 문제를 내포하고 있는 것이라고 생각한다.

한때 인기 절정에 있었던 '용의 눈물'이 우리말에 대해서 어느 정도의 사랑을 가지고 있었는가 하는 것을 살펴보는 것은 결코 무의미한 일이 아닐 것이다. 만약 '용의 눈물'에 문제가 있는 것이라고 하면 그 드라마의 파급력에 정비례하여 우리말에 대한 파괴력도 지대한 것이 될 수밖에 없다. 그 연속극에서 드러났던 문제를 생각나는 대로 순서를 매기면서 살펴보기로 한다.

(Ⅱ) 발음에 대하여

말에 있어서 발음이 차지하는 비중이 막중하다고 하는 점에 대해서는 재언을 할 필요가 없다. 발음은 의사전달의 정확성을 위해서 불가결한 요소이다. 뿐만 아니라 발음은 말하는 사람의 교양과 품위를 그대로 나타내고 대화의 분위기를 결정하게 된다.

여기서는 이러한 의미를 가진 발음 중 먼저 음의 장단에 대해서 살펴보기로 한다.

우리가 겪고 있는 최악의 발음공해는 장음과 단음을 구별없이 혼동하는 데 있다.

만약 '사:람(人間)'을 '사람'이라고 발음하거나 '대:한민국'을 '대한민:국'이라고 발음한다면 어떻게 될 것인가? 그런데 '용의 눈물'에서는 출연자들 거의 전부가 이 장·단음의 법칙을 무시하는 발음으로 하고 있다. 그 사례를 살펴본다.

1) '상감'

'상:감'(임금)에 있어서 '상'자는 장음이어야 한다. 만약 이것을 짧게 발음해서 '상감'이라고 하게 되면 엉뚱한 의미를 가지는 말이 된다. 그것은 象嵌 또는 常監(이런 말이 있느냐 하는 것은 별개이다)을 뜻하게 된다.

2) '마마'

왕이나 중전을 의미하는 '마:마(媽媽)'는 길게 발음하여야 한다. 그런데 위 드라마의 출연자들은 모두 '마마'라고 발음하고 있다. 이는 전세계적으로 통용되고 있는 '엄마'를 뜻하는 어린이들의 말, mama를 의미한다.

3) '어명'

임금의 명령을 뜻하는 '어:명(御命)'의 '어'자는 장음이다. '용의 눈물'에서 '어:명'은 '어명(魚名)'으로 변질되어서 고기 이름이 되고 있다.

4) '대전'

임금이 거처하는 궁궐을 뜻하는 '대:전(大殿)'의 대는 길게 발음하여야 한다. 이를 짧게 발음하여 '대전(垈田)'이라고 말하면 엉뚱한 뜻이 되어 버린다. 아무리 IMF 시대라고 하더라도 임금을 텃밭에서 기거하게 해서야 되겠는가? 그래도 극 중 왕세자만은 '대:전'이라고 정확하게 발음하고 있는 것은 기특하기도 하고 대견스럽기도 하다.

5) '무학대사'

모두 다 알고 있는 사실이지만 무학대사(無學大師)는 이태조가 스승으로 받들던 고승이다. 그의 이름은 자초(自超)이다. 그런데 '용의 눈물'에 출연하는 모든 사람들은 한결같이 그를 '무:학대사'라고 부르고 있다. '무:학'은 '춤추는 학(舞鶴)'을 뜻하는 말이므로 無學과는 아주 다른 뜻을 가지는 말이 된다. 이는 부끄러운 일이 아닐 수 없다.

6) '사신'

중국에서 온 '사:신(使臣)'을 극중 등장인물들은 하나같이 '사신'이라고 부른다. '사'자를 길게 발음하여 '사:신'이라고 말

하지 아니하고 짧게 '사신'이라고 발음하면 괴상한 의미를 가
지게 된다. 그것은 사신(邪神-요사스러운 귀신) 또는 私信
(개인의 편지)를 뜻하게 되는 것이다.

7) '소상'

'소상(昭詳)'이라는 어휘는 밝고 자세하다는 의미를 가진
말이다. '소상'이라고 말할 때 '소'자는 단음으로 발음해야 한
다. 그런데 위 드라마에서는 '주상께 소:상히 아뢰라'라는 말
이 등장한다. '소:상'이라고 말하면 소상(小祥-1주기 기념 제
사)을 뜻하게 된다.

8) '서체'

위 연속극에 옛사람의 글씨에 관한 대화장면이 나오고 있
다. "이것은 뛰어난 서:체이다"라는 것이 그것이다. 그런데
'서:체(暑滯)'라고 말하면 그것은 더위로 인한 체증을 의미하
게 된다. 마땅히 '서체(書體)'라고 짧게 말해야 한다.

9) '장례'

'장:례(葬禮)'란 말은 '장사지내는 예절'을 뜻한다. 이때 장
(葬)자는 길게 발음해야 한다. 그런데 극중에서는 '장례'라고
짧게 발음하고 있다. 이 말은 '장래(將來-다가올 앞날)'로 들
리게 되어 있다.

10) '새나라'

'새나라'는 '옛나라(舊國)'에 반대되는 新國을 뜻하는 말이
다. '새'를 짧게 발음하여야 한다. 그런데 연속극에서는 "지금
부터 새:나라를 세워 나간다"라고 말하고 있다. 이 말은 '지
금부터 鳥國을 建設한다'라는 엉뚱한 뜻을 가지게 된다.

(Ⅲ) 어휘의 개념에 대하여

낱말의 뜻을 정확하게 파악하고 이것을 상대방에게 그대로 전달한다는 것은 대화에 있어서 매우 중요한 것이다. 이 점에 있어서 특히 뛰어난 능력을 가지고 있는 독일사람들이 모든 명사를 대문자로 시작하고 있다는 것은 우리에게 시사해 주는 바가 크다 할 것이다.

우리 언어생활은 어휘의 개념과 주어의 조사 사용에 있어서 많은 문제점을 들어내고 있다. '용의 눈물'에서 잘못 사용되고 있는 어휘의 사례를 살펴보자.

1) 내사

'내:사(內査)'라는 말은 내막적으로 조사한다는 것을 뜻한다. 그런데 이 말은 보통 범죄행위나 이상한 상황을 살피는 것을 의미한다. 그러므로 "왕세자빈이 될 규수감을 내사한다"는 말은 천부당만부당한 것이다.

2) 잘 풀이하였다

드라마 중에 왕자들이 공부하고 있는 장면이 자주 등장한다. 한 왕자가 스승의 요구에 따라 한문으로 된 경전을 막힘 없이 읽는다. 스승은 "참 잘 풀이하셨습니다"라고 칭친한다, 읽는 것과 풀이하는 것은 결코 같은 것이 될 수 없다.

3) 내노라

극중에 "이 나라의 내노라 하는 분들이시지요"라는 대사가 나온다. '내노라'라는 것은 원래 '나이로라'라는 말의 준말이다. '바로 나다'라고 '자신있게 말한다'라는 뜻을 가지고 있다. 그런데 연속극에서는 '나를 자신있게 내놓는다'라는 뜻으로 이 말이 쓰여지고 있다. 이는 물론 잘못된 표현이다.

  4) 돋구다

  드라마 중에 "전하의 흥을 돋구어 드려야 합니다"라는 대사
가 나온다. '돋구다'라는 말은 예컨대 안경의 도수 따위를 더
높게 한다는 뜻으로 사용되는 것이다. 따라서 '의욕이나 흥미
를 자극하여 상기시키다'는 뜻으로 사용할 때는 '돋우다' 또는
'북돋우다'라는 말을 써야 한다.

  5) 벌리다

  극중에 "큰 사냥을 한 번 벌리기로 했사옵니다"라는 말이
나온다. '벌리다'라는 말은 팔다리 등의 사이를 넓히거나 우
므러진 것을 펼 때 쓰는 것이다. 따라서 '어떤 일을 계획하여
시작하다'라는 뜻으로 사용할 때에는 '벌이다'라는 말을 써야
한다.

  6) 안절부절

  드라마에는 "가슴이 왜 이리 안절부절하는고"라는 말이 나
온다. '몹시 초조하고 불안하여 어쩔 줄 몰라하다'라는 뜻을
가진 말은 '안절부절하다'가 아니라 '안절부절 못하다'이다.
그리고 안절부절 못하는 주체는 '가슴'이 아니라 '사람'이므로
"내가 왜 이리 안절부절 못하는고"로 해야 바른 우리말이 된
다.

  7) 미력

  미력이란 어휘는 '남을 위해 쓰는 자신의 힘이 미미하다는
것을 겸손하게 표하는 말'이다. 그러므로 통상 '미력이나마
최선을 다하겠습니다'라고 말한다. 그런데 극중 대사에는 '미

력을 다하겠습니다'라는 말이 나온다. 이는 '미력'이 부정적 의미를 가지고 있다는 사실을 간과한 데서 생긴 오류라고 본다. '미력'과 '다하다'는 서로 어울리지 아니한다.

8) 이것이 꿈인가? 생시인가?

"이것이 꿈인가 생시인가?"라는 말은 위의 '미력'이 부정적 의미를 가진 것과는 달리 긍정적 의미를 가진 말이다. 믿어지지 아니할 정도로 기쁜 일이 생겼을 때 이 말을 쓴다.

그런데 극중 중전은 자신의 두 아우가 사형에 처해진다는 소식을 듣고 '이것이 꿈인가 생시인가?'라고 말한다. 이는 얼토당토 아니한 말이다.

9) 세자의 글

태종이 세자의 글씨 솜씨를 알아보기 위하여 '慶會樓'의 현판글씨를 쓰게 하는 장면이 나온다. 세자의 글씨를 본 태종은 "세자의 글이 이렇게 훌륭하다니 과연 신필이라는 소문대로구먼"이라고 말한다.

이것은, 말할 필요도 없이, '글'과 '글씨'의 뜻을 혼동하고 있는 데서 나온 잘못이다. 당연히 "세자의 글씨(솜씨)가 이렇게 훌륭하다니…"라고 말해야 한다.

(Ⅳ) 맞춤법에 대하여

우리의 생활이 법의 규제를 벗어나게 되면 무질서가 범람하게 된다. 꼭 마찬가지로 한 나라의 말·글이 맞춤법의 영역을 이탈하게 되면 언어는 오염 속을 헤매이게 된다. '용의 눈물'에 나타나는 맞춤법 파괴현상을 살펴보자.

1) 명령형(움직씨의 시킴꼴)

동사 명령형의 종결어미는 원칙적으로 '아라' 또는 '어라'에 한정된다. '아라'는 ㅏ, ㅗ의 모음으로 된 어간에 붙여서 쓰여진다. '받아라', '말아라' 등이 그 예이다.

'어라'는 위 두 양성 이외의 모음으로 된 어간에 쓰여진다. '밀어라', '있어라' 등이 그 예이다. '어라'는 '여라'로 바꾸어질 때가 있다. '하여라'가 그 경우이다. 그런데 위 명령형 어간에는 중대한 예외가 있다. 위 어간이 '거라'와 '너라'로 변형되는 것이 그 경우이다. '가거라', '자거라'와 '오너라'가 그 예외의 경우이다.

그런데 문제는 오늘날 이 '거라' 어간이 걱정스러울 정도로 범람되고 있다는 점이다. '용의 눈물'에 나오는 바, 눈물나는, 사례들을 살펴보자.

"아버님을 잘 모시거라", "어서 말해 보거라", "어서 앞서거라", "듣기나 하거라", "계속해 보거라", "춤을 추거라", "다른 생각을 말거라", "부르거라" … 이것들은 잘못된 말이다.

위의 말들을 바로 고쳐 본다. '아버님을 잘 모셔라", "어서 말해 보아라(봐라)", "어서 앞서라", "듣기나 하여라", "계속해 보아라", "춤을 추어라", "다른 생각을 (하지) 말아라", "불러라".

왜 이렇게 훌륭한 말들을 두고 그런 부끄러운 말들을 만들어 내어야 하는가? 더구나 전파를 통해서 전국 방방곡곡의 안방까지 이 오염된 언어를 들여보내고 있다는 사실을 한 번 "생각해 보거라".

2) ‘세월이야 가던 말던’

극중에 ‘세월이야 가던 말던’이라는 말이 나온다. 어미 ‘-든지’는 ‘하든지 말든지’에서처럼 무엇이나 가리지 않는다는 뜻으로 사용되는 연결어미이다. 이에 비해서 어미 ‘-던’은 ‘나의 살던 고향’에서처럼 지난 일을 회상할 때 쓰이는 관형사형 어미이다. 따라서 위의 경우에는 ‘가든지 말든지’, ‘가거나 말거나’ 혹은 줄여서 ‘가건 말건’이라고 말해야 한다.

(Ⅴ) 맺는말

필자가 여기서 제기하는 문제들에 대해서 드라마 작가를 위시한 관계자들은 한 번쯤 깊이 생각해 주기를 바라고 싶다. 나의 생각과 판단이 잘못된 것이라면 그 점에 대한 깨우침을 받고 싶다. 이것은 솔직한 나의 희망이다.

그러나 만약 조금이라도 귀담아들을 만한 부분이 있다고 하면 이에 대한 조치가 있기를 바란다. 사람은 유명해질 때, 작품은 뜰 때, 실수를 범할 염려가 있다는 말을 한 번 깊이 생각해 보기를 바란다.

2. 우리의 말과 글에 대한 사랑
-국어사랑, 나라사랑-

나는, 우리말이 우리 얼을 담고 있는 내용이라면 우리 글은 우리말을 담고 있는 그릇이라고 생각한다. 그리고 우리 글은 세계에서 으뜸가는 글이라는 확신을 가지고 있다.

세계에는 스스로 문화민족임을 자랑하는 많은 종족이 살고 있다. 그러나 그 숫한 문화 민족 중에서 자신이 만든 독자적인 문자를 가지고 있는 민족은 거의 없다고 생각한다.

세계적으로 널리 알려진 로마의 ABC 알파벳 글씨도 특정인이나 특정 국가, 민족이 창안한 것이 아니다. 오랜 세월에 걸쳐서 수많은 사람들의 노력으로 만들어진 것이다.

표의문자의 대표라고 말할 수 있는 한문자는 더 말할 나위가 없다. 한자야말로 대단히 긴 세월을 거쳐서 발달되어 온 글씨였다.

이러한 견지에서 볼 때 우리 한글은 일정 기간의 집중적인 연구를 통해서 만들어진 독창적인 문자이다. 문자학상으로도 매우 우수한 글씨라고 하는 점에 대해서는 많은 학자들도 이를 인정하고 있다. 그 과학성, 정확성, 포용성(발음 표시 능력의 광대성), 미학성(형태의 아름다움) 등에 있어서 타의 추종을 허락하지 않는다고 본다.

한글에는 철학이 담겨 있다고 한다. 하늘(O)이 있고, 땅(一)이 있고 또 사람(ㅣ)이 있다. 그런데 그 하늘과 땅과 사람이 따로따로 있는 것이 아니고 서로 숙명적인 관계를 맺으면서 아, 야, 여, 와, ㄱ, ㄴ, ㄷ, ㄹ, ㅁ 속에서 공존하고 있다. 이런 상관관계만으로는 부족하다고 생각되어 다시 ㅅ, ㅈ, ㅊ으로 사선(斜線)를 이용하여 이 관계를 더욱 굳게 결속시키고 있다.

또 한 걸음 더 나아가서 이 하늘과 땅과 사람은 완전(ㅇ, ㅎ)을 지향하고 있다. 그래서 우리글은 바르고, 크고, 하나인 글이 되는 것이라고 한다. 굳이 주시경 선생이 그렇게 이름을 붙였다고 해서가 아니라 우리 글이 '한글'이라 불릴 수밖에 없는 이유가 여기에 있다고 본다.

그러나 나는 한글의 이러한 철학성, 과학성보다 한글 제정의 목적에 대해서 보다 큰 애정을 느끼고 있다. 세종대왕의 '훈민정음' 중에서 이를 살펴보자.

國之言語異乎中國 與文字不相流通 故愚民有所欲言 終不得申其情者多矣 余爲此憫然新制二十八字 欲使人人易習便於日用矣(나랏 말쓰미 中듕國귁에 달아 문쭝와로 서르 ᄉᆞᄆᆞᆺ디 아니ᄒᆞᆯᄊᆡ 이런 젼ᄎᆞ로 어린 百빅姓셩이 니르고져 홇배 이셔도 ᄆᆞᄎᆞᆷ내 제 ᄠᅳᆮ들 시러 펴디 몯ᄒᆞᇙ노미 하니라. 내 이를 윙ᄒᆞ야 어엿비 너겨 새로 스믈 여듧字쫑ᄅᆞᆯ 밍ᄀᆞ노니 사ᄅᆞᆷ마다 ᄒᆡ여 수비 니겨 날로ᄡᅮ메 便뼌安ᅙᅡᆫ킈 ᄒᆞ고져 홇 ᄯᆞᄅᆞ미니라.)

얼마나 아름답고 갸륵한 뜻인가? 한글을 배우고 쓰는 사람은 모름지기 나라사랑, 겨레사랑의 사람이 되지 않을 수 없는 것이 이 때문이라고 본다. 그런데 현실은 어떠한가? 우리의 나라사랑 현장에도 문제가 있고 우리말 바로 쓰기 마당에도 대혼란이 벌어지고 있다는 것이 나의 솔직한 심정이다.

각종 출판물을 통해서 우리말생활의 현주소를 살펴보자. 미승우 씨의 저서(≪새 맞춤법과 교정의 실제≫)를 본다.

"우리 사회에는 자기의 실력을 돌보지 않고 책을 내려는 사람이 많아서 심한 출판공해가 만연되고 있다… 많은 지식인들의 말이나 글에서 언어질서가 파괴되어 가고 있음을 우리는 잘 알고 있다… 우리나라와 일본의 일부 교과서에서의 오류 대비는 약 6:1로 나타난다."

그러나 일본사람들의 정확한 언어 사용을 생각해 본다면 한·일 양국 교과서의 오류 대비가 과연 6:1에 그치는가 하는 점에 대한 의구심을 떨쳐 버릴 수 없다. 그 대비가 사실과 일치한다고 하더라도 일본 교과서의 오류는 오자, 탈자 등 형식적인 것이 아닌가 하는 생각을 가지게 된다.

위 대비를 사실로 받아들인다고 하더라도 일본의 국력과 우리의 국력, 그리고 일본인의 나라사랑과 우리의 나라사랑은 6:1로 대비될 수 있는 일이라고 할 것이다. 참으로 괴롭고 부끄러운 일이다.

그에 의하면 1978년도 중·고교 교과서 5과목 15권 중에서 발견된 오류는 다음과 같다는 것이다. 맞춤법 오류가 132, 어미와 조사의 오용이 713, 부적당한 낱말 사용이 379 등 총 2,744개 소의 오류가 발견된다는 것이다. 그렇다면 학과별 평균은 182개에 이르는 셈이다. 놀라지 않을

수 없는 일이다. 우리말이 이렇게 심한 몸살을 앓고 있는 동
안 우리에게는 결코 내일이 있을 수 없다고 본다.

3. 한글날과 국경일
-경향신문 2001. 6.26-

한글의 우수성과 한글 제정의 순고한 목적에 대해서는 우리가 익히 알고 있다. 그래서 한글(나라)을 사랑하는 많은 이들은 한글이 제정된 한글날을 국경일로 정하는 일을 최고의 희망으로 삼고 있다. 한글날 국경일제정범국민추진위원회 전택부 위원장 같은 분은 한글날을 국경일로 만드는 것이 자신의 목표이며 이것만 달성되면 더 바랄 것이 없다고 선언하고 있다. 감동적인 고백이 아닐 수 없다. 한글에 대한 사랑은 한글날에 대한 사랑으로 이어지고 한글날에 대한 사랑은 나라사랑으로 승화하지 않을 수 없는 것이다.

여야 국회의원 29명(민주당 24, 한나라당 5)이 2000년 10월 2일자로 국회에 '국경일에 관한 법률개정안'을 제출했다. 그 법률안의 핵심은 위 법률에 의하여 지정된 기존 국경일(3.1절, 제헌절, 광복절, 개천절) 외에 한글날을 하나 더 추가하겠다는 점에 있다. 이것은 획기적이고 충격적인 사건이 아닐 수 없다.

한글을 사랑하고 한글에 대해서 민족적 긍지를 가지고 있던 많은 국민들은 동법안 제안 의원들의 애국적인 용단과 현명한 판단에 대해서 경의와 찬사를 표시했다. 지금도 국민들은 이들에게 뜨거운 성원과 기대를 함께 보내고 있다. 그런데 한글날 국경일 지정에 관심과 희망을 걸고 있던 국민들의 마음속 한구석에 불안의 그림자가 조금씩 싹트고 있는 것을 감지하게 된다.

첫째 불안의 대상은 국회다. 두말할 것 없이 입법은 국회의 권한에 속한다. 그러므로 앞으로의 한글날의 법적 운명은 국회의 자세에 달려 있다.

더구나 위 법률개정안은, 앞에서 말한 바와 같이, 국회의원들의 발의로 제안된 것이다. 그러므로 그 법률안의 처리는 의원들의 배타적인 권한에 달려 있는 것이다. 바꾸어 말한면 국회가, 정부의 눈치를 살필 필요 없이, 소신껏 처리해야 하는 안건이다. 정부의 의견은 참고사항으로 받아들이면 되는 것이다. 이것은 상식이자 관행이다.

그런데 위 법률안에 대한 처리에 대해서는 이 상식과 관행이 통하지 않고 있는 것이 아닌가 하는 불안이 적지않은 국민들 사이에 퍼져 가고 있는 듯하다. 우선 위 법률안이 제안된 후 상당한 시간이 지났는데도 이 법안처리에 대한 진척이 거의 없다는 사실이 국민들로 하여금 고개를 갸우뚱하게 만든다. 지금 그 법률안은 자치행정위원회의 해당 소위원회에 회부된 채 요지부동인 상태에 놓여 있다.

자칫 잘못하다가는 국회가 한글애호 국민들의 환심을 하기 위하여 치레용으로 그 법안을 제안한 것이 아닌가 하는 오해를 불러일으킬지 모르는 상황이다. 물론 필자는 결코 그런 것이 아니라는 확신을 가지고 있다. 그러나 나 개인의 확신이, 만약 그런 상황이 생겼을 때의 대세에는, 아무런 영향을 줄 수 없는 것이다.

국경일에 관한 법률(법률 제53호, 1949.10.1 제정)은 정부 제안 입법이다. 정부 제안 입법에 대한 개정은 정부가 주도해야 한다는 것이 원칙이자 관행이다. 이러한 사실을 누구보다 잘 알고 있는 국회의원들이 원칙과 관행을 깨뜨리고 이번과 같은 일을 하는 데 있어서는 법안 통과를 위한 치밀한 계획과 사명감을 가져야 하는 것이다.

위 법률안이 2년이란 긴 세월 동안 국회 통과는 물론 폐기(그것을 바라는 것은 결코 아니다)도 되지 않은 채 소위원회의 심의에 계류중에 있다는 사실은 위와 같은 명분용 제안이론의 확산 근거가 되고 있다. 이 법안이 앞으로도 한정 없이 심의유보 상태에 놓이게 된다거나 종국적으로 폐기되는 경우에는 국민들의 실망과 분노가 걷잡을 수 없이 확산될 것이다.

법률제안 의원들은 명예와 소신을 걸고 그 법안의 통과를 위해서 총력을 기울이는 것만이 문제해결을 위한 오로지 한 길이라는 것을 감히 진언하는 바이다.

다음으로 국민들이 납득할 수 없는 사태는 정부 쪽에서 일어나고 있다. 흘러나오는 이야기에 의하면 위 법률개정안 심의가 교착 상태에 빠져 있는 것은 동 법률안에 대한 정부의 반대 때문이라고 한다. 이를 헛소문이려니 하고 넘겨 버리기 어려운 조짐이 여기저기에서 나타나고 있다.

만에 하나라도 그것이 사실이라면 입법사항에 관하여 정부의 의사에 신경을 쓰는 국회의 자세도 비난받아 마땅하지만,

국회의 입법권에 간섭하려는 정부의 태도는 더욱 큰 질타를 받아야 한다고 생각한다.

이러한 낭설(?)의 진위를 판단하는데 참고가 될 만한 사실을 챙겨 본다. 한글날 국경일 지정 민원에 대한 행정자치부의 2001년 4월 19일자 및 5월 24일자 회신내용의 요지는 다음과 같다.

1) '국경일'은 국권회복운동이나 건국 등 나라의 기초를 세우는데 직접적인 관련이 있는 날이어야 하는데 한글날은 이런 일에 간접적인 관련을 가지고 있는 데 불과하므로 현재대로 '법정기념일'로 머물러 있는 것이 마땅하다. 2) 한글날 국경일 지정의 민원취지를 성취하려면 '국경일에 관한 법률'을 개정하려 하지 말고 이미 '법정기념일'로 지정된 한글날의 기념행사만이라도 충실하고 성대하게 하라.

먼저 행정자치부의 위 회신 중 1) 부분을 살펴본다. 국경일에 관한 법률 제1조를 보면 국경일은 '국가의 경사로운 날'로 정의되고 있다. 그런데 행정자치부는 왜 이것을 자의(恣意)적으로 해석하여 '국권 회복 등과 관련 있는 날'만을 국경일로 본다는 단정을 내리고 있는가? 차라리 한글날은 국가의 경사에 '간접적으로 기여한 날'이라고 말하는 것이 솔직한 자세가 아닌가? 그리고 행정자치부에 꼭 질문하고 싶은 것이 하나 있다. 그것은 "한글날은 국가의 경사스러운 날이 아닌가?"라는 것이다.

다음으로 "한글날은 국경일이 될 수 없으니 국가에 의해서 인정된 법정기념일의 자격이나마 유지하도록 총력을 기울이라”는 자치행정부 회신의 2) 부분을 살펴본다. 이것은 민원의 거절에만 그치는 것이 아니다. 대단히 무례하고 관료적인 훈시라고 받아져야 할 것이다. 그 이유는, 삼척동자도 쉬 알 수 있는 것이므로, 그 설명을 생략한다.

그러나 민원인의 힘으로는 도저히 풀 수 없는 문제 하나만은 꼭 짚고 넘어가야 한다고 생각한다. 행정자치부장관은, 앞에서 말한 바와 같이, “국민들이 한글날의 의의와 귀중함으로 알 수 있도록 한글날 행사를 더욱 다양하고 성대하게 펼쳐라”고 명령(?)하고 있다. 그런데 대통령은 “기념일의 행사를 엄숙하고 검소하게 하라”(위 대통령령 제4조)라고 명령하고 있다.

그렇다면 어리석은 국민은 누구의 명령에 장단을 맞추어야 하는 것인가?

그리고 이 점과 관련하여 꼭 살펴볼 일이 또 하나 있다. 우리나라에서 인정되고 있는 넓은 의미의 ‘기념일’에는 세 가지 종류가 있다. 그 첫째가 지금 우리가 살펴보고 있는 국경일이다. 그 다음 서열의 기념일이 ‘관공서의 공휴일에 관한 규정’에 의하여 인정되고 있는 속칭 공휴일이다. 여기에는 1. 일요일(1년 약 52일), 2. 식목일, 3. 음력 설 연휴(3일), 4. 속칭 추석연휴(3일) 등 최소한 68일이 들어 있다. 그런데 한글날은 이러한 공휴일에도 끼이지 못하고 있다.

그리고 행정자치부가 한글날을 보고 이미 가지고 있는 자격이나 잘 지키라고 훈계하고있는 최하위의 ‘법정기념일’의 실체를 살펴본다.

법정기념일은 1. 상곡의 날, 2. 상공의 날, 3. 보건의 날, 4. 바다의 날, 5. 저축의 날, 6. 소비자보호의 날 등 39일이다. 그 중 한글날의 서열은 25위이다. 한글날을 우리가 이렇게 천대해도 괜찮은 것인지 심각하게 생각해 보고자 한다.

우리나라가 자랑할 것이 많은 것은 사실이다. 그러나 세계 최고, 유일의 것임을 자랑할 수 있는 것은 하나도 없다. 그러한 반면 우리의 환경오염, 준법정신과 윤리의식의 해이, 교통사고율 및 범죄증가율 등은 부끄러운 상황에 처해 있는 것이 사실이다.

그런데 우리의 한글은 그 과학성, 정확성 그리고 기능의 면에서 단연 세계 최고의 것이라는 점에 대해서는 누구도 의문을 제기할 수 없다. 이것은 우리의 긍지이자 국력의 원천이다.

그런데 한글은 문화적인 의미에서만 우리의 자랑이자 힘의 구실을 하고 있는 것이 아니다. 한글창제 당시부터 지금까지 한글은 국가의 독립, 국력 신장, 국권 회복에 결정적인 기여를 해온 것이 사실이다. 특히 왜정하에서의 '조선어학회활동'은 바로 '광복을 위한 독립투쟁'이었다는 사실에 대해서는 긴 설명을 할 필요가 없다.

이처럼 위대한 업적을 이룩한 한글에 대하여 "3류 법정기념으로 지정된 것만도 감지덕지하게 생각하라"라고 말할 수 있을 것인가? 국회와 정부는 다 함께, 국민들이 지금 국회에 상정되어 있는 이 법안이 계속해서 핑퐁경기의 대상이 되고 있다고 판단하였을 때 그 분노와 배신감이 어떻게 표출될 것인가 하는 점을 깊이 생각해 보기를 바란다.

4. 의사소통 방법(도구)으로서의 말·글

1) 의사소통의 도구

말·글이 사람의 의사를 전달하는 도구하고 하는 점에 대해서는 이론이 있을 수 없다. 그런데 말·글은 의사전달의 유일한 도구가 아니란 점에 묘미가 있다.

우선 보디 랭귀지(body language)라는 것이 있다. 몸짓, 손짓, 표정 등 비언어적 표현을 통해서도 의사전달은 가능하다. "너를 사랑한다", "네가 제일이야", "배가 고프다", "아프다" 등의 의사표시를 보디 랭귀지를 통해서 할 수 있다. 그런데 보디 랭귀지가 같은 표현방법을 쓰고 있지 아니하다고 하는 점에 주의를 기울일 필요가 있다. 한국사람들은 사람을 부를 때 손을 펴서 손바닥을 아래(땅)쪽으로 향하게 하고는 손목 아래의 손을 흔든다. 그런데 이것은, 서양사람들에게 있어서는, 가라고 하는 표현이 된다.

그들은 오라고 할 때, 손바닥을 위(하늘)로 향하게 하고 집게손가락을 까딱까딱하면서 움직인다. 그런데 이것은, 한국에서는, 강아지를 부를 때 사용하는 동작이다.

서양사람들이 반가운 사람을 만났을 때, 남녀를 가리지 아니하고 행하는 포옹도, 우리로서는 매우 곤혹스러운 보디 랭귀지 중의 하나이다. 상대방의 제안을 수용하거나 그 의견에 동의할 때 머리를 상하로 흔드는 것은 공통적인 보디 랭귀지로 되어 있다. 그 대신 머리를 좌·우로 흔드는 것은 그 반대의 표시이다. 그러나 여기에도 예외는 있다. 인도사람을 위시해서 이 보디 랭귀지를 우리와는 정반대의 의미로 사용하는 사람들이 많다. 이래서 보디 랭귀지를 통한 의사소통에는 어려움이 뒤따르는 경우가 많다.

내가 초등학교에 다니고 있을 때 국어교과서에서 읽은 이야기 한 토막을 소개한다. 오래 전에 읽은 글인지라 전체적인 흐름은 그대로 기억하고 있으나, 세부적인 사실에 대해서는 자신이 없다.

중국에서 사신이 왔다. 외교적으로 어려운 난제를 가지고 와서 우리 정부를 곤경에 몰아넣기 위한 행차였다. 그래서 중신들이 모두 중국사신 마중나가기를 꺼려했다.

조정은 할 수 없이 지원자를 공모했다. 그랬더니 한 뱃사공이 그 일을 맡겠다고 자청하고 나섰다. 그 사공은 떡보였다. 조정의 관리가 그를 향하여 "이 어려운 일을 맡아 줘서 고맙소. 무엇을 해주기 바라오?"라고 물어봤다.

사공은 대답했다. "떡이나 한번 실컷 먹어 봤으면 합니다." 그의 소원은 간단히 이루어졌다. 실컷 먹을 수 있도록 떡을 내려주었다.

드디어 중국에서 온 사신과 우리측의 전권대사인 뱃사공이 압록강 위에서 만나게 되었다. 중국사신이 조선의 전권대사

의 몰골이 시원치 않은 것을 보자 놀려주고 싶은 생각이 났
다. 조선 전체를 깔본 것이다.

양손을 들어 열 손가락으로 큰 원을 그렸다. 그리고 '이것
을 알겠느냐' 하는 표정을 지었다. '天은 圓也(하늘은 둥글다
라는 이 天理를 감히 너 따위가 알겠는가?)' 하는 오만이 그
의 눈가에 흘렀다.

이것을 보고 있던 뱃사공은 속으로 이렇게 생각했다. '아
이것 봐라! 내가 여기 오기 전에 떡 먹은 것을 어떻게 알고
둥근 떡을 먹었느냐?라고 묻고 있는가? 과연 대국의 사신은
어딘가 다른 게 있어!'

그러고는 역시 양손으로 네모를 만들어 보였다. '당신이 내
가 떡 먹은 것을 안 것까지는 용하다만 내가 어떤 모양의 떡
을 먹었는지 모르는 것은 당연하지. 내가 먹은 떡은 둥근 것
이 아니라 이처럼 네모난 것이야.' 그런 뜻으로 말한 것이다.
중국사신이 놀랬다. "天은 圓也"라는 天理를 말하였더니 뱃
사공은 '地는 方也'(땅은 모난 것이니라)라는 地理를 말하는
것이 아닌가?

이에 질리기 시작한 중국사신은 이제 인륜에 관한 문제를
물어 볼 수밖에 없다고 생각했다. 그는 손가락 세 개를 내밀
어 보았다. '三綱을 아느냐' 하는 뜻으로 한 보디 랭귀지이다.

떡보는 속으로 웃었다. '내가 떡 세 개를 먹은 줄로 아는
모양인데 천만에 다섯 개를 먹었단 말이야' 그는 의기양양하
게 손가락 다섯 개를 내어밀었다.

중국의 사신은 기가 완전히 꺾이고 말았다. "삼강을 아느

냐?" 하는 그의 질문에 "五倫까지 안다"라고 대답하고 나섰기 때문이다. 일개 뱃사공까지 이러한 교양을 갖춘 나라에 잘못 들어갔다가는 돌이킬 수 없는 망신을 당할 것이라고 판단한 그는 그만 뱃머리를 돌려 줄행랑을 놨다고 한다.

2) 말·글의 이중성

민간에 구전으로 내려오는 이야기 한 토막을 살펴본다.

나이 들어 후처를 얻어서 아들을 얻은 노인이 있었다. 그가 죽은 후에 늦게 얻은 이 아들의 상속에 관해서 시비가 생겼다. 이 아들이 과연 죽은 노인의 진짜 아들이냐 하는 것이 문제의 핵심이었다.

문제해결의 관건이 될 말한 자료로는 노인이 남겨놓은 글귀 하나가 유일한 것이었다. '七十 得男 非吾子'라는 자필유언이 그것이다. 그런데 이 유언은 얼핏 보면 '나이 70에 아들을 낳을 수 있는가? 그러니 이는 내 아들이 아니다'라고 풀이된다.

그러나 달리 보면 '비록 70에 아들을 얻었다한들 어찌 내 아들이 아니리오?'라고 풀이될 수도 있다. 결국 이 문제는 '七十에 得男이니 非吾子라'라고 읽을 것인가? 아니면 '七十에 得男인들 非吾子리오!'라고 읽을 것인가 하는 데 따라서 달라지는 것이다.

그리고 이 차이는 실로 엄청나게 큰 것이다. 개인과 가문의 명예 그리고 유산 문제가 모두 걸려 있는 중대 문제인 것이다. 말·글의 정확성은 이렇게 중요한 의미를 가지고 있는 것이다.

내가 중학교에 다니고 있을 때 영어선생님으로부터 들은 이야기이다. 선생님의 말씀이라 무조건 경청하면서 듣고 또 그 덕택으로 지금까지 기억하고 있는 이야기이긴 하다. 요즈음 생각하면 그 이야기의 진실성에 대해서는 의심이 간다. 그러나 그런대로 우리들에게 생각거리는 주는 것이라고 느껴진다.

어떤 일본학생이 영국에 유학을 갔었단다. 예쁘게 생긴 호텔 여종업원이 낯선 이 동양학생을 친절히 맞이하면서 "목욕을 하시겠어요?" 하고 물었다. 일본학생의 대답은 물론 "yes"였다. 여기까지는 좋았는데, 그 다음이 문제다.

여종업원이 "목욕은 언제 하시겠어요?" 하고 물어 왔다. "아무 때라도 좋습니다. 당신 편리한 대로 하세요"라고 대답하고 싶은 진의가 있었는데 영어실력이 짧은지라 그것을 나타낼 표시행위가 없다. 한참 망설인 끝에 고안해 낸 대답이 바로 걸작품인 "My time is your time(나의 시간은 당신의 시간입니다)"이었다.

그것을 듣던 여종업원은 얼굴이 새파랗게 되어 뒤로 넘어지고 말았다. 그 뒤의 소동은 불문가지다. 그 여종업원이 일본학생의 언어를 통해서 추측한 그의 참뜻은 '당신이 목욕하는 시간에 나도 함께 하겠습니다' 하는 것이었다. 그런데 이러한 의사전달의 착오는 외국인과 외국인 사이에만 일어나는 것이 아니다. 같은 말을 쓰는 사람 사이에서 일어나는 의사소통의 차질은 더 큰 괴로움을 안겨 주게 된다.

3) 동양어와 서양어의 비교

동·서간의 의사전달에 있어서 가장 큰 혼란을 일으키고 있는 말은 yes와 '예', no와 '아니오'의 차이에 있다고 생각한다. 서양말 Yes, Ja, Oui, Si가 우리말의 '예'와 같은 의미를 가지고 있는 한편 No, Nein, Non이 우리말의 '아니오'와 같은 의미를 가지고 있다는 사실은 누구나 다 알고 있다.

그런데 yes와 '예', no와 '아니오'가 꼭 같이 쓰여지는 것은 아니라는 점에 문제가 있다. 예컨대 "학교에 안 갑니까?"라는 질문에 대하여 한국말로 "예"라고 대답하면 학교에 안 간다는 뜻이 된다. 그러나 영어로(다른 서양말도 마찬가지다) yes라고 대답하면 학교에 간다는 뜻이 된다.

일본대학의 미국인 강사가 학장에게 "내일 강의가 없습니까"라고 물었더니 학장은 '아니오, 있소'라는 뜻으로 no라고 대답했더니 이 강사는 당연히 없다는 뜻으로 받아들여서 출근을 안했다. 대소동이 벌어진 것은 말할 필요도 없다.

이것은 동·서 의식의 차이 그리고 표현(말)의 차이에서 생겨난 것이다. 서양사람들은 객관적인 사실을 기준으로 해서 yes와 no를 사용한다.

상대방이 무어라고 물었든지 그것은 상관없다. 답변의 내용에 부정(not)이 개재하게 되면 no라고 대답한다. 긍정으로 대답하는 내용인 경우에는 yes라고 대답한다.

예컨대 Are we not coming tomorrow?라는 질문을 받았다고 치자. yes, we are not coming tomorrow라는 대답은 있을 수 없다. yes와 not는 상극관계에 놓여 있으므로 한 문장에 같이 들어갈 수 없는 것이다.

이에 비해서 동양사람들은 객관적 사실과는 상관없이 상대방의 질문에 따라서 "예"와 "아니오"를 선택해서 대답한다. 예컨대 "내일 강의가 없습니까"라는 질문을 받았다고 가정하자. 내일 강의가 없는 경우에는 '그래요. 당신 말이 맞습니다' 라는 의미로 "예"라고 대답한다.

그러므로 긍정문으로 질문하는 경우에는 혼란이 전혀 일어나지 아니한다. 문제가 생기는 것은 항상 부정문으로 질문했을 경우이다.

그래서 서양사람들은 동양사람과의 대화에 있어서(특히 서구말로 대화할 때) 부정문으로 질문하지 말아라는 것을 금기사항 제1호로 삼고 있다. 거기다가 한 가지를 더 첨가하고 있다. 동양사람으로부터 yes나 no의 대답을 받았을 때 그것이 서양식 yes, no냐 동양식 yes, no냐 하는 것을 확인하라는 것이다.

이것은 우리에게 중요한 것을 시사하고 있다. 간단한 낱말인 yes와 "예", no와 "아니오" 사이에도 이런 중대한 차이가 있다는 것은 무엇을 의미하는 것인가? 외국말 사이에는 완전하게 내포(內包)와 외연(外延)을 같이하는 낱말은 하나도 없다고 해도 과언이 아니다. 말은 문화와 의식의 산물이므로 그것을 달리하는 사람들 사이에서 완전한 언어의 일치를 추구한다는 것은 불가능한 것이다.

한국인과 미국인의 가치관의 차이를 보여 주는 좋은 자료가 있다. 미국인의 성미에 들어맞는 형용사의 빈도순(頻度順)이 다음과 같다는 한 조사보고가 있다.

frank, spontaneous, selfassertive, informal, humorous, talkative, in dependent, close, open, relaxed, cooperative, impulsive가 그 순서이다.

이에 비해서 한국인의 성미에 맞는 형용사의 빈도순은 다음과 같은 것으로 조사되고 있다. formal, reserved, silent, serious, cautious, erasive, dependent, distant, deep, indifferent, tense, responsive

이 낱말들을 비교해 보면 미국인은 개방적이고 외향적인데 비해서 한국인은 폐쇄적이고 내성적이라는 사실을 알 수 있다(이규태, 《한국인의 의식구조》, 141면)

이 차이는 바로 의식구조의 차이이고 그 차이는 바로 언어와 문화의 차이로 드러나고 있다. 그러므로 미국사람과 한국사람 사이에 완전한 언어의 이해가 있기는 어려운 일이라 할 것이다.

5. 낱말과 문장

그런데 깊이 생각해 보면 이 문제는 외국어 상호간에만 일어나는 것이 아니다. 같은 나라 사람끼리 같은 언어를 사용하더라도 의사소통의 괴리는 얼마든지 일어날 수 있는 것이다.

언어를 영화에 비유하는 사람이 많이 있다. 영화필름이 영사기에 들어가서 돌려지면 그것이 영상으로 나타난다. 사람과 동물 그리고 다른 사물들이 이 영상에서 움직이고 활동한다.

그러나 동작과 활동의 모체를 이루고 있는 필름을 들여다보면 동작과 활동은 전혀 없다. 행동이 정지된 사진들이 있을 뿐이다.

움직이지 아니하는 사진들이 1분에 24컷으로 회전시키는 영사기 안에 들어감으로써 활동이 생산되는 것이다. 이때 움직이지 아니하는 사진들은 낱말이다. 영사기는 우리의 의식이다. 그리고 영화는 우리의 말이다. 필름을 아무리 들여다보아도 활동이 생겨나지 않는 것처럼 낱말을 아무리 나열해 놓더라도 우리의 의식이 작용하지 아니하는 한 의사의 소통은 없는 것이다.

6. 인칭대명사와 토씨

'나'라는 인칭대명사를 예로 들어보자. 우리말에 있어서 '나'가 동사나 형용사와 관련을 맺고 목적어나 보어에 대해서 어떤 작용을 하기 위해서는 '나'라는 대명사는 '는', '가', '와', '를', '에게' 또는 '로부터'라는 토씨(조사)를 동반해야 한다.

일본말은 우리말처럼 이러한 토씨를 가지고 있다. 그런데 같은 동야계 언어인 중국말에는 이러한 토씨가 없다. 전체적인 문장 가운데서 토씨를 찾아내어야 하는 것이다.

서구의 언어들은 이 문제를 소위 격(格)으로 풀어 나가고 있다. I, Ich, Je, Jo는 주격이고 my, mein, mom(ma), mi(mia)는 소유격이다. 그런데 그 다음부터는 서양언어도 갈라진다. 영어와 불어는 목적격으로 me, me를 사용하고 있다. 그런데 독일어와 서반아어는 mir, me와 mich, a mi 로 다시 3,4격을 분리시키고 있다.

그러므로 소유격과 3,4격에 있어서는 토씨를 따로 사용하지 아니하더라도 문제가 해결된다. 그런데 문제는 주격이다. 주격에 붙어야 할 토씨 '가' 또는 '는'은 붙을 곳이 없다. 더구나 주격에 토씨 '가'를 붙여야만 하는가? '는'을 붙여야 하는 문제는 풀 길이 없다. '나'가 '내'로 되어야 할 이유는 더욱 찾기 힘들다.

결국 이 문제는 말의 근저에 있는 의식의 구조로 해결해야 하는 것이다. 이래서 어휘와 의사소통 사이에는 영사기의 작용 같은 의식의 회전이 필요하게 되는 것이다.

정확한 어휘배열이 있더라도 의사소통에 있어서 오해와 착오가 발생할 수 있다면 어휘의 선택과 배열 자체에 근본적인 문제가 있다고 하면 그것은 중대한 일이 아닐 수 없다.

그래서 우리는 어휘의 선택과 그 배열에 있어서 우리가 습성적으로 가지고 있는 병리현상을 살펴보아야 하는 것이다.

7. 말·글에 대한 한국인의 인식

한국사람들은 말·글의 뜻과 효용에 대하여 큰 비중을 인정하고 있지 아니한 것 같다. 말과 글의 효용은 사람의 의사를 전달하는 도구라는 점에 있다. 그 이상도 그 이하도 아니다. 그러므로 의사전달 이상의 것을 노리는 말·글은 불필요한 것이고 사치스러운 것으로 평가될 수도 있다.

우리나라에서 다변과 다작이 부덕으로 보여지고 있는 것도 이러한 맥락에서 이해될 수 있다고 본다. 말없이 통한다는 이심전심(以心傳心)의 이치가 가장 귀한 것으로 여겨지고 있는 것이다.

말과 글보다는 마음이 그리고 마음보다는 인간관계가 더 중요시되었던 것이다. 이러한 한국인의 의식을 잘 나타내고 있는 글을 한 편 옮겨 본다. 이규태 씨의 글이다.

한국의 미션계 여학교에서 교사로 있던 미국인에게 직접 들은 잊을 수 없는 이야기가 있다. 겨울날 그 학교 교무실에서는 스토우브에 둘러앉아 엽차를 마시는 것이 휴식시간을 보내는 상례가 돼 있었다 한다. 이런 때 한국의 선생들은 그 오랜 시간을 단 말 한마디 교환하지 않는 경우가 종종 있었다 한다.

만약 미국사람들 사이에 이런 무언의 시간이 계속되었다면 그건 중대하고 심각한 사태가 벌어지고 있거나 적의가 팽배해 있지 않고는 불가능한 일인데도 그 한국의 말없는 공간에는 뭐라고 말할 수 없는 포근하고 안정된 기운이 흐르고 있었다는 것이다. 아무 말 없이 그토록 충실한 기분으로 마음의 교류가 이루어진다는 것은 적이 인상적이었다고 그는 말하고 있었다.

한국인은 맘이 맞는 사람과 더불어 있다는 집체적 무우드를 즐거워하지 구미사람들처럼 대화 자체로 연결되는 개체적 무우드를 즐거워한다는 법은 없다. 대화는 더불어 있다는 집체적 무우드를 강화시키는 한 요소일 뿐이요, 따라서 대화는 맘이 맞는 사람이라는 전제가 필요하다.

낯선 사람끼리 또 맘에 맞지 않는 사람끼리 같이 있다는 것이 한국인에게 고통스러운 것은 말이 그 같은 낯설지 않고 맘맞은 사람끼리만 해온 데 비롯된 것이다. 서양사람들이 호텔 계단이나 엘리베이터 속에서 낯선 사람에게 웃으며 인사를 하는 것과 그 인사가 괴이하게 받아들여지는 한국인의 차이도 이에서 비롯된 것이다(《한국인의 의식구조》, 119 ~110면)

참으로 적절한 지적이라고 생각한다. 한국사람은 어머니와 아들이, 애인과 애인이, 친구와 친구가 말없이 서로의 마음을 읽고 사랑을 나눈다. 오히려 말없는 것이 서로에게 편안함을 주기까지도 한다. '사랑한다'는 말은 오히려 사랑을 식혀 버리는 것이다.

그래서 무언다정(無言多情)을 나눌 수 있는 사람들만이, 한국인의 자랑인, '우리'의 개체가 되고 이 '우리' 속에서 동질화된 사람들이 서로의 가슴을 나누는 것이다.

이것은 참으로 한국인이 가지고 있는 장점이자 자랑이다. 한국의 아들 갑돌이와 한국의 딸 갑순이에게는 사랑한다는 말이 필요없었던 것이다. 그들은 말없이도 '둘이는 서로서로 사랑을 했다'라는 사실을 서로 알고 있었던 것이다. 침묵으로 고백을 가름한 것이다.

그런데 여기에 한국적 비극이 있다. 사랑과 마음만 있고 행동과 말이 없는 곳에 현실은 없는 것이다. 갑순이는 갑돌이 아닌 다른 총각한테 시집을 가고 말았다. '시집간 날 첫날밤에 한없이 울었'지만 아무런 소용이 없는 것이었다. 화가 난 갑돌이는 다른 처녀한테 장가를 갔다. '장가간 날 첫날밤에 달 보고 울었'지만 이미 때는 늦은 것이다. 원망에 사무친 그가 갑순이를 향하여 '고까짓 것 했'지만 달라질 것은 아무 것도 없었다.

말을 아끼고 다듬는 것은 그 나름의 의미를 가지고 있다. 그러나 아예 말을 하지 아니한다는 것은 기회상실 그리고 낙후와 통하게 되는 것이다. 말하는 것을 덕으로 평가하지 아니하는 사회에서는 말을 정확하게 하는 노력을 경시하는 풍토가 생기게 마련이다. 그런 의미에서 우리말, 글의 부정확성과 오염은 바로 우리들의 풍토와 의식의 문제로 이어져 가고 있는 것이라고 생각한다.

8. 우리 국민의 감정 지향성과 우리말의 흐름

1) 한국인과 눈물

우리말이 부정확하게 쓰여지고 있는 원인은 무엇인가? 나는 우리나라 사람들의 감정 지향성에서 그 원인을 찾아야 한다고 생각한다. 우리 민족이 과학성과 논리성보다는 서정과 감각을 더 중요시하고 있다는 점에 대해서는 대체적으로 인식을 같이 한다고 본다.

우리는 예로부터 춤과 노래를 사랑해 왔고 글씨와 그림을 귀하게 다루어 왔다. 그래서 우리는 멋과 맛과 풍류를 중시하는 민족이라 자부해 오고 있다. 이것은 귀한 일이다. 그러나 이것은 또 한편 달리 생각해 봐야 할 문제라고 느껴진다.

우리나라 국민정신의 핵이 '신바람'에 있고 그 신바람의 정수는 신라의 화랑도에서 찾을 수 있다는 주장도 있다. 그러나 '신바람'은 문자 그대로 바람이고 기질일 뿐 우리의 정신이나 철학은 될 수 없는 것이라고 생각한다.

신바람과 감정은 깨끗하게 승화하면 예술로, 아름다움으로, 풍요로움으로 이어져 나가지만 방향 설정이 잘못되면 "노세 노세 젊어서 노세, 늙고 병들면 못 노나니"의 저속한

케 세라 세라(que sera sera)로 전락하고 말 수도 있는 것이다.

이러한 극한적인 상황은 아니라고 하더라도 우리말과 글이, 철학과 과학에 의해서 통제되지 아니한 감정의 분출로 말미암아 만신창이가 되어가고 있는 것만은 틀림없다고 본다.

이러한 한국인의 감정 지향성으로 말미암아 한국인의 언어 생활은 논리적이고 합리적인 것이 되지 못하고 비논리적이고 감정적인 것이 되고 있다. 자기 말을 정확하게 쓰고 있는 일본 사람들이 다음과 같이 말하고 있는 것을 들어 보면 얼굴이 뜨거워진다. "일본사람에게는 합리성이 결여되어 있다고 생각한다. 매사에 이치를 따지고 논리적으로 생각하는 습관, 바로 그것이 부족하다"(《나비부인 살인사건》, 최일수역 11면). 이 말은 우리에게 적용되어야 하는 것이라고 본다.

한국인의 감정적 특성을 김소운 씨는 '인간적인, 너무나 인간적인' 면에서 그 근원을 찾고 있다(《일본인과 한국인》, 49면 이하). 그의 이 표현은, 말할 것도 없이, 니체의 'menschlich, zu menschlich-인간적인, 너무나 인간적인'이라는 말에서 빌려 온 것이다.

그런데 니체가 말하는 '인간적인' 것은 인간 일반의 것이 아니다. 그것은 '초인(Uebermensch)'의 것이다. 그러므로 두 사람은 '인간적인'이라는 말을, 어휘의 일치에도 불구하고, 엄청나게 다른 의미로 사용하고 있는 것이다.

그러나 김소운 씨의 '인간적'이라는 표현은 '한국인'을 풀이

하는 데에 있어서는 매우 적절한 것이라고 생각한다. 그런 의미에서 그의 글을 옮겨 본다. 그가 말하는 인간은 '인간 일반'이 아니고 '우리'라는 점에서 많은 공감을 불러일으킨다고 본다.

"한국인이 즐겨 쓰는 말 가운데 '인간적'이라는 것이 있다. 한국인에게 대단히 눈물이 흔하다(なみたつ ぽい)라고 하는 사실은 한국인 자신도 이를 인정하고 있다. 남·녀·노·소·귀·천을 가리지 아니하고 어려운 문제에 대한 결말을 지으려고 할 때에는, 반드시라고 해도 무방할 만치, 상대방에 대하여 '인간적'이기를 바란다. 때로 상대방이 합리적인 논리를 방패삼아, 대화를 까다롭게 끌고 가면, 비인간적인 자로 낙인찍어 버린다.

한국인의 가치관에서 빼놓을 수 없는 인간성 찬미의 풍조는, 때로는 어처구니없는 부작용을 일으켜서, 사회학적 행위에 대해서까지 동정의 눈을 기울이게 만든다. 결과적으로 말해서, 증오해야 할 범죄적 행위를 일종의 미덕으로까지 평가하는 힘이 생겨나는 것이 된다…. 중략

한국인의 이러한 심리는, "사람은 좋은데 환경이 나빴다"라는 인정론에서 나온 것이다. 사실, 모든 상황에 대해서, 한국인은 언제나 주체적으로 대처하는 데 익숙하지 못한 것이다. 한국의 역사는, 자연의 위력과 사회적·역사적 여건 때문에, 스스로 책임져야 할 사유 이외의 원인으로 불행하게 된 경우가 많았다는 것을 분명하게 일러주고 있다. 한국사회에서,

인정론이 충분히 설득력을 가지는 것도 그 때문이다… 중략…

이 인간적인 말에 철학적이란 의미가 들어 있는 것은 결코 아니다. '인간'이라고 해도, 그것은 어디가지나 형이상학적인 분석에 의한 것이 아니고, 행위를 통해서 파악된 것으로서, 보통 '인간적인 인간'이라고 할 때처럼, 훨씬 상식적·구체적 의미를 가진 것이다.

예컨대 사람이 괴로운 입장에 처하게 되면, 법이나 규칙 같은 것도 개의치 아니하고, 무조건으로 양손을 벌려 도움을 주는 사람, 곧 '피도 있고 눈물도 있는 사람'을 말하는 것이다. 구라파의 철인들이, 인간을 가리켜 '지적 존재', '도구를 사용하는 존재', '언어를 사용하는 존재'라고들 정의했다. 그러나 한국인으로 하여금 말하게 한다면 인간이란 '눈물을 보일 줄 아는 존재'라고 할 것이다.

다시 말하면 사람이란 인간 자체라기보다는, 실생활에서의 사람에 대한 태도에 의해서 평가되는 것이다. 따라서 역경 한가운데서 살아가면서, 있는 힘을 다 기울이는 모습이 무엇보다도 눈물겹고 인간적인 것으로 평가되는 것이다(위 저서 49~51면)

결국 그가 말하는 '인간적'이라는 것은 비논리적 감정 지향성과 맥을 같이하는 것이다.

2) 한국인의 한

정신분석학자인 백상창 박사는 우리들의 이러한 감정 지향성에 대해서 보다 철저한 심층분석을 시도하고 있다. 그는 한국인 속에 있는 심리구조의 특징을 '집단무의식' 속에서 찾으려 하고 있다. 그리고 그 '집단무의식'의 실체는 한(恨)이라고 단정하고 있다.

우리 속에 한의 심리가 형성된 원인을 그는 '외적 요인'에서 찾고 있다. 우리는 '모든 인생관, 생의 태도, 가치관 등'을 '우리 위주'로 세워 오지 못했다고 한다. 우리 주변의 힘있는 나라들에 의해서 피동적으로 그러한 가치관이 주어진 것이라는 말이다. 그것이 아니면 '요행이나 천지신명에게 의존하는 운명론'에 의해서 우리의 의식이 결정되었다는 것이다(≪민족의 한≫, 31~32면). 한마디로 요약하면 우리는 주체적으로 우리의 가치를 창설해 온 것이 아니고 피동적으로 그것을 수용해 왔다는 것이다.

그는 이러한 상황을 '민족적 자아 동일성'의 상실로 규정하고 있다. 이것을, 우리의 관심사인 우리의 언어에 적용하여 보면 다음과 같은 상황으로 나타난다.

우리는 외국어를 잘하고, 외국(서양)사람 이상으로 잘 암송하면서도 막상 우리 자신의 말, 글에 대해서는 알지 못하고 있을 뿐 아니라 알려고 하는 것조차 부끄럽게 생각해 왔다는 것이다.

그리고 그는 한의 실체를 다음과 같이 묘사하고 있다. 그의 말을 옮겨 본다. "한은 정신분석학적으로 설명하면 발산되지 못하고 마음속에 억압되어 있는 강력한 원망+적대의식+비만+자기연민이라고 할 수 있다." 그는 이러한 한국인의 특색을 배태한 우리의 집단무의식의 병리를 샤머니즘에서 찾고 있다. 그의 주장을 들어 본다.

"삼국시대 이전부터 만주지방과 한반도에 성행하던 샤머니즘의 요인은 아직도 우리나라의 강력한 민간신앙으로 남아 있음을 본다.

즉 아무리 고등교육을 받은 한국인의 경우라도 이사를 할 때에 '擇日'을 하거나 불치병에 걸렸을 때에 '무당굿'을 하거나 아들의 입학시험 때 '부적'을 옷에 넣거나 극단적인 어려운 일을 당할 때 산신령에게 제사를 지내는 일을 흔히 볼 수 있다.

필자는 미국에서 경제학 박사학위를 이수한 사람이 오랜 노이로제를 치료해도 낫지 않게 되자 대대적인 무당굿을 하는 것을 감상적으로 경험한 바 있다. 또한 국회의원에 입후보하는 분의 상당수가 점쟁이, 관상가를 찾아가서 자신의 운명을 묻는 경우를 적지 않게 볼 수 있다. 이는 현대 문명시대에 사는 한국인의 심층심리의 묘한 특징을 보여주고 있는 증거이다.

한국인 집단무의식의 최심층부에는 이제 말한 '샤머니즘'적 요인이 있을 것이 예상되지만 그 바로 위층에는 아마도 불교주의적 요인이 있을 것이다. 불교는 삼국시대에 들어왔고 특히 통일신라시대에 꽃을 피웠으며 고려시대에서는 이른 바

'호국불교'로서 나라의 운명을 맡아 보는 영향도 미쳤던 것이 사실이다.

불쌍한 사람에게는 布施해야 죽어서 극락세계에 가고 나쁜 인연을 맺으면 나쁜 業이 생겨서 죽은 후에는 개(犬)로 태어나게 되며, 지나친 욕심에 사로잡혀서 매사에 애착을 버리지 못하면 훗날 지옥에 가게 된다고 불교는 가르쳐 왔다. 필자가 알게 된 어떤 판사의 말에 의하면 형사사건의 범죄인을 재판할 때 증인으로 나온 사람들이 허위진술을 않겠다고 선서한 후에도 피고인에게 불리한 증인을 하지 않고 허위로 증언한다는 것이다.

이것은 아마도 한국인이 서양인과 같은 정의성이 약하거나 원래 거짓말을 잘하는 때문이 아니고 약자(피고인)를 불쌍히 여기며 자비를 베풀고 동정하는 일종의 불교주의적 심성 때문이 아닌가 한다. 한국인 심층심리의 밑바탕에 있는 샤머니즘, 불교주의의 요인이 있음은 이제 살펴본 바와 같은데 그 위층에서는 아마도 특히 이조 오백년을 지배한 유교주의적 요인이 존재하고 있지 않는가 한다"(위 저서 42~43면).

그의 판단이 전적으로 옳은 것은 아니라고 하더라도 상당한 부분에 걸쳐서 설득력을 가지고 있는 것이라고 본다. 그러므로 우리말·글 중에서 합리적으로 설명되지 아니한 부분에 대해서는 그의 논리를 적용시켜 봄즉하다고 생각한다.

3) 주체의식의 결여

(1) 머리말

나는 감정에 지배되는 사람들의 첫째 특성이 주체의식 결여로 나타난다고 본다. 주체성이란 사상과 행위의 주인공으로서의 자아를 인식하는 태도이다. 이것은 우주를 대하는 인간의 출발점이기도 하다. 그런데 감정에 사로잡힌 사람에게는 이 주체의식이 희박하다.

극단의 경우에는 주체와 객체의 구별이 없는 상황에 이른다. 원시인들의 만유정신〔Animism〕의 의식 상태가 바로 그것이다. 사람과 자연 사이에는 아무런 차이가 없다는 생각이다. 사람이 정신을 가지고 있듯이 산과 들, 바다와 강, 식물과 동물도 똑같은 정신을 가지고 있다는 것이다.

만유는 오히려 인간보다 더 위대한 정신과 능력을 가지고 있어서 인간에게 복과 화를 줄 수 있다고 믿기에 이른다. 이 경지에 이른 것을 샤머니즘(Shamanism)이라 일컫는다. 우리의 선조들이 해와 달을 부부나 오누이로 본다든지, 나무와 바위, 물과 흙을 경배의 대상으로 삼았던 것이 바로 이러한 주체의식의 결여에서 비롯되었던 것이다.

그래서 산에 가면 산신이 있고 바다에 가면 해신이 있다. 들에도, 계곡에도 집에도 신이 있다. 돌과 나무까지도 신이 된다. 결국 삼라만상이 온통 신이 되는 것이다. 그러다 보니 인간은 보잘것없는 존재로 떨어지게 되고 인간의 주체적인 노력은 별것이 아니고 그를 둘러싼 신들의 힘은 위대한 것으로 된다.

우리나라 전설과 설화의 태반이 약자가 초자연자의 힘에 의하여 부귀영화를 공것으로 얻게 되는 이야기로 이루어졌다고 하는 사실은 이것을 일러주고 있는 것이라고 본다. 흥부전은 흥부가 남의 매를 대신 맞고 엽전을 얻은 이야기와 박을 타서 천금을 얻는 이야기의 두 부분으로 구성되고 있다,

그런데 흥부전의 흥부전 되는 부분의 핵심은 역시 후반부, 즉 박을 타서 천금을 얻는 부분에 있다. 결국 우리나라 사람들의 의식 속에는 천지신명의 도움으로 벼락 같은 횡재를 하는 것이 최고의 축복으로 평가하는 마음들이 자리잡고 있는 것이다.

물론 이러한 이야기의 심층부에는 권선징악을 가르치려는 교육적 의미가 깔려 있는 것이 사실이다. 그러나 이야기의 전체적인 흐름으로 보면 노력 없는 횡재에 대한 갈망이 강하게 드러나고 있다.

여기서는 힘있는 행동의 주체나 책임 있는 의식의 주체를 찾기가 어렵다. 이것은 서양의 전설이나 설화와 아주 다른 점이라고 말할 수 있다. 그들 이야기의 주인공은 생명을 건 위험 속에서 피나는 수고를 한 끝에 부귀와 영화를 쟁취하고 있는 것이다. 그들은 의식과 행동을 통해서 자기 운명의 주인공이 되고 있는 것이다.

전설이라고는 하지만 소나무에 정2품의 벼슬을 준다는 것도 이러한 주체의식의 혼동 차원에서 고찰해 볼 만하다. '비가 오신다', '눈이 오신다'라는 말을 우리는 사용한다. 비와

눈을 인격체로 보고 있는 것이다. 단순한 인격체로 보고 있는 것이 아니다. 그래서 '비가 온다', '눈이 온다'가 아니고 비와 눈이 '오시는' 것으로 묘사된다. 여기에서 한 걸음 더 나아가 '비님이 오신다', '눈님이 오신다'라고까지 말하기도 한다. 비와 눈이 단순한 인격체로 승화되는 것이 아니고 신격을 부여받게 되는 것이다.

성경에는 "하나님의 평강이 너희 생각을 지키시리라"(빌 4:7)라고 씌여 있다. '평강'은 하나님의 평강이라고 하더라도 '지키시는'은 주체가 될 수는 없다. 이 사실은 "우리 주 예수 그리스도의 은혜가 너희에게 있을지어다"(살전 5:18)라는 문장을 보면 분명해진다. 이에 비해서 "평강의 주께서… 너희에게 평강을 주시기를 원하노라"(살후 3:16)라는 표현은 정확한 것이다.

"올해 연세가 몇 살이나 되십니까?"라는 말도 잘못된 것이다. '연세'는 '되시는' 주체가 될 수 없기 때문이다. 그런 의미에서 "건강과 행운이 늘 함께 하시길 기원합니다"라는 연하장의 문장도 잘못된 것이다.

비인격체를 인격체로 보는 시각에는 두 가지의 유형이 있다. 하나는 의인화(擬人化, personification)의 태도이고 다른 하나는 인격적 사고(personalistic thinking)의 태도이다. 첫번째인 의인화의 태도는 대상이, 인격체가 아닌, 자연이라는 것을 인식하면서 그 대상에 자신의 인격을 투영시켜서 인격체로 가정하는 자세다.

두 번째인 인격화의 사고는 객체를 객체로 바라볼 능력도 없고 그 객체에 투영시킬 자신의 인격도 따로 없기 때문에 그냥 객체 그 자체를 인격의 주체로 보는 자세다. 여기서는 주체와 객체의 구별이 있을 수 없게 된다.

(2) 자아의식의 미숙

(Ⅰ) 우리, 집단의식

이러한 우리의 주체성 결여가 우리의 언어생활에 어떤 영향을 미치고 있는가 하는 점을 생각해 본다. 첫번째로 개체적인 자아의식, 즉 '나'에 대한 자각이 뚜렷하지 못하다는 점을 들 수 있다고 본다. 외국, 특히 서구제국의 말과 우리말을 비교해 보면 이 점이 좀더 분명해진다고 생각한다.

다른 나라 사람들이 '나'라고 말할 때 우리는 '우리'라는 말을 즐겨 쓴다 . 그들의 '나의 집', '나의 어머니'는 우리에게 있어서 '우리 집', '우리 어머니'로 된다. '우리 집사람', '우리 그이'라는 표현에는 오히려 실소를 금할 수 없다. 개체가 전체 속에 흡수되어 자신의 모습을 잃어버린다. 이것은 집단의식의 산물이다.

(Ⅱ) 열등의식, 사대사상

집단의식은 필연적으로 열등의식을 낳게 되고 열등의식은 또 자기방어의식으로 이어져 간다고 본다. 한국사람만치 자기 비하에 익숙한 사람들도 흔하지 아니한다고 생각한다.

우리는 자신을 '엽전'이라고 부른다. 이것은 거의 자학적 표현이다. 한국인을 멸시하는 '뙤이'라는 호칭도 중국말 '東夷'에서 나온 것이라고 한다. 문제는 東夷의 중국식 발음인

'뚱이'를 우리 스스로 즐겨 불러서 중국에 대한 자기 비하를 고착시켰다는 점에 있다.

'고린내'(더 험악한 인상을 주기 위해서 '꼬린내'라고도 말한다)의 어원은 '高麗臭'라고 한다. 중국인에 비해서 열악한 환경 속에서 살다보니 저절로 나게 된 한국인의 냄새를 '고린내'라고 말하는 심성은 바로 열등의식과 사대의식의 합성물이라 할 것이다. 이러한 사람의 열등의식은 개에게까지 미쳐서 한국 토종개를 '똥개'라고 부르고 있다.

이러한 열등의식과 사대사상은, 뒤에서 살펴보겠지만 우리의 언어생활에 중대한 영향을 미치고 있는 것이다.

(Ⅲ) 연대의식

우리는 소유에 있어서나 의식에 있어서 개체보다는 전체에 익숙해 있다. 소유 형태에 있어서도 우리는 '공유'보다 오히려 '총유'에 익숙해져 있다. 특히 가족과 씨족의 경우에 있어서 그러하다. 가족이 살고 있는 집이나 쓰고 있는 동·부동산은, 그것이 법률상 누구의 명의로 되어 있는가 하는 것은 별다른 의미를 가지지 아니한다. 모두가 '우리'의 것일 뿐이다.

일본사람, 중국사람, 서구사람들은 위에서 말한 바와 같이, 자신의 가족, 학교, 나라를 말할 때 '우리'라는 복수형의 관형사를 붙이지 아니한다. 결국 한국인에게 있어서는 소유의 개념에 있어서나 의식의 활동에 있어서 개체(個體)는 전체 속에 흡수, 함몰되는 것이다.

이것은 협동과 단체를 중시하는 우리의 미덕이 아닌가 하는 주장도 있다. 그러나 너와 나가 없는 우리는 의미를 가질 수 없다. 철저한 자아의식 위에 세워진 전체라야 참된 전체가 될 수 있는 것이다. 우리는 항상 '우리'에 대해서 자랑하면서도 협동정신에서 문제를 발견하게 되는데 그 이유가 여기에 있다고 본다.

"한국사람 하나가 일본사람 셋과 싸우면 반드시 이긴다. 그러나 한국사람 셋이서 일본사람 하나와 싸우면 반드시 진다". 부끄러운 말이지만 정곡을 찌르고 있는 말이라고 생각된다.

물론 이 말을 거꾸로 뒤집어 놓고 보면 일본사람도 혼자서는 잘 싸우지만 합치면 무력해지는 것으로 된다. 그러나 그런 복잡한 이야기는 피하자. 우리가 '우리'를 내세우면서도 '우리'에 약한 것만은 틀림없는 일이다. 기업경영에 있어서 아예 '법인'을 만드는 경우는 몰라도 개인간의 '동업'은 피하라는 것이 하나의 금언이 되어가고 있다.

(Ⅳ) 면책의식

우리들의 집단의식과 열등의식은, 다른 면에서는, 거의 필연적으로 면책의식으로 연결되고 있다고 생각한다. 한국사람의 의식과 생활양식에 문제가 있다고 하더라도 자신은 그 책임의 주체인 한국인 집단에서 제외된다고 하는 의식을 가지고 있는 사람이 적지 아니하는 것 같다.

한국인은 엽전이지만 자신은 지폐나 부증수표라는 의식이

다. 한국인에게서 고린내가 나는 것은 사실이지마는 자기는 매일 목욕을 하기 때문에 그런 불명예스러운 평가를 받을 수 없다는 것이다.

"한국인에게는 단결심이 없다", "한국사람은 공공의식에 약하다"라고 말할 때 자신은 그 '한국인'의 일원이 아닌 것으로 단정하고 있는 것이다. 이것은 "이 벽에 낙서를 하는 사람은 犬公之子이다"라는 낙서(?)를 하는 것과 맥을 같이하는 것이다.

우스개소리이기는 하나 이러한 상황을 설명해 주는 이야기가 하나 있다. 어떤 고등학교 물리시간에 담임교사가 학생들에게 이런 질문을 던졌다. "뉴톤의 만유인력의 법칙을 깨뜨린 사람이 누구인가?" 학생들은 아무도 대답하지 아니하고 소리 없이 앉아 있었다. 선생은 그때 꾸벅꾸벅 졸고 있던 어떤 학생을 향해서 소리를 질렀다. "홍길동군, 대답해 봐" 이때 엉겹결에 벌떡 일어선 홍길동은 이렇게 대답했다. "선생님, 저는 아닙니다. 저는 뉴톤의 인력의 법칙을 만져본 일도 없는데 어떻게 제가 그것을 깨뜨릴 수 있습니까?"

내용이 문제가 아니다. 우선 책임 추궁 대상의 범위에서 벗어나야 하는 것이 급선무인 것이다. 이것이 한국인에게 있는 공통적 면책의식의 한 단면이라고 할 것이다.

'인간개조'라는 말이 폭풍처럼 우리 강산을 휩쓸던 때가 있었다. 한국인은 근본적인 인격개조를 받아야 할 정도로 부패와 부정의 온상이 되고 있다는 것이다. 그러므로 이 어휘는 한국인에 대해서 엄청나게 모욕감을 주는 것이다. 그러나 이 어휘를 만들어 낸 소수집단은 자신들은 '인간개조'의 객체가 아니고 그 주체일 뿐이라는 확신을 가지고 있었다.

'세대교체'라는 말도 마찬가지의 문제를 안고 있다. 세대교체를 처음 주장하고 나설 무렵에는 그 '세대'는 '생리학적' 세대를 의미했다. 그것은 생리학적으로 나이 많은 사람은 무조건 물러나야 한다는 취지로 주장되었다.

그후 세대교체를 주장하던 주인공들이 나이들게 되자 '세대교체'의 대상 세대는 '정신적'으로 낙후된 세대를 뜻하는 것으로 변질되었다. '40대 기수론'을 주장하던 지도자들이 70대에 들어와서도, 40대는 뒤돌아보지 않고 지도자로 자처하는 것과 맥을 같이하고 있는 것이다.

이와 같이 우리는 일반적으로 남을 평가하는 잣대와 자신을 평가하는 잣대의 두 가지 잣대를 가지고 있다고 하는 점에 우리의 근본적인 문제가 있는 것이다. 그리고 이 문제점이 바로 우리말·글 오염의 문제와 직결되어 있는 것이다.

(Ⅴ) 공동생활, 인간의 본성

인간의 본성을 사회성, 즉 사람이 사람과 '더불어 사는(mitleben)' 사실 가운데서 찾고 있는 것은 동·서·고·금을 초월한 공통점이 아닌가 생각한다. 그러면서도 사람에 따라서 사회생활의 어떤 면을 중시하고 있는가 하는 문제에 관해서 중점의 차이를 발견할 수 있는 것은 흥미로운 일이라 할 것이다.

길케는 그의 명저 ≪독일단체법론(das deutsche Genossenschaftsrecht)≫에서 "사람이 사람인 것은 사람과 사람과의 결합에 있다(Was der Mensch ist, verdankt er der Vereinigung vom Mensch und Mensch)"라고 말하고 있다. 사람은 다른 사람과 더불어 살고 있다는 점에서 인간의 정체성을 유지한다는 말이다.

순자는 사람이 무리[群]를 이루면서 살고 있다는 점에서 그 특성을 찾을 수 있다고 한다. 길케나 순자는 다 같이 사람의 본성을 사회적 결합 속에서 찾고 있다는 점에서는 다를 바가 없다. 그런데 순자는 인간성의 본질을 무리 전체에서 구하고 있는 데 반하여 길케는 사회를 구성하는 개개인의 실존에 중점을 두고 있다는 점이 다르다고 할 것이다. 우리 한국사람의 주체의식 결핍 현상은 이러한 순자적 동양철학의 영향을 입은 탓인지도 모른다고 할 것이다.

(Ⅵ) 주체의식 결여의 언어적 표현 사례

일산 꽃 박람회의 표어는 '꽃과 인간의 만남'으로 정해졌다. 나는 '인간과 꽃의 만남'으로 하는 것이 좋다고 생각한다. 인간의 활동(박람회)에 관한 한 인간이 주인공이 되어야 하기 때문이다.

문화체육부는 1977년을 '문화유산의 해'로 지정했다. '문화유산'은 '해'의 주체가 될 수 없다. 문화유산은 인격체도 아니고 인격체의 활동도 아니기 때문이다. 그러므로 문화유산은 인간활동의 객체로 될 수 있는 데 그치는 것이다. '문화유산 발굴(개발 또는 보존)의 해' 등으로 바꾸는 것이 바람직하다고 생각한다.

경기도 용인시가 내건 표어 중에 이런 것이 있다. '충효의 전통과 풍요로운 미래가 함께 하는 용인'. 이 말에 있어서 주인공은 '전통과 미래'이다. 전통과 미래는 인간활동의 가치 또는 그 무대일 뿐 주체 자체는 아니다. 주체는 '용인'(용인 사람들의 인격적 결합체인 집단)이다. 그러므로 위 표어는 '용인은 충효의 전통과 풍요로운 미래를 약속하는 고장'이라고 바꾸는 것이 좋다고 본다.

말은 얼이다. 말이 정확하게 쓰여지지 아니하고 힘을 동반하지 아니하면 그 말 속에 내재하는 얼은 병들게 마련이다. '문화유산의 해'에 언론들은 '문화유적이 사라진다'라고 소리 지르면서 '문화체육부'를 '문화파괴부'로, '문화재보호국'을 '문화재방치국'으로 호칭하는 학계의 농담(?)을 소개하고 있다. 이것은 표어가 표어에 그칠 수만은 없다고 하는 우리의 상식을 다시 한 번 일깨워 주는 것이라고 생각한다.

인간(주체)과 환경(객체) 간의 주인개념을 잘 보여 주는 우리의 언어습관이 있다. 자신(주체)이 서 있는 장소(객체)를 물을 때 우리는 으레 이렇게 말한다. "여기가 어디입니까?" 이 문장의 주어는 말할 것도 없이 '여기'이다. 그것은 장소를 나타내는 말이고 따라서 그 장소의 주인인 사람은 객체이다.

이 말의 의미를 챙겨 보기 위해서 "여기가 어디입니까?"라는 우리말에 해당하는 서구의 언어를 살펴본다. 서양사람들의 주된 관심은 객체인 장소가 아니고 주체인 사람에게 있다. 그래서 그들은 위와 같은 경우에 "지금 우리는 어디에 있느냐"라고 질문한다. Where are we now?(영), wo sind wir jetzt?(독), Dove siamo qui?(이), Donde estamos ahora?(서), Onde estamos agora?(포)가 그것을 말한다.

재미있는 것은 개인의 자유를 극히 존중하는 불란서 사람들은 '우리' 대신 '나'를 사용한다. 그래서 그들은 위와 같은 경우에, 영국사람이나 독일사람들과는 달리, "Ou suis-je maintenant?(나는 지금 어디 있느냐?)"라고 말한다. 그러나 불란서 사람들도 장소보다 사람에게 관심을 집중시키고 있다는 점에서는 다른 서양사람들과 다를 바가 없다고 본다.

우리들의 위와 같은 의식과 그로 말미암은 언어습관은 엉뚱하게 서양언어를 다치게 하는 때가 있다. "여기가 어디냐?"라고 하는 말을 영어로 직역해서 이렇게 말하는 사람들이 적지 않다. "Where is here?"이것은 말이 안 되는 말이다. 영어로 하여금 만신창이 되게 하는 konglish이다.

이 수준을 넘어선 사람들 중에는 "Where is this"로 말하는 인사들이 있다. 그러나 이 말은 엉뚱하게도 "이것은 어디에 있느냐"라는 의미를 가지게 된다. 굳이 장소에 무게를 두고 싶으면 이렇게 말해야 하는 것이다.

"Where street is this?(영), Wie heisst diere Strasse?(독), Comment s'appelle cette rue?(불)"

(Ⅶ) 주체의식과 주어의 관계

우리나라 말에 부끄러운 특징이 있다. 주어가 없는 문장을 많이 발견한다는 점이다. '배고프다', '그렇게 생각한다', '학교에 간다'라는 따위가 그것이다. 이렇게 주어가 없는 문장의 주인공은 으레 '나'이다.

'나'는 행동의 세계에서 주동적으로 활동하면서 의식의 세계에서는 그 존재를 무시당하고 있는 것이다. 이것은 외국의 말에서는 거의 그 예를 찾아볼 수가 없는 것이다.

우리 국민과 기질이 비슷하다고 알려진 스페인 사람들의 말 가운데서 이러한 예, 즉 '나(Jo)'라는 주어가 빠지는 경우를 발견한다. '나는 기다린다'를 'espero(완전한 문장은 Jo espero이다)'라고 말하고 '나는 산다'를 'vivo(원래는 Jo vivo이다)'라고 말한다. 그러나 스페인어는 우리말과 근본적으로 다른 점을 가지고 있다.

'espero'라는 말은 esperar(기다리다의 infinitive)'라는 동사 중 Jo의 경우에만 사용되는 어미 'o'를 가지고 있기 때문에 'espero' 한 마디로써 '나는 기다린다'는 뜻을 나타내게 된다.

Jo는 있거나 말거나 별다른 의미를 가지고 있지 않다는 것이다. 단수 2인칭과 단수 3인칭 그리고 복수에 있어서는 동사의 어미가 달라지기 때문에 결코 혼란이 일어나지 않는다.

요한 복음 15장 5절은 이렇게 되어 있다. "나는 포도나무요, 너희는 가지니 저가 내 안에, 내가 저 안에 있으면 이 사람은 과실을 많이 맺나니…" 나(1인칭)와 너희(2인칭)의 대화 속에 갑자기 저(3인칭)가 출현한다.

이는 바로 주체의식의 결여에서 비롯된 오역이라고 생각한다. 외국어 성경을 보면 '저' 대신 '누구든지'로 되어 있다. 이는 '사람'이란 보통명사를 뜻하는 것이므로 우리 성경처럼 인칭의 혼동을 일으키지 않는다.

"타락한 자들은…회개케 할 수 없나니 이는 자기가 하나님의 아들을…"(히 6:6)이라는 문장에서 '자기'는 당연히 '그들'로 바뀌어야 한다. '타락한 자들'이 복수이기 때문이다.

≪주님과 지고 가는 십자가≫라는 이름의 시집이 있다. 이 제목이 나타내는 주체는 둘이다. '주님'과 '십자가'이다. 그런데 위 시집이 말하고 있는 참뜻은 '주님과 함께 지고 가는 십자가'이다. 그렇게 되면 그 시집의 주인공은 '십자가' 하나 뿐이다. 다른 말들은 십자가를 수식하는 말에 불과하게 된다. 결국 위 시집의 제목은 주체의식의 빈약에서 생겨난 셈이 된다.

"내 임금 예수 내 주여 이 마음과 천한 몸… 주 친히 사신 몸이오니"(찬 352장 4절)라는 가사도 주체의식의 결핍을 들어내고 있는 것이라고 생각한다. 처음에는 '이 마음'과 '이 몸'이 고백의 주체로 등장하였다가 마음은 소리 없이 슬그머니 빠지고 결국 '몸'만 남게 된 것이다.

"아무 사람도 네 땅을 탐내어 엿보지 못하리라"(출 34:24)라는 성경도 인격체 주체와 비인격체(객체)를 구별 못하고 있는 사례로 들 수 있다고 본다. '아무'란 낱말은 대명사의 부정칭이다. 이 말은 물건이나 장소를 나타낼 때 '아무것' 또는 '아무데'라고 쓰여질 수 있다. 그러나 '사람' 앞에 붙어서 '아무 사람'이라고 쓰여지지는 아니한다. 그러므로 위의 문장에서는 '아무도…'라고 표현되어야 한다.

"우리 두 사이에 판단하게 하소서"(창 31:37)는 '우리 둘 사이에…'로 고쳐져야 할 것이다. '두'라는 낱말은 관형사이기 때문에 주인 말이 될 수 없기 때문이다. '둘'은 수사로서 명사와 같은 역할을 할 수 있다.

"오늘 대학생 넷이서 우리 동네에 봉사활동하러 옵니다"(TV 드라마 대사)란 말은 잘못된 것이다. '대학생 넷이서'는 주어가 될 수 없는 말이다.

(Ⅷ) 법률에 있어서의 주어 탈락

문장에 있어서의 주어의 탈락현상은 법률에서도 그대로 나타나고 있다. 먼저 민사소송법 제292조를 살펴본다.

"292조(선서의 방식) ① 선서는 선서서에 의하여야 한다 ② 선서서에는 양심에 따라 숨김과 보탬이 없이 사실 그대로 말하고 만일 거짓말이 있으면 위증의 벌을 받기로 맹세합니다라고 기재하여야 한다".

다음으로 형사소송법 제157조를 살펴본다.

"157조(선서의 방식) ① 선서는 선서서에 의하여야 한다 ② 선서서에는 양심에 따라 숨김과 보탬이 없이 사실 그대로 말하고 만일 거짓말이 있으면 위증의 벌을 받기로 맹서합니다라고 기재하여야 한다.

위 조문들은 각각 민사법정과 형사법정에서의 증인의 선서 내용을 규정하고 있다. 그런데 위 선언문에는 주어가 없다. 누구가 '사실 그대로 말하'는 것인지 알 수가 없다. 또 '누구'

가 '거짓을 하면 위증의 벌을 받'는 것인지도 분명하지 아니하다. 마땅히 "나는 양심에 따라 숨김과 보탬이 없이 사실 그대로 말하고 만일 나의 증언에 거짓말이 있으면 위증의 벌을 받기도 맹세합니다"라고 고쳐져야 할 것이다.

우리의 증인 선서제도와 맥을 같이하는 일본 형사소송규칙 제118조에는 이렇게 되어 있다. 제118조 ① 선서는 선서서에 따라서 이를 하여야 한다 ② 선서서에는 양심에 따라서 사실을 말하며 아무것도 숨기지 아니할 뿐 아니라 어떤 것도 보태지 아니할 것을 서약하는 뜻을 기재하여야 한다.

위 문장에는 주어가 필요 없기 때문에 우리 법률에서와 같은 문제는 일어나지 아니한다. 이런 점을 감안할 때 증인선서에 관한 우리 법률의 표현은 잘못된 것이라고 하지 아니할 수 없다.

4) 인격체와 비인격체에 대한 토씨의 혼용

나는 주체성 결여의 둘째 특색으로 인격체와 비인격체에 대한 토씨의 혼동을 들 수 있다고 생각한다. 우리 정부가 과거에 교육의 지표로 내건 표어가 있었다. '나라에 충성, 부모에 효도'라는 것이 그것이다. '에'라는 토씨는 비인격체에만 쓰여진다. 그러므로 '나라에 충성'이라는 표현에는 문제가 없다. 그러나 '부모에 효도'라는 표현에는 문제가 내포되어 있다. 당연히 '부모께(사실은 '어버이께'라고 하는 것이 훨씬 바람직한 표현이라고 생각한다) 효도'라고 써야 한다.

이것이 국민의 윤리교육 지표로서, 그것도 정부의 제창하에, 전국의 각급 학교와 기관·단체의 지붕과 담장을 장식하고 있었던 것을 생각해 보면 얼굴이 뜨거워진다.

우리 가곡 중에 '별과 새에게'라는 것이 있다. 별과 새에 대해서는 '에게'라는 토씨를 붙일 수 없다. 이유는 위에서 설명한 대로이다. 행정의 최고위 지도자들, 입법·사법의 현관, 정치인·교수·언론 할 것 없이 '에'와 '에게' 그리고 '께'를 구별하지 아니하는 것이 예사인 것으로 된 우리의 언어습관을 보고 있으면 가슴이 답답해진다.

최고위층의 지도자들이 발표하는 선언문이나 서신에서 '국민 여러분에 드리는 글'이라는 제목을 보면 민망스럽기만 하다. 국민을 비인격체로 전락시키고 있는 것이다. '국민 여러분에게 드리는 글'이라는 제목도 더러 있다. 이런 경우에는 또 다른 비애를 느낀다. 국민을 인격체로 봐준 것까지는 좋다고 하자.

그러나 국민을 진정으로 '여러분'이라는 존칭으로 부르면서 '드림'의 대상으로 생각한다면 마땅히 '국민 여러분께 드리는 글'이 되어야 할 것이다. 그렇지 않다면 가슴 아픈 표현이지만 차라리 '국민에게 주는 글'이 되어야 격이 맞아떨어진다.

'너희 하나님 여호와'께 대해서도 '에게' 토씨를 단다는 것(신명기 12:4)을 생각해 보면 이것은 문제가 안 되는 일인지도 모른다. 그런 의미에서 "모든 육체에게 식물을 주시는 이에게 감사하라"는 성경(시 136:25)구절도 "모든 육체에 식물을 주시는 이께 감사하라"로 고쳐야 한다고 본다.

‘모든 사람에 복 주는 생명의 말씀’(찬송가 235장 2절), ‘배우자에 바란다’(KBS), ‘이봉주 선수에 축전’, ‘팬들에 보답’(주요 일간지 기사제목), ‘어머니에 편지 보내기 운동’ 등도 모두 잘못된 표현들이다. ‘이봉주 선수에게 축전’, ‘어머니께 편지보내기운동’이라고 해야 할 것이다. ‘오늘 여호와께 안식일이다’(출 16:25)는 ‘여호와의 안식일’로 해야 한다.

이런 잘못들이 주체성의 결여나 인격체에 대한 인식 부족에서 오는 것이라는 거추장스런 표제를 달지 않는다고 하더라도 우리의 이러한 상습적 실수가 지도층에서 발생되고 있다는 점에서 우리는 부끄러움을 느낄 줄 알아야 한다고 본다.

5) 능동태와 피동태의 혼동

나는 우리 의식의 주체성 결여와 관련해서 우리가 행위의 능동태와 피동태를 분명하게 구별하지 못하고 있다는 것을 지적하고 싶다.

“나는 그렇게 생각한다”라는 말과 “나는 그렇게 생각된다”라는 말을 구별 없이 사용하는 사람을 우리 주변에서 너무나 많이 발견한다. ‘생각한다’는 것은 의식의 주체가 스스로 생각하는 경우이고 ‘생각된다’는 것은 주위의 상황이 의식의 주체로 하여금 그렇게 생각하도록 만드는 경우이다.

이러한 잘못은 지성과 정확한 논리를 생명으로 하는 법률에까지 그대로 나타나 있다. 법조문에는 ‘…라고 인정하는 때'와 '라고 인정되는 때'가 아무런 구별 없이 마구 혼용되고 있다.

그런 의미에서 "차량 40만 대가 귀경한 것으로 집계하고 있다", "여자 복싱이 인기종목이 될 것으로 기대하고 있다"라는 뉴스는 각각 '…집계되고 있다', '… 기대되고 …'라고 고쳐져야 할 것이다.

"폭탄주가 덜 깼다"라는 말도 잘못된 것이다. '덜 깨'는 주체는 '폭탄주'가 아니기 때문이다. "정부는 … 이번의 사면조치가 공직부정작업을 끝냈다는 신호탄으로 받아들여지지 않도록 노력해야 한다"(일간지 사설)라는 문장은 누구에 의해서 '받아들여지지 않도록' 노력해야 하는지를 밝히지 않고 있다. 그리고 '공직부정작업'은 '공직자부정척결활동'으로 바꿔야 할 것이다.

국가보훈처가 내건 표어가 있다. "피어나는 애국정신, 되살리는 국가경제"라는 것이 그것이다. '애국정신'은 스스로 (능동적으로) '피어나는' 주인공이고 '국가경제'는 (피동적으로) '되살려지는' 객체이다. 그러므로 능동태와 피동태를 혼동하고 있는 위 표어는 잘 만들어진 것이 아니다. 정부의 표어로서는 더욱 그렇다.

우리말과 글의 개발에 결정적인 영향을 끼친 기독교회에서도 이와 같은 실수를 찾아볼 수 있다. 찬송가 395장 제3절은 "잘 이기는 자는 상 주시리니…"라고 시작한다. '잘 이기는 자에게 상 주시리니'라고 하든지 아니면 '잘 이기는 자는 상 받으리니'라고 해야 마땅하다는 것은 말할 나위가 없다.

찬송가 397장 3절은 "…끝까지 이긴 사람은 흰옷을 입히고"라고 시작한다. '끝까지 이긴 사람에게는 흰옷을 입히고'라고 하든지 아니면 "끝까지 이긴 사람은 흰옷을 입고서"라고 해야 할 것이다.

"왜 내게 굳센 믿음과 또 복음 주셔서 내 맘이 항상 편한지 난 알 수 없도다"(찬송가 410장 2절)라는 가사도 능동태와 피동태를 구별 못하고 있는 사례라고 생각한다. "…내 마음을 항상 편케 하시는지 난 알 수 없도다"라고 해야 옳다고 본다.

찬송가 102장 3절의 일부를 옮겨 본다. "주 섬기는 내 마음 변치 못해". 다른 사람이 주 섬기는 내 마음을 변하게 하지 못한다는 뜻인지 주 섬기는 내 마음은 (어떤 경우에도) 변하지 않는다는 뜻인지 분간하기 어렵다.

제2절과 제3절이 각각 "그 놀라운 사랑 잊지 못해", "주 사랑하는 맘 뺏지 못해"로 되어 있는 것으로 봐서 '주 섬기는 내 마음'도 목적어임에 틀림없다고 본다. 그렇다면 위 문장은 근본적으로 잘못된 것이다. '변하다'는 자동사이므로 목적어를 동반할 수 없기 때문이다.

찬송가 제444장 4절 "이 세상 이별할 때에 지옥권세 이기네"라는 말도 '지옥권세가' 이긴다는 것인지 아니면 '지옥권세를' 이긴다는 것인지 불분명하다. 찬송가 172장 3절 중 "철 따라 우로를 내려 초목이 무성하니"라는 부분은 "초목을 무성케 하니"라고 고쳐야 할 것이다. "예수 앞에 나오면 모든 죄 사하고"라는 노래말도 '…사함받고'로 고쳐져야 할 것이다.

기독교신자들의 신앙고백문을 이름하여 '사도신경'이라고 한다. 그 중에 이런 부분이 있다. "이는 성령으로 잉태하사 동정녀 마리아에게 나시고…십자가에 못박혀 죽으시고 장사한 지 사흘 만에 죽은 자 가운에서 다시 사시고…". 동사 '나시고', '사시고'는 옳게 쓰여진 낱말들이다.

그러나 '잉태하사', '죽으시고', '장사한 지'는 '잉태되사', '죽임당하시고', '장사된(되신) 지'로 고쳐져야 한다. 예수 그리스도 자신이 잉태하고, 죽고, 장사하는 것이 아니기 때문이다. 특히 '죽으시고'라는 부분은 영어로 'was cricified'라고 기록되어 있다. 그것은 분명한 피동태의 문장이다.

같은 이유로 "사라 자신도 단산하였으나…"(히 11:11)라는 문장도 "…단산되었으나…"로 고쳐져야 할 것이다. "천지와 만물이 다 이루니라"(창 2:1)는 "…다 이루어지니라"가 되어야 할 것이다.

초등학교 6학년 1학기 바른 생활 교과서에 나오는 문장 하나를 살펴본다 "박 목사는…죄인으로 다스릴 증거를 찾지 못했다"(115쪽). 죄인으로 다스릴 증거를 찾지 못한 주체는 박 목사인가? 아니면 제3자인가? 실제로 증거를 찾지 못한 주체는 공산당이다. 박 목사는 그 객체이다. 공산당이 그를 철저하게 조사해 봐도 유죄의 증거를 찾지 못했다는 뜻이다. 그렇다면 위의 문장은 '박 목사로부터…'라고 고쳐야 한다.

초등학교 5학년 사회 교과서를 보자. "구리와 철은 무기로 만들어 썼다"라는 문장이 나온다(31쪽). 당연히 '…무기를 만드는 데 쓰였다'라고 해야 한다. "바람이 포장을 펄럭이며 쏠

려갔다"(한수산의 <부초>)에서 바람은 능동적 주체이다. '스쳐 갔다'가 되든지 아니면 '휘몰아 갔다'가 되어야 한다. "짐들은 기차나 화물자동차로 이 부두까지 실어 오고…"(초등 사회 3-1, 76쪽)는 "…실리어 오고…"가 되어야 한다. "1 포기에 맺은 씨의 수는 얼마나 됩니까?"(초등 자연 3-1, 71쪽)라는 문장은 "한 포기에 맺힌 씨의 수…" 또는 "한 포기가 맺은 씨의 수…"가 되어야 한다.

야구의 용어 중 '병살타'라는 말이 있다. 타자가 공을 잘못 쳐서 수비수의 면전에 떨어지게 하여 누상에 있던 자기편 선수를 죽게 하고 자신도 죽는 경우가 전형적인 '병살타'이다. 그런데 이 말은 옳은 것인가, 한 번 생각해 볼 필요가 있다고 느껴진다.

병살타(?)를 치게 되면 타자와 다른 주자가 한꺼번에 죽게 되는 것은 틀림없다. 두 사람이 죽는 것은 틀림없으나 둘 다 죽임을 당하는[被殺]것이지 남을 죽이는[殺] 것이 아니다. 타술의 미숙으로 인하여 자살타(自殺打)라고 인정될 정도의 어설픈 공격을 하다가 죽는 경우에도 결론은 마찬가지다. 그러므로 병살타라는 말은 근본적으로 잘못된 것이다. 억지를 부린다면 오히려 被倂殺打라고 해야 할 것이다.

안타가 될 뻔했던 수비수가 이를 잘 막았을 뿐 아니라 한 걸음 나아가서 주자와 타자를 모두 죽이는 경우를 생각해 보면 병살타라는 말의 부정확성을 금방 알게 된다고 본다. 우리말의 병살타에 해당하는 영어의 double play 또는 get two play라는 표현은 순전히 수비의 입장에서 만들어진 말이라는 것은 우리에게 좋은 시사를 주는 것이라고 생각한다.

'무장간첩 2명 사살', '클린턴, 재선'이란 표현도 잘못된 것이라고 생각한다. 위의 두 경우에 있어서 영어신문기사의 제목으로는 'Two armed spies, shot', 'Clington, relected'라는 표현을 쓸 것이다. 그런데 우리말을 영어로 직역하면 'Two armed spies shoot', 'Clington reelects'라고 하는, 괴상한 영어가 된다.

김종필 국무총리가 대통령의 총리지명을 받았을 때 정치권과 언론이 그에게 사용한 호칭은 '김종필 국무총리지명자'였다. 그 말은 '김종필 씨가 지명한 국무총리'라는 뜻을 가지고 있다. 위와 같은 경우에는 당연히 '국무총리 피지명자'가 되어야 한다. "재일교포 사채업자 피살용의자 3명이 검거되었다"(TV뉴스) 여기서는 마땅히 "…사채업자 살인용의자 3명…"으로 해야 한다.

"백범 선생 암살범은 47년에 걸친 피신생활에 종지부를 찍었다"(일간지 기사)라는 표현은 잘못된 것이다. 종지부는 '암살범'이 스스로 찍은 것이 아니기 때문이다.

"경찰은 피격에 사용된 총기를 찾아냈다"(TV뉴스)라는 문장은 "…범행에(또는 '습격'에) 사용된…"이라고 고쳐야 한다. "○○○은 곧 검찰에 소환될 방침으로 있다(TV뉴스)라는 말은 듣는 이로 하여금 도무지 갈피를 잡을 수 없게 만든다. 피의자는 '소환될 것'으로 하여야 하며 검찰은 '소환할 방침'을 세운 것으로 말해야 할 것이다. '소환될 방침'이라는 말 자체가 근본적으로 잘못된 것이다.

"경찰은 검거작전에 들어간 지 10분 안에 학생들의 별저항 없이 작전을 끝냈다"(일간지 기사)라는 말은 "…학생들의 별다른 저항을 받지 않고…"로 바꾸는 것이 좋다고 본다. 위 문장은 경찰을 행위의 주체로 하고 있기 때문이다.

"이라크가 쿠르트족 거주지역에 화학폭탄을 터뜨린 후 한 남성이 아이를 꼭 껴안고 사망했다"(일간지 기사 사진설명). 이 문장을 보면 한 남성이 피살된 것인지 자연사 한 것인지 불분명하다. 우선 한 문장 안에 주어가 둘(이라크와 한 남성) 있는 점에 문제가 있다. '터뜨린 후'의 앞·뒤 주어는 동일한 것이어야 한다. 예컨대 "그는 폭탄을 터뜨린 후 앞으로 진격했다" 등으로 표현해야 한다. 위 문장은 이러한 원칙을 지키지 아니하였기 때문에 능동태인지 피동태인지 불분명하게 된 것이다.

정부는 1994년과 2000년, 2002년을 '한국 방문의 해'로 정했다. '한국 방문'의 '주체'는 누구인가? 말할 필요도 없이 외국사람이다. 왜 우리가 한국을 방문하는 외국사람의 입장에서 표어를 지어야 하는가? 우리의 주체적 입장에서 생각해 보면 당연히 '한국 방문 환영의 해'(이런 표어를 만들자는 뜻은 아니다)가 되어야 할 것이다. 이것은 용어선택과 표현의 문제에만 그치는 것이 아니라고 본다. 우리의 이러한 불철저한 언어습성은 바로 우리의 생활과 직결되는 것이라고 생각한다.

그래서 나는 '한국 방문의 해'에서부터 우리들의 국제관광 수지적자의 폭이 급속하게 벌어지기 시작한 것은 결코 우연

이 아니라고 본다, 표어는 아무렇게나 만들면 표어가 되는
것은 아니다.

6) 판단기준의 부정확성

측량에 있어서 가장 중요한 것은 기점(基點)이다. 기점이
잘못되면 측량이 아무리 정확하게 행해진다고 하더라도 그것
은 아무짝에도 못쓰게 된다. 도량형이 정확하지 아니하면 그
것으로 잰 길이, 양, 무게는 믿을 것이 못 된다.

이와 마찬가지로 언어가 판단의 기준을 상실할 때 개념의
혼란이 일어나게 된다. 그 예를 합의재판의 좌배석과 우배석
에서 찾아보자. 합의재판에서는 재판장이 가운데에 앉고, 그
양편에 배석판사가 한 사람씩 열석하게 된다. 이것은 누구나
알고 있는 상식이다. 재판장의 오른쪽에 앉아 있는 판사가
우배석이고 그 반대편 판사가 좌배석이라는 것도 상식에 속
한다. 그러나 좌배석과 우배석은 법관의 서열에 관계된 문제
이기 때문에 판사나 법조인만이 관심을 가질 일은 아니다.
이것은 판단의 기준과 개념의 정립에 관한 우리의 의식문제
라는 차원에서 한 번 생각해 볼 일이라고 생각한다.

그러나 어느 쪽이 오른쪽이고 어느 쪽이 왼쪽인지는 알쏭
달쏭하다. 기준에 따라서 좌우가 오락가락하기 때문이다. 그
래서 좌우에 열석한 판사 중 누구가 좌배석이고 누구가 우배
석이냐고 묻는 아들을 보고 "좌배석이 아닌 분이 우배석이고
우배석이 아닌 분이 좌배석이란다"라고 대답했다는 우스개

말도 있다.

사실은 재판장을 기준으로 그 오른편이 우배석이고 왼편이 좌배석이다. 이 사실을 아는 국민은 흔하지 아니하다. 그런 것은 알 필요가 없고 다만 좌배석과 우배석이 있다는 것을 알기만 하면 된다고 생각하기 때문이다.

우선 오른쪽이 왼쪽보다 높다는 생각은 어디서 나온 것인지 한 번 생각해 보자. 영어나 불어 또는 독일어에 있어서 오른쪽을 의미하는 right와 dorit 그리고 Recht는 법과 정의를 뜻하는 말이다. 그리고 왼쪽을 의미하는 left, gauche, Link는 소극적 가치를 뜻하는 말이다. 서구의 언어는 대개가 그렇다고 한다.

오른쪽은 신성, 남성, 광명, 생명을 의미하는 대신 왼쪽은 세속, 여성, 암흑, 사망 등을 의미하는 것으로 보는 것이 세계적인 통례가 되고 있는 것이 아닌가 싶다. 우리나라에서도 오른쪽은 힘과 바른 것을 의미하고 왼쪽은 무력과 그른 것을 나타낸다. 그래서 공무원들이 못한 자리로 밀려가는(?) 것을 左遷이라고 하는지 모르겠다.

왼쪽 귓구멍이 가려운 것은 누군가가 자기 흉을 보고 있기 때문이라고 한다. 그런데 오른쪽 귓구멍이 가려운 것은 남이 자기를 칭찬하는 때문이라고 한다. 귓구멍 가려운 일에까지 오른쪽과 왼쪽을 구별하는 것은 재미있는 일이 아닐 수 없다. 이렇게 보면 법과 정의를 구현하는 법정에서 오른쪽이 왼쪽보다 높다는 것은 당연한 일이 될는지 모른다.

그러나 이집트의 법의 여신 이시스는 왼손을 들어 정의를 나타내고 있다는 것은 우리에게 새로운 도전을 주는 것이라고 볼 수 있다. 옛날 좌의정이 우의정보다 그 서열이 높았다는 사실도 우리로 하여금 무엇인가 생각하게 하는 것이 아닐까? 그렇다면 사소한 일이라고 생각할지 모르지만 좌배석과 우배석을 판단하는 기준부터 분명히 할 필요가 있다고 본다.

외국으로 나가는 것을 출국이라고 말하고 귀국하는 것을 입국이라고 말한다. 이 두 말의 판단기준은 우리나라이다. 그래서 우리나라에서 나가는 경우는 출국(出國)이 되고 우리나라로 들어오는 경우는 입국(入國)이 되는 것이다. 그러므로 이때의 '국(國)'은 우리나라를 말하는 것이다.

그런데 요즘 불법하게 북한으로 넘어가는 것을 입북(入北)이라고 표현하는 것을 자주 경험한다. 언론, 방송에서도 그런 말이 자주 쓰여지고 심지어는 정부문서에서까지 그 표현이 나온다. 그러면 출(出)과 입(入)의 판단기준은 북한이란 말인가? 이는 말도 안 되는 소리다. 당연히 '월북(越北)' 또는 '잠북(潛北)'으로 되어야 할 것이다.

남과 북을 말할 때 南北이라고 말하는 것은 우리의 오랜 언어습관이다. 그런데 북한은 北南이라고 표현한다. 남과 북의 서열을 의식해서 새로 만든 말이다. 이것은 동과 서를 西東이라고 말하는 것만큼 잘못된 표현이다.

우리말의 전통적인 표현인 '출입(出入)'도 북에서는 '입출(入出)'이라고 말한다. 우리는 정치적인 차원이 아니라 국어순화의 차원에서 이러한 말들을 다시 한 번 살펴보아야 한다고 생각한다.

7) 문장의 주부와 술부의 불일치

주체의식의 결여가 우리말에 끼치는 또 하나의 문제로서 문장의 주부와 술부가 일치하지 아니한다는 점을 들 수 있다고 본다. 찬송가 가사를 살펴본다. "내 일생 소원은… 주께 더 나가기 원합니다"(364장 1절). 이 문장은 '소원은… 원합니다'라는 것으로 된다. 이것은 말이 안 된다. 꼭 같은 이유로 "내가 믿고 또 의지함은… 나는 확실히 아네"(찬 410 후렴)라는 가사도 잘못된 것이다.

"내 평생에 힘쓸 큰 의무는… 이전보다 더욱 사랑합니다"(찬송가 512장 2절, 3절)라는 노래말을 살펴보자. 이 문장은 결국 "큰 의무는… 사랑합니다"라는 것으로 되는데 이것은 말이 되지 아니한다.

"복음 중의 복음은…예수 구원하신다"(찬 252장 2절). 이 문장이 말하고 싶어하는 참뜻은 '예수 구원하신다는 말씀이 복음 중의 복음'이라는 데 있다. 그러나 위의 찬송가는 그런 의미를 가지고 있지 아니한 것이다. "주 앞에 내가 엎드려 그 이름 찬송함은 내 귀에 들린 말씀 중 귀하신 이름 예수"(찬 101장 후렴)라는 가사도 주부와 술부가 불일치하는 경우이다.

"주님의 마음을 본 받는 자 그 맘에 평강이 찾아옴은 험악한 세상을 이길 힘이 하늘로부터 임함이로다"(찬 507장 1절)라는 노래말도 주부와 술부의 혼동을 보여 주고 있다. '…평강이 찾아옴은'이라는 말과 '…임함이로다' 라는 말은 서로 어울리지 아니하기 때문이다. 위 문장은 결국 '…세상을 이길 힘을 하나님께서 주신 연고라'라는 내용을 담고자 하였던 것으로 받아들여야 할 것이다.

우리나라 헌법 제70조(대통령의 임기)를 살펴본다. 동조는 이렇게 규정되어 있다. "대통령의 임기는 5년으로 하며, 중임할 수 없다". 위 문장의 주부는 분명히 '대통령의 임기'이다. 그러면 '중임할 수 없다'라는 술부의 제약을 받는 것은 '대통령의 임기'가 된다. 그러나 중임할 수 없는 것은 대통령이지 대통령의 임기가 아니다. 우리나라 문화수준을 나타내고 있는 헌법에 이러한 문장이 나온다는 것은 우리의 부끄러움이다.

"일부 혐의는 대가 입증이 어렵다"(TV뉴스)라는 문장은 주부와 술부의 괴리를 보여줄 뿐 아니라 '혐의'라는 말과 뇌물죄의 개념파악의 부정확성을 나타내고 있다. "총재의 표정은 불쾌감을 넘어 허탈한 표정이 느껴졌다"(일간지 기사)라는 문장은 주부와 술부의 불일치뿐만 아니라 구문상의 문제점을 드러내 보이고 있다.

찬송가 411장 1절 "예수 사랑하심은 거룩하신 말일세"라는 노래말은 대단히 잘못된 문장이다. 그 노래말이 뜻하고 있는 바는 "예수께서 우리를 사랑하신다는 복음은 거룩한 말씀일세"라는 것이다. 그러나 위 가사의 문장은 그것과 너무나 먼 거리에 놓여 있는 것이다.

"하나님 아버지 주신 책은 귀하고 중하신 말씀일세"(찬 241-1)라는 가사에서 주어인 '책'과 '말씀'은 동격어가 될 수 없다. '…주신 책에는… 말씀 적혔네'가 아니면 '…주신 책은

…말씀 담았네'로 바뀌어야 할 것이다.

같은 찬송가 3절 중 "영원히 찬양할 나의 노래 예수의 사랑이 귀하도다"라는 말도 잘못된 것이다. 물론 '예수의 사랑이 귀하도다'라는 말은 영원한, 내 노래의 주제라는 데 있다고 본다. 그러나 노래말은 그렇게 되어 있지 아니하다.

"심령이 가난한 자는 복이 있나니 천국이 저희 것임이요"(마 5:3). 이 성경은 소위 기독교 8복의 첫구절이다. 우선 어미 '요'는 문장이 계속될 때에만 쓰여지는 것이므로 '요'대신 종결어미 '오'를 써야 한다.

위 문장의 후반부, 즉 '천국이 저희 것임'이라는 부분은 "심령이 가난한 자가 복이 있다"라고 보는 이유(영어로는 for)를 나타내고 있는 것인데 위의 문장에서는 그런 뜻을 발견할 수 없다. '…때문이다'라고 고쳐져야 할 것이다. 4절 이하에 있는 모든 '것임이요'는 꼭 같은 잘못을 범하고 있는 것이다.

"경찰은 화재의 원인을 전기누전으로 보고 그 이유를 조사하고 있다"(TV뉴스). 이 문장은 첫째로 원인과 이유의 차이를 간과하고 있다. 이유는 객관적인 까닭을 뜻하는 말이고 원인은 주관적인 책임의 근거를 뜻하는 말이다.

그러나 위 문장의 가장 큰 문제점은 경찰이 화재의 원인을 전기누전으로 본 것이라면 그것으로 결론은 이미 난 것인데 무엇 때문에 그 '이유'(원인)를 더 조사하여야 하는가 하는 점에 대한 설명이 없다는 데에 있다.

최소한도 말이 될 만한 뉴스가 되려면 다음과 같이 정정되어야 한다. "경찰은 화재의 원인을 일단 전기누전으로 추정하고 있습니다. 그러나 더 정확한 원인을 찾기 위하여 경찰은 조사를 계속하기로 했습니다".

"삶이 기쁜/샘이 되어/바다처럼/넘치네"(찬 13:3)라는 노래말을 살펴본다. 노래말은 악보의 마디[節]에 따라서 나름대로 일단의 의미를 가지는 것이 원칙이다. 그런데 위 가사는 '삶이', '기쁜 샘이 되어'로 두 마디를 거쳐야만 의미를 찾을 수 있다.

'삶이'와 '기쁜'은 전혀 연관이 없는 낱말들인데 그런 관계없는 낱말들이 같은 마디에 들어 있는 것이 문제다. 같은 찬송가의 1, 2, 4절의 대응마디의 노래말을 살펴본다. 1. "주 앞에서 우리 마음", 2. "별과 천사, 노래소리", 4. "주의 사랑 줄이 되어"라는 말들은 모두 제 구실을 하고 있다.

이런 노래말들을 살펴보면 윗부분의 가사가 잘못되었다는 것을 쉬 알 수 있다고 본다. 결국 위 노래말은 "삶의 기쁨/샘이 되어"라고 고쳐지는 것이 옳다고 본다. 영어찬송가의 노래말은 "well-spring of the joy of living"으로 되어 있다. '삶의 기쁨'으로 번역되는 것이 마땅하다.

"그 공로를 의지하여 주만 의지합니다"(찬 334장 3절)라는 노래말은 동어반복(同語反覆-Tautologio)에 불과하다. "… 의지하여 …의지합니다"라는 말은 있을 수 없기 때문이다. 영어노래말은 "On that sacrifice relying, Now I look in hope to Thee"로 되어 있다. "그 희생 의지하여 주를 바라 봅니다"라고 번역했어야 옳았다.

"이 곡은 기교가 어렵다"(라디오 음악해설)라는 말도 잘못된 것이다. 기교는 어렵다거나 쉽다거나 하는 말로 기술될 수 없다. "이 곡은 높은 기교를 요구한다" 또는 "이 곡의 연주에는 높은 기교가 필요하다"라고 말해야 한다.

문장의 주부와 술부가 불일치하는 문제점은 문장과 문장의 연결에까지 확대되는 때가 있다. 찬송가 415장 3절을 본다. "주 없이 살 수 없네, 내 주는 아신다". 위 두 문장에는 연결점이 없다. 물론 위 노래말은 "(내가) 주 없이 살 수 없다는 걸 내 주는 아신다"라는 것을 뜻하고 있다. 그러나 위 가사는 문장으로 봐서 그런 뜻을 가지고 있지 않다.

위 찬송가 4절 "주 없이 살 수 없네. 세월이 흐르고"도 꼭 같은 문제점을 안고 있다. 같은 찬송가 3절 "내 영의 깊은 간구 마음의 소원을, 주밖에 나의 소원을 뉘 알아 주리요" 라는 가사와 같은 4절 "이 깊은 고독 속에 내 생명 끝나도 사나운 풍랑일 때 날 지켜 주시고 내 곁에 계신 주님 늘 힘이 되신다"라는 가사도 여러 가지 문제를 안고 있는 것이라고 본다.

시편 제23편 1절은 이렇게 되어 있다. "여호와는 나의 목자시니 내가 부족함이 없으시로다"는 '내가 부족함이 없다'라고 하면 주어는 '나'인가 '부족함'인가? '내게 부족함이 없으리로다'로 해야만 바른 글이 된다고 본다.

에베소서 6장 2-3절을 인용해 본다. "네 아버지와 어머니를 공경하라 이는 네가 잘되고 땅에서 장수하리라". 이 성경은 "…네가 잘되고 장수하는 길이니라"로 해야 할 것이다.

열차를 타면 으레 듣게 되는 말이 있다. "식당차가 연결되어 있는 위치는 1등 객차와 2등 객차 사이에 연결되어 있습니다. '연결되어 있는 위치는… 연결되어 있다'. 이것은 말이 안 된다. '연결되어 있는 위치는 …입니다'라고 하든지 '식당차는 …에 연결되어 있습니다'라고 해야 한다.

"지금 듣고 계시는 방송은 K.B.S. FM에서 보내드렸습니다"라는 안내말은 "…방송은 K.B.S. FM(방송)입니다"라고 해야 한다.

"이혜원 씨가 모금한 금액은 18만 원을 모금했습니다"라는 TV뉴스는 "이혜원 씨는 18만 원을 모금했습니다"라고 해야 한다. "어민들의 마음은 답답한 심정이다", "떼강도 사건에 대해서 경찰이 우려를 낳고 있다"라는 보도도 "어민들의 심정은 답답하다" "떼강도사건에 대해서 경찰이 우려하고 있다"라고 고쳐져야 한다.

"이 사건에 대해서 국민들이 주목을 집중하고 있다"라는 보도도 "이 사건에 대해서 국민들의 주목이 집중되고 있다" 또는 "이 사건은 국민들의 관심을 집중시키고 있다"라고 해야 한다. "그것은 나와는 해당 없다", "그런 김 총재의 최근 언행은 상당한 변화이다"는 뉴스도 "그것은 나와 상관없는 일이다". "김총재의 최근 언행은 상당한 변화를 의미한다"라고 고쳐져야 한다.

"중소기업이 부도될 것으로 우려하고 있다"는 뉴스도 "중소기업들의 부도가 이어질 것이라는 우려가 퍼지고 있다"로 바꾸어져야 한다. "오늘 경기는 ○○팀과 XX팀의 격돌이 있었다", "양팀 선수들, 오늘 실력들이 시원치 않다"라는 뉴스도

"오늘 경기에서는 ○○팀과 XX팀이 격돌했다--양팀 선수들의 경기는 신통하지 못했다"라고 고쳐져야 한다. "양주가 한 병에 40만 원씩 받는다고 한다"(TV뉴스)라는 말도 "양주 한 병값이 40만 원에 이른다"라고 해야 한다.

"진상규명은 필수다"라는 방송보도는 "진상규명은 반드시 이루어져야 한다"라고 정정되어야 한다, "신씨는 …혐의다"라는 기사는 "신씨는…혐의를 받고 있다"라고 해야 한다. "○○당은 선거법을 재검토한다는 방침이다"라는 기사는 "○○당은 선거법을 재검토한다는 방침을 세웠다"라고 정정되어야 한다, "달리고 있는 모습이 시원한 상황이다"라는 보도는 "달리고 있는 모습이 시원하다"라고 고쳐져야 한다. "앞으로 남은 것은 육체적 고통이 기다리고 있을 뿐이다"라는 방송보도는 "앞으로 남은 것은 육체적 고통뿐이다" 또는 "그에게는 앞으로 남은 것은 육체적 고통뿐이다" 또는 "그에게는 앞으로 육체적 고통만이 남아 있다"라고 말해야 한다.

"박○○씨는 '정의는 살아 있다'는 말을 큰 소리로 세 차례 외쳤다", "안두희는 해치워야 역사의 교훈이 된다", "대통령실은 55억 원이 증가했다", "입법활동비는 인건비와 각종 회의비다"(이상 일간지 기사)는 다음과 같이 바뀌어져야 한다.

"박씨는 '정의는 살아 있다'라는 말을 세 번 외쳤다", "안두희를 해치우는 것이 역사의 소명이다", "대통령실 재산은 55억원 증액되었다", "입법활동비에는 인건비와 각종 회의비가 포함된다".

"바람직하지 못한 의사로 꼽히는 중에 으뜸이 지나치게 영리만을 추구하는 의사를 말한다", "환자들이 진정으로 바라는 것은… 좋은 의사를 찾고 있음이 아닐까"(일간지 칼럼). "이것은 작년 같은 기간보다 330퍼센트 많습니다"(TV뉴스)라는 문장들은 모두 주부와 술부가 어울리지 아니한 경우를 보여 주고 있다.

이러한 기사 또는 방송을 정정한다고 하면 다음과 같이 된다. "바람직하지 못한 의사의 으뜸은 지나치게 영리만을 추구하는 의사이다", "환자들이 진정으로 바라는 것은 좋은 의사를 만나는 일이 아닐까?", "이것은 작년의 같은 기간보다 330퍼센트 증가한 수치입니다".

"○○○은 이번 대회에서 가장 뛰어난 신인선수였습니다"(TV·스포츠뉴스)라는 말은 "…뛰어난 신인선수로 평가되었습니다"라고 바뀌어야 한다. "바로 코 아래 수많은 죽은 자들과 함께 잠을 잤구나 하는 외경감이었다"(일간지 칼럼)라는 글에서도 주부와 술부의 구별을 할 수 없다. "외경감이 나의 가슴을 메웠다"라는 정도의 교정이 필요하다고 본다.

"문제는 이런 사고가 언제 재발할지 걱정이다"(이상 TV뉴스), "영은 살과 뼈가 없으되 나는 있느니라"(눅 24:39), "하나님이 모유에 철분을 넣지 않은 이유는 어머니의 건강을 위해서이다"(모 문인의 수필)라는 표현들은 모두 잘못된 것이다.

이 글들은 다음과 같이 고쳐져야 할 것이다. "문제는 이런 사고가 언제 재발할지 모른다는 점에 있다" (또는 "이런 사고가 언제 재발할지 모른다는 것이 문제이다"), "영은 살과 뼈를 가지고 있지 아니하나 나는 가지고 있느니라", "하나님께서 모유에 철분을 넣지 않은 것은 어머니(산모)의 건강을 지키기 위한 배려에서 나온 것이다".

주요 일간지의 기사를 옮겨 본다. "실무진으로 공천심사위가 구성된다는 것은 그만큼 당의 역할이 줄어들 가능성이 높다", "북한을 이처럼 올림픽으로 내몬 것은… 정치적인 계산이 숨어 있다고 할 것이다".

위 기사들은 "실무진으로 공천심사위가 구성되면 당연히 역할은 줄어들 가능성이 커질 것이다", "북한을 이처럼 올림픽으로 내몬 이면에는… 정치적인 계산이 숨어 있다고 할 것이다"라고 고쳐져야 할 것이다.

"이번 월드컵 참가국은 32개 팀이다"(TV뉴스). 주어는 '국'으로 시작되었는데 보어는 '팀'으로 끝났다. '국'과 '팀'은 완전히 다른 것이므로 서로 주어와 보어로 연결될 수 없다. "이번 월드컵 참가국은 서른둘 (또는 서른두 나라)이다"라고 해야 옳은 말이 되는 것이다.

"이날 남북한 대표들간의 설전은… 더욱 착잡하다". "그런데 보기가 민망한 것은…실제로 정책에 크게 참고하는 경우가 별로 없는 것 같다"(일간지 사설). 이 문장들은 모두 주부와 술부의 혼선을 보여 주는 사례로 열거될 수 있다.

이 문장들은 "이날 남북한 대표들간의 설전은 더욱 치열했다", "그런데 보기가 민망한 것은… 실제로 정책에 크게 참고가 될 만한 것은 별로 없는 것 같다는 사실이다".

어떤 국문학자의 수필 중 두 문장을 골라서 살펴본다. "그 나무 밑에는 온통 낙엽으로 뒤덮여 있다", "나는 그때도 왜

하필 낙엽을 태우면서 그런 행각을 머리에 떠올렸을까 하고
의아해 했던 기억이 있다".

첫째 문장은 '그 나무 밑은…' 또는 '그 나무 밑에는 온통
낙엽이 깔려 있다'로 해야 한다. 둘째 문장은 여러 가지 문제
를 내포하고 있는 것이라고 본다. 우선 '나는… 기억이 있다'
는 것은 잘못된 표현이다. '의아해 했던'이란 표현도 잘못된
것이다. '의아해 하다'라는 동사(움직씨)가 없기 때문이다.
'의아하게 생각하다'라는 두 낱말로써 표현해야 할 일이라고
생각한다. "나는… 하고 의아하게 생각했었다"라고 고치는 것
이 좋다고 본다.

8) 낱말(명사를 중심으로) 개념파악의 부정확성

(1) 낱말의 뜻에 대한 오해

나는 언어가 감정 지향적인 방향으로 흐르게 되면 말의 개
념이 부정확하게 사용되기 싶다고 생각한다. 합리주의를 생
활의 제일신조로 삼고 있는 독일사람들이 철학을 중시하고
철학의 기초가 되는 어휘, 특히 명사의 개념 구축에 혼신의
힘을 기울이고 있는 것은 당연한 일인지도 모른다.

독일어의 명사는 그것이 고유명사이든 보통명사이든 간에
모름지기 대문자로 시작한다. 이것은 그들이 명사(개념)를
얼마나 소중하게 생각하고 있는가 하는 점을 단적으로 들어
내고 있는 것이라고 생각한다.

이런 견지에서 우리 명사(개념)의 현주소를 살펴본다. 언

제부터 생긴 말인지는 불분명하나(적어도 1970년대 이전에
는 없었던 말이다), ‘여론(輿論)의 수렴(收斂)’이라는 용어가
남용되고 있다. ‘斂’은 ‘거둘 렴’으로 일컬어지는 글씨다.

그러므로 ‘여론의 수렴’은 의도적이거나 반강압적으로 여론
을 수집하는 것을 암시하는 말이 된다. 이것은 우리나라 여
론 조사결과의 정확성을 따지기 이전에 살펴봐야 할 우리 의
식의 문제라고 생각한다. 여론은 조사나 청취의 대상이 되는
것이지 수렴의 대상이 되는 것은 아니다.

‘국민(國民)의 견인차(牽引車)’라는 말도 많이 쓰이고 있
다. ‘견인차’는 고장난 차량이나 문제차량을 끌고가는 차를
말한다. 정부나 지도자의 능력을 돋보이게 하기 위하여 국민
은 고장차나 문제차량이 되어야 하는가?

정부는 ‘규제혁파’라는 새 용어를 만들어 내었다. ‘혁파’란
말은 ‘낡아서 못쓰게 된 것을 폐지한다’라는 뜻을 가지고 있
다. 규제는 모두 ‘낡고 못쓰게 된 것’이 아니다. 그러므로 ‘규
제혁파’란 지나친 표현이다. ‘규제완화’ 또는 ‘규제조정’ 같은
용어를 사용해야 할 것이다. 우리는 혁명, 전폐 같은 과격하
게 감정적인 말을 즐겨 쓴다. 이는 언어의 공해라고 생각한
다.

우리가 흔히 쓰는 표현 가운데 “獨不將軍(독불장군)은 없
다”라는 것이 있다. 그런데 ‘독불장군’은 명사가 아니다. 그러
므로 독불장군은 ‘있다’, ‘없다’의 주인공이 될 수 없다. 그 말
은 ‘혼자〔獨〕는 장군이 되지 못한다’는 뜻을 가진 말이다. 그
러므로 이 말을 사용하고자 할 때에는 “독불장군이라는 말처

럼 혼자 날뛰어서는 안 된다"라고 말해야 한다.

'독불장군'은 가끔 '혼자 잘난 체하는 사람'이라는 명사구를 뜻하는 경우가 있기는 하다. 그런 의미로 '독불장군'을 사용하는 경우에는 '독불장군이 되어서는 안 된다'라고 해야 할 것이다. 어느 경우이든 "독불장군은 없다"는 표현은 잘못된 것이다.

법무부에서 내세운 시정방침 중에 '法(법)의 生活化刷新運動(생활화쇄신운동)'이라는 것이 있었다. '쇄신'은 나쁜 폐단을 개혁하는 것을 의미한다. 서정쇄신 또는 정치쇄신이라고 말할 때 그 서정과 정치는 부정적인 서정과 정치를 말한다.

그런데 '법의 생활화'는 개혁되어야 할 나쁜 폐단이 아니고 촉진되어야 할 우리의 지표이다. 그러므로 '법의 생활화 쇄신'은 그 자체만을 보더라도 '개념의 당착'이 될 수밖에 없다.

"춘부장의 올해 향년(享年)은 어떻게 됩니까?"라는 인사는 '향년'이란 말의 오해에서 나온 것이다. '향년'은 고인이 생전에 누린 나이를 뜻하는 말이다. 그 말은 "선친은 작년에 향년 70세에 별세했습니다"처럼 쓰여지는 것이다.

"예수를 빙자하여 너희를 명한다"라는 말은 '빙자'라는 낱말을 잘못 이해한 데서 나온 것이다. '빙자'는 말막음으로 내세워 핑계삼는다는 뜻을 가지고 있는 말이다. 그래서 그 말은 '혼인빙자' 간음이란 말에서 보는 바와 같이 부정적인 의미로 쓰여지고 있는 것이다. "신병을 빙자하여 결석한다"라고 말하면 '빙자'라는 어휘의 뜻이 명백해진다고 할 수 있다.

"○○○은 용공혐의자를 석방했다는 구실로 구속되었다"(일간지 기사)라는 문장은 '구실'의 개념을 잘못 파악하고 있는 것이다. "○○○은 용공혐의자를 석방했다는 이유로 구속되었다"라고 말해야 하는 것이다.

"이 판사의 납북은 훼손될 수 없는 사실이다"(일간지 기사)라는 문장도 '훼손'이란 말의 개념을 오해한 데서 잘못을 저지른 것이다. "이 판사가 납북되었다는 것은 다툴 수 없는(혹은 의심의 여지가 없는) 사실이다"라고 해야 할 것이다.

"진검승부'(眞劍勝負--일간지 기사)라는 말은 일본사람들만이 사용하는 어휘이다. 우리나라에는 그런 말이 없다. 우리말로 수용되지 아니한 이런 어휘를 주요 일간지에서 함부로 사용하고 있는 것은 부끄러운 일이라고 생각한다(진검승부--목숨을 건 승부라는 일본말) 일본승부(一本勝負), 일본창(一本槍)이란 말도 우리말이 아니다.

'외담(猥談)'이란 말도 우리말이 아니다. 일본말이다. 우리말로는 '음담(淫談)'이라고 말한다. 음담(淫談)을 일본말로는 '와이당'이라고 발음한다. 그래서 일본사람들은 그 발음을 따라 음담(淫談)을 'Y 談'이라고 표기하기도 한다. 한국의 일간시를이 이러한 천박한 일본말을 직수입해서 'Y 담'이라고 쓰고 있는 것을 보면 얼굴이 뜨거워지기까지 한다.

"그는 자신의 저력을 표시했다"(TV뉴스)라는 말은 '저력표시'라는 개념을 잘못 이해하고 있다. '저력'은 '나타내'거나 '과시하는' 대상이지 표시하는 것이 아니다.

"내가 만군의 하나님 여호와를 위하여 열심히 특심(特甚)하다"(왕상 19:10)라는 성경구절의 '특심'이란 우리말은 없다고 하는 점을 생각해 봐야 한다. 왜 이처럼 뜻도 없는 괴상한 말을, 그것도 성경에 써야 하는가?

"그 기둥의 두께는 사지(四肢) 놓이다"(렘 52:21)라는 말은 무슨 뜻을 나타내고 있는 것인지 우리 한국사람들도 알 수 없다. 영어로는 'Four finger's thick'라고 번역되어 있다. 결국 위의 성경은 "그 기둥은 네 손가락을 합친 두께를 가지고 있었다"라는 의미를 나타내려고 했던 것이다.

"나는 미디안 두왕을 따르노라"(삿 8:5)라는 말은 "미디안 두왕의 노선을 추종(追從)한다"는 뜻으로 받아들여진다. 그러나 진짜 뜻은 "미디안 두왕을 잡기 위하여 추격(追擊)한다는 것이다. 이런 어처구니 없는 개념의 혼동이 어디에서 나오는가?

"대저 사람이 어떠하면 그 힘도 그러하니라"(삿 8:21)라는 말은 무슨 뜻으로 쓰여진 것인지 짐작하기조차 어렵다. 영어 성경을 보면 "for as a man is, so is his strength"라고 번역되어 있다. "사람에 따라서 그 힘(용기)도 다르다"는 의미다. 우리가 우리 글을 읽고 뜻을 알 수가 없어 외국어 성경을 봐야 한다는 것은 비극이요. 수치다.

"절전의 단절(斷絶)이 화재의 원인이다"(판결문)라는 말은 도무지 말도 안 되는 소리다. 결국 누전(漏田)이 화재를 일으킨 원인이라는 뜻이다. 왜 이렇게 어렵고 유치한 표현을 써야 하는가?

"신흥종교 오대양의 집단자살극 사건이 있었습니다"라는 TV뉴스는 '자살극'(자살하는 것처럼 꾸미는 것)이란 말을 잘못 이해하고 있는 데서 생긴 오류이다. "두 형제의 나이차이는 아홉 살 터울이다"(TV뉴스), "노동계에 3D현상이 일어나고 있다"라는 말들은 '터울', '3D현상'의 의미를 잘못 파악하고 있다는 것을 의미한다. "두 형제는 아홉 살 터울이다", "노동계에 3D 기피현상이 일어나고 있다"라고 말해야 옳다.

 '사고 많은 곳'이란 표지는 '사고 잦은 곳'으로 바꾸어야 할 것이다. "운동장에서 달음질하는 자들이 다 달아날지라도 오직 상 얻는 자는 하나인 줄 너희가 알지 못하느냐"(고전 9:24)라는 문장에서 '달아날지라도〔逃亡〕'는 '달릴지라도'로 고쳐져야 할 것이다. 그리고 '오직'이라는 부사는 '하나' 앞에 붙여야 한다. "청와대 대출개입 증언 장본인", "청와대 개입 첫 폭로". 위 두 표현은 국회청문회 증인에 대한 신문기사 제목이다. 두 제목이 모두 '장본인' 또는 '폭로'라는 어휘를 잘못 사용하고 있는 것이다. "청와대의 대출개입 발설(주장)자", "청와대 개입 첫 시인"이라고 고쳐야 할 것이다.

 "경찰은 불법무기 대책을 세웠다"(TV뉴스)라는 말은 "…불법무기 단속대책을…"이라고 해야 한다. "○○○대표 체제의 앞날은 한 마디로 모호하다"(일간지 기사)라는 문장은 "모호하다"라는 말의 개념을 잘못 파악하고 있는 데서 생긴 실수이다. 한편 '한 마디로'는 '한 마디로 말해서'라고 고쳐져야 한다. "○○○대표 체제의 앞날은, 한마디로 말해서, 유동적이다"라고 해야 할 것이다.

 우리가 자주 보게 되는 "출입을 금하여 주십시오"라는 말은 "출입을 …삼가여 주십시오"라고 고쳐야 한다. '금하다'는 '타인으로 하여금 무엇을 못하게 막는 것을 말하는 것'이고 '삼가다'는 '스스로 무슨 일을 하지 아니하는 것'을 말한다.

"그는 애정의 표시를 봉투에 넣어 주었다"(일간지 기사)라는 문장은 어휘개념의 부정확성을 그대로 나타내고 있다. "그는 애정의 표현으로 봉투를 내어놓았다" 또는 "그는 봉투로 자신의 사랑을 표현했다"라고 말해야 한다. "내가 미국에서 살고 있는 와중에 그 연락이 왔다"(TV 대담프로)라는 말은 '와중'이란 개념을 잘못 이해하고 있는 데서 생긴 잘못이다. "내가…살고 있을 때…"라고 고쳐야 한다.

"(이 패는) 히브리와 로마와 헬라 말로 기록되었더라(요 19:20)라는 문장은 "…히브리 말과 로마 말과 헬라 말로 기록되었더라"라고 고쳐져야 한다. 만약 위와 같이 나라이름을 특별히 강조하려면 "…히브리, 로마, 헬라, 각 나라의 말로…"라고 해야 할 것이다.

"내가 하늘과 아버지께 죄를 얻었습니다"(눅 15:18)라는 문장은 잘못된 것이다. 죄는 얻는 것이 아니기 때문이다. "…죄를 지었습니다"라고 해야 한다. "무엇이나 근심하지 말라"(찬 484)는 '아무것도' 라고 고쳐야 한다.

"저들 체제의 정신상태를 의심케 한다"(일간지 사설)라는 문장에서 '체제의 정신상태'라는 표현은 개념의 부정확성에서 나온 것이라고 본다. 체제에는 정신이 없기 때문이다. "저들 체제의 근본정신이 무엇인가 하는 점에 대해서 의문이 제기된다"라고 말해야 할 것이다.

"소설 《동의보감》이 우리나라 독서계를 강타한 베스트셀러 자리를 접했던 일이 있다"(일간지 칼럼)라는 문장은 '강타하다'라는 말을 잘못 사용하고 있다.

"…독서계를 휩쓴 베스트셀러…"라고 말해야 할 것이다. "○○○지구당에는 앵커로 유명세를 쌓은 XXX씨를 영입한다"는 '앵커로 지명도가 높은 XXX'로 말해야 한다. "밥 돌이 이번 선거에서 승리한다면 그는 미 역사상 최고령 대통령 당선자로 기록된다 69세라는 레이건의 기록보다 4년 더 많다"(주요 일간지 기사)는 "레이건의 기록보다 4세 더 많다"라고 말해야 한다.

"그는 고백성사를 한 뒤 경찰에 자수했다"라는 기사도 '…고해성사…'라고 고쳐져야 한다, "수험생들을 위한 숙소의 부족한 수요를 채우기 위해서…"라는 기사도 '부족한 공급…'이라고 해야 한다, "난이도가 높은 과목의 평균점수가 떨어졌다"는 기사도 잘못된 것이다. '난이도(難易度)'는 어려움과 쉬움의 정도를 말한다. 그러므로 '난이도가 높다'라는 말은 있을 수 없다. '난해(難解度)가 높다'라고 말해야 한다. "노동계가 총파업의 위협을 제기하고 있다"라는 기사도 "노동계가 총파업에 돌입한다고 위협하고 있다"라고 말해야 한다. "노동자도 국익을 초월할 수 없다"라는 보도도 "노동자도 국익을 무시할 수 없다"라고 말해야 한다. "영아의 간에 포함된 철분은 어른보다 그 농도가 열 배나 더 많다"는 '… 철분의 양은 어른의 그것보다 열 배나 더 많다' 또는 '…철분의 농도는 …더 높다'라고 해야 할 것이다.

"공무원 골프해금은 비약된 해석"(주요 일간지 기사)이라는 표현은 "(이 사실을) 공무원에 대한 골프해금으로 보는 것은 해석의 비약이다"라고 고쳐야 할 것이다. "정확도가 있다", "시민들에게 편의성을 제공한다"라는 기사들도 부정확한 표현이라고 본다. '정확도가 높다' 또는 '정확하다'라고 말해야 하고, 뒤의 기사는 "시민들에게 편의를 제공한다"라고 고쳐져야 할 것이다. "내가 오늘 이러한 일을 할 수 있었던 것은 오로지 아버님의 탓이다"라는 표현들을 우리는 자주 경험한다. 이 말은 '탓'의 의미를 모르고 있는 데서 생겨난 것이다. 오늘날 '탓'과 '때문'과 '덕'은 마구 혼용되고 있는 형편에 놓여 있다. '탓'은 잘못된 까닭이라는 부정적 의미를 가지고 있다. 그러므로 위 예문은 '…오로지 아버님의 덕이다'라고 고쳐져야 한다.

"해냈다 월드컵, 해내자 교통질서"라는 표어는 "해냈다 월드컵 유치, 해내자 교통질서 확립"으로 바꿔야 할 것이다. "값이 배가 싸다", "3배나 싸다"라는 말은 가감($+,-$)에 대한 인식 부족에서 오는 것이라고 본다. 마땅히 "값이 절반이다", "…3분의 1 값이다"라고 해야 한다.

"누구나 '아, 유럽의 도시는 거의가 꽃으로 덮였구나'하는 탄식을 하게 마련이다"(일간지 칼럼)라는 문장도 개념의 혼동을 엿보게 한다. 탄식은 원망하거나 뉘우치며 한숨짓는 것을 뜻하므로 사람이 꽃으로 덮인 도시를 보고 감탄하는 느낌을 나타내는 데는 부적당한 말이다. '탄복' 또는 '감탄'이라는 표현으로 바꾸는 것이 옳다. 그리고 '거의'라는 말은 부사이므로 토씨 '가'를 동반할 수 없다.

"성벽의 잔해가 시내 곳곳에 산재한 것은 진부하고… 자괴가 샘솟는다"(일간지 칼럼)라는 문장에서 '진부하다'라는 형용사는 '낡고 썩었다'라는 뜻을 가진 말이므로 위의 문장에는 어울리지 아니한다. 특히 '자괴'와 '샘솟다'는 말은 서로 어울리지 않는다고 생각한다.

"차의 크기별로 세분하는 엄청난 주차료, 실용적인 면 등을 고려한 오랜 생활의 소산…"(일간지 칼럼)이라는 표현에서 '엄청난 주차료'는 턱없이 비싸기만 한 주차료를 의미하는 것이므로 경험과 생활의 지혜를 뜻하는 '실용적인 면'과 '오랜 생활의 소산'과는 어울리지 않는 표현이다. "고소사건에 대해서 법원은 손해배상을 명령했다"(일간지 칼럼)라는 말은 민사사건과 형사사건의 혼동에서 나온 것이다.

"불덩이가 총신처럼 솟았다", "식량사업에 지장을 초래한다", "과격한 운동은 비만에 도움이 안 된다", "새끼원숭이에 대한 어미원숭이의 애정은 본능적으로 처절하다", "검찰은 건전한 해외 풍토를 조성하기 위해 단속활동을 편다"라는 기사들도 유사한 문제들을 가지고 있다.

'총신' 또는 '총열'은 탄환을 발사하도록 장치된 소총의 강철 원통 부분을 말한다. 그러므로 '총신처럼 솟았다'라는 말은 쓸 수 없는 것이다. "불덩이가 총알처럼 솟아올랐다" 또는 "탄환이 불길처럼 솟았다"라고 말해야 한다.

'식량사업'이란 말은 모호한 개념이다. "식량증산(저장, 운반)사업에 지장을 초래한다"라고 고쳐져야 할 것이다. "비만에 도움이 안 된다"라는 말도 잘못된 것이다. "비만증 예방

(치료)에 도움이 안 된다"라고 말해야 한다.

'애정은… 처절하다'라는 말은 '처절하다'라는 형용사를 잘못쓰고 있는 사례를 보여 준다고 할 것이다. "…애정은 본능적인 것이다"라고 말하든지 아니면 "…애정은 사람들에게 처절한 감을 준다"(또는 …사람들로 하여금 처절한 감을 느끼게 한다)라고 해야 한다. '건전한 해외 풍토'라는 말은 부적당한 표현이다. '건전한 해외여행 풍토' 또는 '건전한 해외소비풍토'라고 말해야 한다.

"공비는 비디오게임을 즐기는 여유까지 부렸다", "세금을 따지는 일은 국회의 중요한 임무이고", "대표 없이 세금 없다", "이들 업체는 횡령으로 만든 비자금으로 뇌물을 제공했다", "북은 잠수함사건에 대해서는 입을 막았다"(이상 일간지 기사)라는 표현들도 개념의 정립이 잘못된 데서 비롯한 것이라고 본다.

'여유를 부리다'라는 말 중 '부리다'라는 말은 '마소나 사람을 시켜 일하게 하다' 또는 '조종하다'라는 뜻을 가지고 있다. "고용인을 마구 부리다" 또는 "자동차를 부리다"라는 말들이 그 예문이다. 그러므로 "…여유를 보이기까지 했다"라고 말해야 한다.

'…대표 없이 세금 없다'라는 기사는 "대표 없이 세금 없다라는 말은 국회의 기능을 나타내는 표현으로 받아들여진다"라고 고쳐져야 한다. '횡령으로 만든 비자금'이란 말은 어색한 표현이다. "…횡령한 돈으로 뇌물을 제공했다"라고 말하는 것이 좋다고 생각한다. "입을 막았다"라는 말은 남의 입을 막는 경우를 이르는 것이므로 위 표현은 옳지 못하다. "…입을 다물었다"라고 말해야 한다.

"로렐라이 언덕은 아예 실망 수준이다"(일간지 칼럼)라는 문장을 살펴보고자 한다. '아예'라는 말은 "그런 일은 아예 하지 말아라"라는 예문에서 볼 수 있듯이 부정적 의미를 나타내는 부사이다. "그러므로 아예 실망 수준이다"라는 말은 잘못된 문장이다. 또 '실망 수준이다'라는 말은 '언덕'의 술부가 되기에 부적당하다. "로렐라이 언덕은 듣던 것보다 훨씬 못했다"라고 말하는 것이 좋다.

"의식 수준은 가히 망국적이다"라는 기사도 문제를 내포하고 있다. '의식 수준'이란 말과 '망국적'이란 말은 같은 차원의 개념이 아니다. 그러므로 위의 두 말은 서로 주어와 보어의 관계를 가질 수 없는 것이다. "우리의 의식은 망국적 수준에 머물러 있다"라고 말해야 한다.

"한국은 최근 여행수지 적자폭 확대로 고심하다"(일간지 칼럼)라는 문장에도 문제가 있다. '폭'은 두 사물의 거리를 말한다. '적자'에는 폭이 있을 수 없다 '확대'는 의도적인 확장을 뜻하는 말이므로 '적자 확대'는 있을 수 없다. 결국 "여행수지 적자 증대로…"라고 해야 옳다.

"요즘 서울의 허영은 상상을 불허한다"(일간지 칼럼)라는 문장은 "…상상을 초월한다"라고 고치는 것이 훨씬 낫다고 생각한다.

"차는 클수록, 값은 비쌀수록 잘 팔린다"(일간지 칼럼)라는 문장에 있어서 '차'와 '값'은 대구(對句)로서 적당하지 아니하다. '차는 크고 비쌀수록'이 되든지 '차는 클수록, 집은 비쌀수록'이 되어야 할 것이다.

"…상술이 한껏 기세를 올리고 있는 곳이 서울이다"(일간지 칼럼)라는 글을 보자. '기세를 올리다'라는 말은 긍정적인 의미를 가진 표현이다. 위 글이 시도하는 역설적인 의미를 나타내는 데는 적당하지 아니한 것이라고 본다. "…상술이 판을 치는 곳이 바로 서울이다"라고 표현하는 것이 좋다고 본다.

유수한 일간지의 기사제목 하나를 살펴본다. "교포에 性(성) 폭행 피해 美(미) 여성, 검찰 國內(국내) 소환 조사키로". 무슨 말인지 전혀 알 수 없다. 개념 정립의 부정확에서 오는 전형적인 오류라고 생각한다. 다른 일간지의 제목을 살펴본다. "美(미)서 성폭행혐의 재판받다 국내 잠입, 20代(대) 긴급구속". 이 표현에도 문제는 있으나 의미 파악은 가능하다고 본다.

'과반수 이상', '방학기간 동안' 같은 표현도 어휘의 개념에 대한 오해에서 나오는 것이라고 본다. '과반수'이면 벌써 '반 이상'임을 알 수 있어야 하고 '기간'이면 '동안'을 뜻한다는 것은 상식에 속한 일이다. '역전 앞'이라는 말과 비슷한 말들이다.

자기 부친을 '춘부장'으로, 자기 아들을 '자제분'으로, 형을 '백씨'로 자기처를 '부인' 또는 '사모'로 표현하는 것은 너무나 부끄러운 일이다.

"너희 아비를 데려오라"(창 45:19). 이것은 이집트 파라오

(왕)가 총리대신 요셉에게 자기 아버지를 모시고 오도록 이르는 말이다. 아무리 국왕이라고 하더라도 총리대신의 아버지를 '너희 형제들의 아비'라고 비하해서 부를 수는 없는 것이다. 마땅히 "경의 부친을 모시고 오라(데려오라가 아니고)"라고 말해야 한다.

(2) 혼동되고 있는 낱말들의 사례

우리가 일상생활에서 사용하고 있는 말 가운데 개념의 혼동으로 말미암아 엉뚱한 어휘가 쓰여지고 있는 경우가 적지 아니하다. 그 사례를 살펴본다. 명사, 동사, 형용사, 부사, 어미의 차례로 살펴보고 설명은 가나다순으로 하기로 한다.

(1) 글과 글씨

'글'은 문장을 뜻하는 말이고 '글씨'는 문자 또는 글자를 뜻한다. "그는 글을 잘 쓴다"라는 말은 그가 문필가라는 뜻이고 "그는 글씨를 잘 쓴다"라는 말은 그가 서예가 또는 달필이라는 뜻이다. 우리 주변에는 '글'과 '글씨'를 구별없이 쓰고 있는 사람들이 너무 흔한 것 같다. 우리말 성경 중에 '큰 성경'이라는 이름을 가지고 있는 성경이 있다. 'Big Bible'이라는 영역(英譯)명도 병기되어 있다. '큰 성경'은 '위대한 성경'이라는 뜻을 가지고 있다. 그러나 '큰 성경'은 '큰 글씨로 쓰여진 성경'을 의미한다. 영어로는 'Big letter Bible'이라고 말해야 할 것이다. '글과 글씨'를 혼동하고 있는 전형적인 사례가 된다고 본다.

(2) '거름'과 '걸음'

'거름'은 비료를 뜻하는 말이고 '걸음'은 '걷다〔步行〕' 동사의 동명사꼴이다. "걸음아 날 살려라"처럼 쓰인다.

(3) '너비'와 '넓이'

너비는 폭, 넓이는 면적을 말한다.

(4) '노름'과 '놀음'

'노름'은 '도박'을 뜻하는 말이고, '놀음'은 '놀다'의 동명사로서 즐겁게 모여 노는 것을 뜻하는 말이다.

(5) '수놈'과 '수컷', '암놈'과 '암컷'

사전을 보면 '수컷'과 '암컷'은 각각 짐승의 자웅(雌雄)을 가리키는 말로 풀이되고 있다. '암놈'과 '수놈'은 각각 '암컷'과 '수컷'의 애칭으로 되어 있다. 그런데 문제는 동물의 종류에 따라서 '암', '수' 다음에 오는 동물의 표기가 달라지는 데 있다.

꿩, 소 등은 '암', '수' 다음에, 변형 없이 그대로 쓰여진다. 즉, 암꿩, 수꿩, 암소, 수소라고 불린다. 다만 사돈은 동물이 아닌데도 이 개념에 포함되어 암사돈, 수사돈으로 불리는 것이 억울하다면 억울하다고 할 수 있을까?

그런데 개, 강아지, 닭, 당나귀, 돼지, 병아리는 '암', '수' 다음에 된발음으로 바뀐다. 그래서 암캐와 수캐로, 암강아지와 수캉아지로, 암탉과 수탉으로, 암퇘지와 수퇘지로, 암평아리와 수평아리로 변신하게 된다.

그 중에 또 다른 예외가 있다. 양, 염소, 쥐는 '수' 대신 '숫'자를 붙이게 되어 있다. 그래서 '숫양', '숫염소', '숫쥐'로 변신하게 된다. 그러나 암놈은 이 북새통 속에서도 원형을 그대로 유지해서 '암양', '암염소', '암쥐'로 불린다.

(6) '어름'과 '얼음'

'어름'은 '물건과 물건의 한가운데'를 뜻한다. '얼음'은 '물이 얼어서 생긴 고체'를 말한다.

(7) '가르치다'와 '가리키다'

'가르치다'라는 말은 '교육하는 것'을 뜻하는 반면 '가리키다'라는 말은 '손가락으로 지적하다'라는 의미를 가지고 있으므로 두 말의 글씨모양과 발음은 서로 비슷하나 뜻은 근본적으로 다른 것이다. "그는 학생들에게 영어를 가르친다", "그는 나를 가리키면서 나오라고 말했다". 이 두 글이 각각 '가르치다'와 '가리키다'의 예문이 된다.

(8) '가름하다'와 '갈음하다'

'가름하다'라는 낱말은 '분할하다'라는 뜻을 가진 말이고 '갈음하다'라는 '다른 것으로 바꾸어 대신하다'라는 뜻을 가지고 있다. '꿩 대신 닭으로 갈음하다'처럼 쓰인다.

(9) '가지다'와 '갖다'

'가지다'는 '손에 쥐다' 또는 '소유하다'라는 뜻을 가지고 있다. '갖다'는 '구비하다', '갖추다'라는 뜻을 가지고 있으므로

이들은 서로 구별되어야 한다. 다만 가지다의 준말로 갖다라
는 말이 쓰여지는 경우가 있으므로 이런 경우에는 예외가 인
정된다.

(10) '거치다'와 '걷히다'

'거치다'는 '지나는 길에 잠깐 들르다'(학교를 거쳐가다) 또
는 '과정을 밟다'(심사를 거치다)라는 뜻을 가진 낱말이고,
'걷히다'는 '걷다'(끼었던 것이 흩어져서 벗다)의 피동체이다.
'걷히다'는 '안개가 걷히다'라는 예문처럼 쓰인다.

(11) '겉잡다'와 '걷잡다'

'걷잡다'라는 말은 '쓰러지는 것을 붙잡아 세우다'·'억제하
다'라는 뜻을 가지고 있는 어휘이고, '겉잡다'는 '겉을 보고 어
림잡다'라는 말이다. '불길이 걷잡을 수 없이 번지다', '그의
말은 통 겉잡을 수 없다'라는 것이 각 그 예문이다.

(12) '늘이다'와 '느리다'

'늘이다'는 원래 것보다 길게 만들거나 또는 아래로 길게
처지기 한다는 뜻을 가지고 있다. '고무줄을 늘이다' 또는 '발
을 아래로 늘이다'같이 쓰여진다. '늘리다'는 무엇을 증가시킨
다는 뜻을 가진 말이다. '재산을 늘리다'와 같이 쓰인다.

(13) '다리다'와 '달이다'

'다리다'는 '다림질하다'라는 뜻을 가진 말이고 "달이다"라는
말은 '약을 달이다'에서와 같이 '끓여서 진하게 하다'라는 뜻

을 가지고 있다.

(14) '닫히다'와 '닫치다'

'닫히다'는 '닫다'의 피동태이다. 그러므로 그것은 '열렸던 것이 닫아지다'라는 자동사이다. 이에 비해서 '닫치다'는 '문, 창 등을 힘차게 닫다'라는 뜻을 가진 타동사이다.

(15) '돋구다' 와 '돋우다'

'돋구다'라는 말은 더 높게 하다라는 뜻을 가지고 있다. '돋우다'라는 말은 끌어올리다, 성나게 하다, 밑을 괴다라는 등의 뜻을 가지고 있다. 그러므로 흙을 돋구다. 식욕을 돋구다라는 표현은 옳은 것이다. 흙을 돋우다. 식욕을 돋우다라는 말은 잘못된 것이다. 반면에 '남의 신경을 돋구다.', '밭을 돋구다.', '용기를 돋구다' 등의 표현은 잘못된 것이다.

(16) '드리다'와 '들이다'

'드리다'는 '윗사람에게 바치다'는 뜻을 가진 말이고 '들이다'는 '들다'의 사여동사이다. '불러들이다'가 '들이다'의 예문이다.

(17) '들르다'와 '들리다'

'들르다'는 지나는 길에 잠깐 거치다는 뜻을 가진 말이다. "친구집에 들렀다가 학교에 갔다"라고 말하는 경우 등에 쓰여진다. '들리다'는 소리가 들린다는 뜻을 가지고 있는 말이다.

(18) '띠다'와 '띄다'와 '띄우다'

'띠다'는 '허리띠를 띠다'처럼 '두르다', '사명을 띠고 가다'처럼 '임무를 지다', '붉은 빛깔을 띠다'처럼 '빛깔(감정)을 가지다'라는 뜻을 가진 말이다. '띄다'는 '눈에 띄다'처럼 '두드러지게 드러나다'라는 말이다.

'띄우다'는 '소식을 띄우다'처럼 '보내다', '사이를 띄우다'처럼 '공간을 벌어지게 하다', '미소를 띄우다'처럼 '밖으로 나타나게 하다'라는 뜻을 가지고 있다. '띄우다'는 '띄다'가 자동사인 데 비하여 타동사이다.

(19) '마치다'와 '맞히다'와 '맞추다'

'마치다'는 '끝나다' 또는 '끝내다'라는 뜻을 가진 말이다. 앞의 것은 자동사이고 뒤의 것은 타동사이다. '학교가 마치다'는 전자의 예문이고 '숙제를 마치다'는 후자의 예문이다.

'맞히다'는 '맞다'의 사역동사이다. '화살을 과녁에 맞히다.'와 같이 '목표에 맞게 하다'라는 뜻을 가진 낱말이다. '맞추다'는 '입을 맞추다', '시간을 맞추다', '문제를 맞추다', '옷을 맞추다'처럼 '서로 일치하도록 한다'는 뜻을 가진 말이다.

(20) '받히다'와 '받치다'

'받히다'는 '받다'의 피동형으로서 '떠받음을 당하다'라는 뜻을 가지고 있는 낱말이다. '소한테 받히다'라는 것이 그 예문이다. '받치다'는 '우산을 받치다'처럼 '펴서 들다'라는 뜻과 '기둥을 받치다'처럼 '다른 물건으로 괴다'라는 뜻을 가지고 있다.

(21) '부치다'와 '붙이다'

'부치다'라는 말은 남에게 물건 등의 탁송을 맡기거나 일을 맡기는 것을 뜻하는 말이고, '붙이다'라는 말은 두 물건을 접착시켜 떨어지지 않게 하는 것을 말한다. 그러므로 남에게 짐을 붙이다라는 표현은 잘못된 것이고 우표를 부치다라는 표현도 잘못된 것이다.

전술한 바와 같이, 우리나라 헌법 제53조 제4항은 '(대통령의) 재의의 요구가 있을 때에는 국회는 재의에 붙인다.'라고 규정함으로써 대한민국이 천하의 '문화미개국'임을 스스로 폭로하고 있다. 위에서 밝힌 대로 이런 경우에는 마땅히 '…부친다'라고 해야 한다. 재의를 떨어지지 않게 '붙일' 곳이 없기 때문이다.

(22) '부딪치다'와 '부딪히다'

'부딪치다'는 '부딪다'(물건과 물건이 마주 닿다)의 힘줌 말이다. '부딪히다'는 '부딪다'의 피동형이다.

(23) '벌이다' 와 '벌리다'

'벌이다'라는 말은 일을 차려 놓는 것을 뜻한다. '논쟁을 벌이다' 등이 그 예문이다. 이에 비해서 '벌리다'라는 말은 간격을 넓히는 것을 뜻한다. '틈을 벌리다'와 같을 때 쓰여지는 낱말이다.

(24) '안치다'와 '앉치다'

'안치다'는 '밥을 안치다'에서처럼 '솥에 넣다'라는 의미를 가지고 있는 말이다. '앉치다'는 '왕위에 앉치다'처럼 '앉게 하다'라는 뜻을 가지고 있는 말이다.

(25) '저리다'와 '절이다'

'저리다'는 '팔다리가 저리다'라는 예문에서 보는 바와 같이 '힘이 없고 감각이 둔하게 되다'라는 뜻을 가지고 있다. '절이다'는 '소금에 절이다'에서처럼 '염분을 먹여서 절게 하다'라는 뜻을 가진 말이다.

(26) '조리다'와 '졸이다'

'조리다'는 '생선을 조리다'처럼 '양념하여 바짝 끓이다'라는 뜻을 가진 말이고, '졸이다'는 '마음을 졸이다'처럼 '조마조마하다'라는 뜻을 가진 말이다.

(27) '좇다'와 '쫓다'

'좇다'는 '뒤를 따르다', '복종하다'라는 뜻을 가지고 있다. '쫓다'는 '파리를 쫓다'처럼 무엇을 몰아낸다는 뜻을 가진 말이다(예외적으로 누구를 '급하게 뒤따르다'라는 뜻을 나타내기도 한다).

(28) '드러내다'와 '들어내다'

'드러내다'는 '본심을 드러내다'라는 예문에서 보듯이 무엇을 드러나게 하는 것을 나타내는 타동사이다. '들어내다'는 무엇을 들어서 밖으로 내는 것 또는 쫓아내는 것을 나타내는 타동사이다.

(29) ‘지나다’와 ‘지내다’

‘지나다’라는 말은 어떤 곳을 통과하다라는 뜻을 가지고 있
다. ‘지내다’라는 말은 살아가다는 뜻을 가진 낱말이다. 찬송
가 358장의 노래말 “어둔 세상 지낼 때 햇빛되게 하소서”는
‘…지날 때 …’로 바뀌어야 한다. ‘세상 지내다’라는 낱말은 없
다. 위 노래말은 ‘세상을 지내다’라는 뜻을 가진 것으로 귀결
되는데, ‘지내다’라는 말은 자동사이기 때문에 목적어를 동반
할 수 없는 것이다.

(30) ‘적다’와 ‘작다’

‘적다’라는 말은 ‘많다’의 반대어이다. 분량이나 수효가 일
정 수준에 이르지 아니하는 것을 나타내는 말이다. 한자로
표현하면 少에 해당하는 말이다. 이에 대해서 ‘작다’라는 말
은 ‘크다’의 반대어이다. 부피가 얼마 되지 아니하거나 어리
다는 뜻을 가지고 있다. 한자로 표현하면 小에 해당하는 말
이다.

(31) ‘(으)로서’와 ‘(으)로써’

‘(으)로서’는 지위, 신분자격을 나타내는 조사이다. 영어로
표현하면 as와 같은 것이다. 이에 비해서 ‘(으)로써’는 방법
과 도구를 나타내는 조사이다. 영어로 말하면 with와 같은
것이다. ‘로서’는 ‘나는 시장으로서(in the capacity of a
mayer) 그 사실을 확인한다’와 같이 쓰인다. ‘(으)로써’는
‘운전면허증으로써 신분증을 갈음한다’와 같이 쓰여진다.

(32) '(으)므로' 와 '(음)으로써'

(으)므로는 원인 또는 까닭을 나타내는 어미이다. "때리므로 피했다"처럼 쓰인다. '음으로(써)'는 재료, 수단을 나타내는 부사격 조사이다. '책을 읽음으로(써) 시름을 잊는다'처럼 쓰인다.

이 두 낱말을 혼동하는 이들이 예상외로 많은 듯하다. 한두 가지 사례를 들어 본다. "당신들이 나를 이 곳에 팔았으므로 근심하지 마소서"(창 45:6). 이것은 형들에 의해서 노예로 팔렸다가 후일에 이집트의 국무총리가 된 요셉이 자기를 판 그 형들에게 하는 말이다. 성서에 적혀 있는 가장 감격적인 장면 중의 하나이다. '팔았으므로'라는 말은 그 결과라고 말할 수 있는 '근심하지 마소서'의 원인 또는 까닭이 되어야 한다.

그러나 형들이 요셉을 노예로 판 사실과 그들이 근심하지 말아야 하는 사실 사이에는 원인과 결과의 관계가 있을 수 없다. "…팔았다고 해서 괴로워하지 마소서" 또 "…팔아넘긴 사실에 대해서 근심하지 마소서"라고 말해야 할 것이다.

"야곱이 그들을 믿지 아니하므로 기색(氣塞)하더라"(창 45:26). 이 말도 꼭 같은 오류를 안고 있다. "…믿지 아니하고 기색하더라"라고 해야 할 것이다.

(33) '막바로'와 '곧바로'

'막바로'는 '다른 절차를 거치지 아니하고 그냥 곧장'이라는 뜻을 가진 말이고, '곧바로'는 '즉시'라는 뜻을 가진 말이다(때로는 '사실대로'라는 의미로 쓰여지기도 한다). 그러므로

'막바로'는 절차적인 개념이고 '곧바로'는 시간적인 개념이다.

(34) '반드시'와 '반듯이'

'반드시'는 '약속은 반드시 지켜라'에서처럼 '꼭', '틀림없이'라는 뜻을 가진 말이다. '반듯이'는 '기울거나 굽지 않고 바르게'라는 뜻을 가지고 있다.

(35) '든지'와 '던지'

'든지'는 선택을 뜻하는 어미이다. '가든지 말든지'처럼 쓰인다. '던지'는 과거와 관련하여 의심, 추측을 나타내는 어미이다. '얼마가 되던지 기억에 없다'처럼 쓰인다.

(36) '(으)러(고)'와 '(으)려(고)'

'(으)러'는 동작의 목적을 나타내는 연결어미이다. '점심을 먹으러(고) 간다'처럼 쓰인다. '(으)려'는 의도를 나타내는 연결어미이다. '꽃을 꺾으려(고) 한다'처럼 쓰인다.

(37) '하노라고'와 '하느라고'

'하노라고'는 '하노라고 했다'처럼 쓰이는 연결어미이고, '하느라고'는 '공부하느라고 밤을 새웠다'처럼 쓰이는 연결어미이다.

위에서 든 예와는 달리 어느 말이 표준말인지 불분명해서 헷갈리는 경우가 있다. 그런 사례를 살펴본다.

① '안절부절하다'와 '안전부절 못하다'. '안전부절못하다'가 표준어이다.

② '주책이다'와 '주책없다'. '주책없다'가 표준말이다.

③ '웃사람'과 '윗사람'. '윗사람'이 표준어이다.

④ 아래에 적은 말들은 모두 표준어로 쓰여지고 있다.

　　ㄱ. 가엾다, 가엽다

　　ㄴ. 감감소식, 감감무소식, 깜깜소식

　　ㄷ. 깨뜨리다, 깨트리다

　　ㄹ. 눈대중, 눈어림, 눈짐작

　　ㅁ. 들락거리다, 들랑거리다, 들락대다, 들랑대다

　　ㅂ. 만큼, 만치

　　ㅅ. 멀치감치, 멀찌가니, 멀찍이

　　ㅇ. 아무쪼록, 모쪼록

　　ㅈ. 무심결, 무심중

　　ㅊ. 삽살개, 삽살이

　　ㅋ. 서럽다, 섧다

　　ㅌ. 스레하다-스럼하다

　　ㅍ. 아무튼, 어떻든, 어쨌든, 하여튼, 여하튼

　　ㅎ. 깨지락거리다, 깨작대다, 깨적대다, 깨작거리다, 깨
질거리다, 깨질대다

　　ㅏ. 깩깩거리다, 깩깩대다

　　ㅑ. 떨어뜨리다, 떨어트리다

9) 전치사와 토씨(조사) 사용의 문제점

명사(개념)의 부정확성은 필연적으로 전치사 또는 토씨(조

사)의 혼란으로 이어진다고 나는 생각한다. 전치사나 토시는 명사와 직결되는 것이기 때문이다.

"창수는 아버지께… 집이 없어 고생하는 사람이 많다는 말씀을 들었다"라는 문장은 말할 필요도 없이 잘못된 것이다(미승우 전계서 41면). '…말씀을 드렸다'가 되든지 '아니면아버지로부터…'가 되어야 한다.

"임금님께 음식대접을 받을 수 없단 말이야"(초등학교 국어 6-1, 38쪽, 1978)라는 문장은 '임금님으로부터…'가 되어야 한다. 아니면 임금님께 음식대접을 할 수 없단 말이야"가 되어야 한다.

"그들이 하나님에게로부터"(마지막 날의 한강)는 '…하나님으로부터'가 되어야 한다. "한문은 아버지에게 틈틈이 논어 맹자까지 배웠고 신학문은 어머님께 중학과정까지를 배웠다"(혈서). 이것은 '아버지(어머님)로부터'로 하여야 한다.

"4에이치 클럽은 농촌의 청소년들이 훌륭한 고장을 만들기 위한 영농기술과 자세를 길러 주기 위해서 조직된 것이다"(미승우 전계서 42쪽)라는 문장은 "…청소년들에게…"로 바뀌어야 한다.

"백성들을 자유얻게 하시네"(찬송가 105장 1절)는 "백성들로 하여금 …"으로 되어야 한다. "나는 사람에게 영광을 취하지 아니한다"(성경)는 '…사람으로부터'가 되어야 한다.

'옛부터'라는 말을 가끔 듣는다. 그런데 '옛'은 관형사이다. 그러므로 그 낱말 하나만으로는 개념이 떠오르지 아니한다. 그래서 '옛 날', '옛 사람', '옛이야기'처럼 다른 명사와 합쳐질 때 제 뜻을 펼 수 있게 되는 것이다. '부터'는 조사이므로 반드시 명사와 연결되어야 한다.

그러므로 명사가 아닌 관형사 '옛'에 '부터'라는 조사를 붙일 수는 없는 것이다. 결국 '옛부터'라는 말은 잘못된 것이다. '굳이' 이런 표현을 사용하려면 '예부터'라고 해야 한다. '예'는 명사이므로 조사를 대동할 수 있기 때문이다.

전술한 바와 같이, 조사 '에'는 처소, 방향, 원인 들을 표시하는 데 쓰인다. 목적을 위해서 쓰이는 경우는 없다.

주기도문 중에 '나라이 임하옵시며'라는 부분이 있다. 마땅히 '나라가…'로 되어야 한다. 그런데 기독교인들 중에는 '나라이'가 옳다고 우기는 사람들이 있다. 옛스러운 표현이라야 권위가 있다는 것이다. 그렇다면 주기도문 중 "우리가 우리에게 죄지은 자를 사하여 준 것같이"라는 부분을 '우리이…'라고 하지 않는 이유를 설명해야 할 것이다.

"하나님의 보내신 이"(요한 3:34)는 "하나님이(께서) 보내신 이"로 해야 할 것이고, "예수의 제자를 삼고 세례를 주는 것이 요한보다 많다"(요 4:1)라는 문장은 '예수가(께서)'로 해야 할 것이다. "즐거워하는 자들로 함께 즐거워하라"라는 성경말씀(롬 12:15)은 '즐거워하는 자들과…'로 고쳐져야 할 것이다.

"조국과 민족의 영광을 위하여 나는 자랑스런 태극기 앞에 충성을 다할 것을 굳게 다짐합니다"라는 태극기 앞에서의 맹세는 '…태극기 앞에서…'로 바꿔야 할 것이다.

결혼식장에서 부동문자로 인쇄하여 사용하고 있는 소위 '성혼선언문'에 이러한 문장이 나온다. "주례는 이 혼인이 원만하게 이루어진 것을 여러분 앞에 엄숙하게 선언합니다". '여러분 앞에'라는 부분은 '여러분 앞에서'라고 고쳐서 선언해야 할 것이다. "그는 우리 연배 중에 가장 고상한 청년이다" (이광수 <유학 시대의 일기>)라는 문장은 '…우리 연배 중에서…'로 되어야 한다.

"하나님의 보시기에 좋았더라"(창 1:18) 및 "하나님의 지으시던 일"(창 2:2)은 모두 '하나님이(께서)…'로 고쳐져야 한다. "예수의 못박히신 곳"(요 19:20)도 예수가(께서) 못 박히신 곳"으로 바뀌어야 한다. 그외에도 성경에는 주격으로 표시할 때 소유격으로 표시하고 있는 경우가 매우 많다. 우리 동요 <고향의 봄>의 가사 중 "나의 살던 고향은 꽃피던 산골"이라는 부분도 '내가 살던 고향은…'으로 바뀌어야 한다.

'집집마다에서'라는 말은 잘못된 것이다. '마다'는 명사가 아닌 토씨이므로 '에서'라는 토씨를 동반할 수 없다. "금융실명제는 선진국의 지름길"(TV뉴스)도 '…선진국에로의…'가 되어야 할 것이다.

"비록 몸은 늙었지만 마음도 젊다"라는 말도 '…마음은 젊다'라고 해야 한다. "그것이 아직도 알고 싶다"(TV프로)는 "그것을 아직도 알고 싶다" 또는 "그것이 아직도 알고 싶은 것이다(궁금하다)"로 되어야 한다고 본다.

그리고 사회자들이 흔히 쓰는 말 한 마디를 살펴보자. "장관님께서 격려사가 있으시겠습니다"라는 말은 "…장관님의 격려사가 있겠습니다"라고 말해야 할 것이다. 아니면 "장관님께서 격려사를 해주시겠습니다"라고 말해야 한다.

"이 샘에 나는 물 강같이 흘러"(찬송가 316장 2절)라는 노래 말은 '이 샘에서 …' 해야 한다. "여호와가 모세로 명한 규례"(fp 10:11)는 "여호와가 모세를 통해서 명령한 규례"로 되어야 할 것이다.

"양부모에게 입양서류를 건네받았다"라는 문장(일간지 기사)은 '양부모로부터…'로 바뀌어져야 한다. "네가 얼굴에 땀이 흘러야 식물을 먹으리라"(창 3:19)라는 문장도 토씨를 잘못 쓰고 있는 경우에 해당한다. '네 얼굴에…' 아니면 '…네가 땀을 흘려야'라고 고쳐야 한다.

유명한 일간지의 만화 세 컷을 살펴본다. "① 환갑 넘은 나에게 ,② 아들 또래인 총장에게, ③굽신거리느니"로 되어 있다. ①은 "환갑 넘은 나를 보고"로 되어야 하고, ③은 "굽신거리라니"로 되어야 한다.

"여호와께서 가인에게 표를 주사 만나는 누구에든지 죽임을 면케 하시니라"(창 4:15)라는 문장은 "그가 만나는 누구로부터도(누구에 의해서도)" 또는 "그가 누구를 만나든지…"로 고쳐져야 한다.

"이 항공기는 지금 통제탑으로부터 출발신호를 기다리고 있습니다"(기내 안내방송), "…통제탑으로부터의 출발신호…"라고 말하든지 아니면 "…통제탑으로부터 출발신호가 오기를 기다리고 있습니다"라고 말해야 한다.

우리는 접속조사 '와'(또는 '과')와 접속부사 '및'의 관계를 혼동하고 있다. "도마와 및 야고보"(눅 6:15)라는 표현은 "도마와 야고보" 아니면 "도마 및 야고보"로 고쳐져야 한다. '와'

와 '및'이 함께 쓰일 수 없는 것이다.

10) 형용사(어떻씨)와 부사(어찌씨) 사용에 있어서의 문제점

(1) 형용사, 부사 일반

우리나라 백성들의 감성적 성품에서 오는 언어생활의 또 다른 특색은 형용사와 부사의 발달에서 그 모습을 찾아볼 수 있다고 생각한다. 우선 형용사를 보자.

붉은 빛을 나타내는 형용사로 다음과 같은 말들이 있다. 발갛다, 빨갛다, 빨그스름하다. 새빨갛다, 발그대대하다, 발그댕댕하다, 발그레하다, 발그무레하다, 발그속속하다, 발그스름하다, 발그족족하다.

벌겋다, 뻘겋다, 뻘그스름하다, 시뻘겋다, 벌그대대하다, 벌그댕댕하다, 벌그레하다, 벌그름하다, 벌그무레하다, 벌그숙숙하다, 벌그스름하다, 벌구죽죽하다, 볼그대대하다, 볼구댕댕하다, 볼그레하다, 볼그름하다, 볼그무레하다, 볼그스름하다, 볼그족족하다.

불그데데하다, 불그뎅뎅하다, 불그레하다, 불그름하다, 불그무레하다, 불그숙숙하다, 불그스름하다, 불그죽죽하다, 붉다, 뿔그스럼하다 등이 있다.

부사로 쓰이는 말들을 살펴본다. 출렁출렁, 찰랑찰랑, 촐랑촐랑, 술술, 솔솔, 살살, 활활, 훨훨, 깡총깡총, 껑충껑충, 퐁당퐁당, 풍덩풍덩, 펑덩펑덩, 펄렁펄렁, 팔랑팔랑, 펄럭펄

럭, 팔락팔락, 방글방글, 벙글벙글, 바드득, 빠드득, 보드득, 뽀드득, 부드득, 뿌드득, 파드득, 파드닥, 퍼드득, 포드닥, 포드득, 푸드덕, 푸드득 등이 있다.

이런 예를 들면 끝이 없다. 이처럼 우리의 감정은 누구도 따라올 수 없을 정도로 섬세하고 풍부하다. 그런데 그 풍부한 형용사와 부사가 정확하게 쓰이고 있는가 하는 점에 대해서는 의심을 가지지 않을 수 없다.

산에 가면 "산은 영원한 우리의 휴식처"라는 표어를 발견하게 된다. '영원한'이란 말은 '우리'를 형용하고 있는가, '휴식처'를 형용하고 있는가? 마땅히 '산은 우리들의 영원한 휴식처'가 되어야 할 것이다.

"위대한 보통사람들의 시대"라는 표어도 있었다. '위대한'이란 형용사는 '보통사람'을 수식하고 있는가, 아니면 '시대'를 수식하고 있는가. 당연히 '보통사람들의 위대한 시대'가 되어야 할 것이다.

"다니엘이…그 방의 예루살렘으로 향하여 열린 창에서…무릎을 꿇고 기도하였다"라는 말은 "…예루살렘으로 향하여 열린 그 방의 창 곁에서…"라고 고쳐져야 한다고 생각한다.

"신한국당의 원외 지구당위원장 21명은 6일 오전 현역 의원에게만 유리하도록 되어 있는 선거법개정을 건의하기 위하여 여의도 당사를 방문했다"라는 일간지 기사가 있었다.

'현역 의원에게만 유리하도록(유리하게라고 해야 한다)되어 있는'이란 형용사는 '선거법(현행)'을 수식하는 말인가 아니면 '선거법 개정'을 수식하는 말인가. 마땅히 '…현역 의원에게만 유리하게 되어 있는 현행 선거법의 개정을 건의하기 위하여…'라고 해야 할 것이다.

"이 공법은 소음과 분진을 막는 재래 공법을 개량한 것이다(TV뉴스)라는 문장도 "…종래의 공법을 개량한 것으로서 소음과 분진의 발생을 차단하는 새로운 것이다"로 고쳐야 할 것이다.

왜 이런 혼동이 일어나는가? 우리말에는 형용사의 배열순서가 없다. 예컨대 '새 목재로 만든 크고 단단한 둥근 세 의자'라는 표현과 '새로 만든 둥글고 단단한 세 개의 큰 목재 의자' 중 어느 표현이 옳은 것인가 하는 점에 대한 해답은 없다고 본다.

외국말, 특히 영어의 경우에는 형용사의 배열순서가 정확하게 지켜진다. 그 순서는 이렇다. 수(數), 성질(性質), 대소(大小), 신고(新古), 형태(形態), 색채(色彩), 재료(材料)의 순이다. 형용사에 법칙이 있다는 것은 감정이 지성의 조정을 받는다는 의미를 가진다고 본다.

"검투사의 필사의 비명이 들리는 듯하는 거의 온전한 모습의 원형경기장"(일간지 칼럼)이란 표현도 형용사의 정리가 매끈하게 되지 아니한 것으로 보인다. "검투사가 필사적으로 지르던 비명이 그대로 들리는 듯한, 옛모습 그대로의 원형경기장"이라고 바꿔 쓰는 것이 좋다고 본다.

이승만 초대 대통령을 묘사하는 신문기사 중 일부를 옮겨 본다. "그는 변변찮은 직장도 가지지 못했다". 이 글은 2중 부정의 의미를 잘못 이해한 데서 비롯된 표현이라고 생각한다. '그는 변변한 직장도…'라고 하든지, '그는 변변찮은 직장밖에…'로 해야 한다.

"북, 핵합의 파기위협, 전형적인 협박전술"(일간지 기사제목)이라는 표현은 '…상투적인…'이라고 고쳐 써야 의미가 분명해진다고 본다. '전형적인'이란 말에는 긍정적인 면도 포함될 수 있기 때문이다.

앞에서 한 번 언급한 국문학자의 수필을 다시 한 번 살펴본다. 그 글 중에 이런 표현이 나온다. "가을이면 누구나 한번은 감상적이 되는 것 같다". 이 글은 '…감상적으로 되는 것 같다', 또는 '…감상적인 마음을 가지게 되는 것 같다'라고 해야 할 것이다.

"이 세상에 하나밖에 둘도 없는 내 여인아"(대중가요 <사랑>)도 보조사와 형용사 사용의 문제점을 보여 주고 있다. "이 세상에 둘도 없는, 단 하나의 내 여인아"라고 부르는 것이 좋다고 본다. "아무 일을 만나도 예수 의지합니다"(찬 342장 후렴)라는 가사 중 '아무 일'은 '무슨 일'로 바꾸어야 한다.

'아무'란 말이나 '무슨'이란 말이 다 같이 관형사로 쓰이는 것은 사실이다. 그러나 '아무'는, 예컨대 '아무날', '아무시'처럼 사용된다. '무슨'은 의문의 뜻을 나타내면서 "무슨 일이 있는가?"처럼 쓰여진다.

"아무 응답하는 자도 없고 아무도 돌아보는 자도 없더라"(왕상 18:29)라는 말도 잘못된 것이다. 이 경우의 '아무'는 인칭대명사로 봐야 할 것이다. 결국 위 말은 "아무도 응답하지 아니하였고 아무도 돌아보지 아니하였다"라고 이해하여야 할 것이다.

이것과는 반대로 "무엇이나 염려하지 말라"라는 노래말 (찬송가 384장)은 "아무것도 염려하지 말라"라고 고쳐져야 할 것이다.

"누가 우리 순이 본 사람 없소?"라는 말은 어처구니없는 것이다. "누가 우리 순이 본 일 있소?" 또는 "우리 순이 본 사람 없소?"라고 말해야 하는 것이다.

"아무런 의무도 책임도 저버린 사람이 무슨 아버지야"(연속극 대사)라는 말은 '아무런'이란 의미를 잘못 알고 있는 데서 생긴 것으로 해석된다. '모든 의무와 책임을 저버린 사람이…'라고 말해야 할 것이다.

"아가 동산에는 무엇 하나 불법으로 이루어지지 아니한 것이 없다"(TV뉴스)라는 말은 잘못된 것이다. '무엇 하나'라는 표현은 예컨대 "무엇 하나 제대로 된 것이 없다"라고 하는 경우처럼 부정적인 평가를 할 때 쓰여지는 것이다.

위의 경우처럼 '불법으로'와 '없다'라고 하는 2중부정을 위해서 쓰이는 말이 아니다. 그러므로 위의 경우에는 "…무엇 하나 법대로 이루어진 것이 없다" 또는 "…법대로 이루어진 것이 하나도 없다"라고 해야 한다.

전에 <백구야 훨훨 날지 말아라>라는 영화가 상영된 일이 있다. '밥을 맛있게 먹지 말아라'라는 것과 꼭 같은 표현이다. '훨훨'이라는 말에는 '날아라'라는 동사가 따라야 한다. '맛있게'라는 말 다음에는 '먹어라'라는 말이 따라야 하는 것과 같다.

"이 대회는 순조롭지 않게 진행되었습니다"(라디오 뉴스)라는 방송도 "…순조롭게 진행되지 아니하였습니다"라고 고쳐져야 한다. 부사를 제대로 쓸 줄 모르는 데에서 오는 잘못이다.

최근의 텔레비전 뉴스에서 "티티카카 호수에는 25개의 섬이 거의 있다"고 보도하는 것을 들은 일이 있다. '거의'라는 부사가 '있다'라는 동사를 수식하는 것으로 되어 괴상한 문장이 되고 말았다. '거의'는 '25개의'라는 수사(또는 형용사)를 수식해야만 말이 된다.

그래서 올바른 문장을 만들려면 '티티카카 호수에는 거의 25개의 섬이 있다'라고 말해야 한다. "누가 아무렇게 하여도 너희가 미혹하지 말라"(살후 2:3)라는 문장에서 '아무렇게'는 부사로 쓰일 수 없는 말이다. '누가 뭐라고 하더라도'라고 고쳐야 한다. "이 사람의 어떻게 높은 것을 생각하라"(히 7:4)라는 문장은 "이 사람이 얼마나 높은가 하는 것을…"로 고쳐져야 할 것이다.

부사 '그러나'를 잘못 쓰는 경우가 대단히 많다. '…하였으나 그러나 …' 같은 문장이 그 예이다. '(으)나'는 앞뒤 말의 내용이 같지 아니함을 나타내는 연결어미이다.

그러므로 '(으)나' 뒤에 '그러나'가 붙어서는 안 된다. 예컨대 "산은 낮으나 그러나 물은 깊다"라고 말할 수는 없다. "산은 낮으나 물은 깊다" 또는 "산은 낮다. 그러나 물은 깊다"라고 말해야 한다.

"되풀이 말한다"(주요 일간지 사설)라는 문장은 '되풀이'라는 말을 부사로 오해한데서 생긴 잘못이다. '되풀이'는 명사이다. '되풀이'는 '하다'를 동반하여 타동사로 될 수 있다. 그러므로 위 문장은 "되풀이해서 말한다"라고 고쳐져야 한다.

"비단 사람을 죽이는 것은 물론 모든 악을 행했다"(TV뉴스)라는 보도의 문제점을 살펴본다. '비단'이란 말은 '다만'이란 뜻을 가지고 있는 부사이다. 이 말은 예컨대 "비단 개인의 문제일 뿐 아니다"고 하는 경우처럼 부정적인 기술을 할 때 사용되는 어휘이다. 그러므로 위 보도에서처럼 "사람을 죽인다"라고 하는 경우와 같은 적극적인 표현을 할 때는 쓰여질 수 없는 말이다. "비단 사람을 죽이는 일에만 한하지 아니하고…"라고 말하든가 "사람을 죽이는 일은 물론 모든 범죄를 자행했다"라고 말해야 한다. "아무리 물어 봐도 대답을 한다"(TV뉴스)도 잘못된 것이다. 위 보도에 나오는 '아무리'는 '제아무리'라는 부정적 의미를 나타내는 부사이다. 그러므로 위와 같은 경우에는 "(그는) 아무리 물어 봐도 대답을 안한다"든가 "아무리 추궁해 봐도 그의 주장은 한결같다"라는 뜻으로 '아무리'를 사용해야 한다, "마치 폭포수들이 비치고 있다", "비리를 낱낱하게 파헤친다"(이상 TV뉴스), "자주 구름이 끼일 때가 많겠다"(일기예보)라는 보도들도 다 같이 부사를 잘못 쓰고 있는 사례를 보여 준다.

'마치'는 '흡사'라는 의미를 가진 부사이다. '마치 폭포수들이 비친다'는 말은 폭포수가 흡사 뭐처럼 비치는 것을 의미하는지 알 수 없다. '낱낱하게'라는 부사는 없다. '낱낱이'가 있을 뿐이다. 위 일기예보는 "구름이 자주 끼겠습니다"라고 해야 한다.

'낱낱하게'란 우리말은 없다. '낱낱이'라고 말해야 한다.

"우리네 심신을 싱싱히 살아나게 한다"라는 TV드라마 대사도 잘못된 것이다. '싱싱히'라는 부사가 없기 때문이다. '…싱싱하게…'라고 말해야 한다. 그러나 "심신을 싱싱하게 살아나게 한다"라는 말 자체가 세련된 우리말이 아니라는 사실은 수용해야 한다.

"가끔 어머니와 싸울 때가 많다"라는 연속극 대사도 말이 안 된다. "가끔 어머니와 싸운다"라고 말하든가 아니면 "어머니와 싸울 때가 많다"라고 말해야 한다. '가끔…많다'라는 말은 근본적으로 존재할 수 없다. "혹시 찬우를 만나러 왔지요?"(TV드라마)라는 대화에서 '혹시'는 잘못 쓰여진 것이다. "혹시 찬우를 만나러 온 것이 아닌가요?"라고 말해야 한다.

<동심초>의 가사 중에 "한갖되이 풀잎만 맺으려는고…"라는 부분이 있다. '한갖되이'를 '할일없이'라는 뜻으로 쓴 것 같다. 그런데 문제는 이 말이 1993년도 한글학회 큰사전에 처음으로 등장하는 낱말이라는 데에 있다. 그것은 1957년 10월 1일자 초판에는 분명히 없던 낱말이다.

<동심초> 등의 작품에서 그 말이 쓰여지기 시작한 후에 사전에 수록된 것이라는 견해도 있다. '한갖'은 '한갓'으로 되어야 한다. 그런데 한갓이 이미 부사인데 또 부사 접미어인 '되이' 또는 '되게'라는 말을 붙이는 것은 무의미하다고 본다. 어쨌든 '한갖되이'는 좋은 표현이 아니라고 본다.

요즘 젊은이들이 많이 쓰는 표현 중 "너무너무 좋다"라는 말도 너무란 부사를 잘못 쓰고 있는 예라고 생각한다. 부사 오용의 사례는 아니지만 "좋아 죽겠다"라는 말도 좋은 것은

아니라고 생각한다. '애시당초', '애당초'라는 말도 '당초에' 또는 '애초에'라고 고쳐야 한다.

"마음적으로 동정한다"라는 표현을 사용하는 사람들이 제법 있다. 잘못된 말이다. '마음적으로'라는 우리말의 부사는 없기 때문이다. 우리말 어휘에 적자(的)를 붙여서 형용사를 만들고 다시 여기에 '으로'라는 어미를 달아서 형용사를 부사로 만든다는 착상 자체가 근본적으로 잘못된 것이다. '사랑적으로', '안개적으로', '눈물적으로' 같은 낱말이 있을 수 없다는 것을 생각해 보면 위의 결론에는 쉬 공감할 수 있을 것이다.

택시에 부착시켜 놓은 "손님을 가족과 같이"라는 표어는 "손님을 가족처럼"이라고 고치는 것이 옳다고 본다.

우리는 근래 "솔직히 두렵다"라는 등의 표현을 자주 접하게 된다. 부사(솔직히)는 동사 또는 형용사를 수식한다. 그러므로 위의 말에서 '솔직히'는 '두렵다'를 수식할 수밖에 없다. 그렇다면 "솔직하게 두렵다"는 것은 어떻게 두렵다는 뜻을 가지고 있는가? 왜 이렇게 말도 되지 아니하는 말이 횡행하게 되었는가? '두렵다'를 바로 수식할 수 있는 부사는 따로 있다. 예컨대 '매우', '약간', '상당히' 등이다. 그래서 "매우(아주) 두렵다", "약간(좀) 두렵다" 또는 "상당히 두렵다"고 해야만 말이 되는 것이다.

결국 위의 표현은 "솔직하게 말해서 두렵다"라고 되어야 한다. 실제로 그 말을 한 사람도 그런 의미로 했음이 명백하다. 표현의 방법을 몰라서 저지른 실수라고 봐야 할 것이다.

"대단히 모를 거예요(노래말)". '모르시는' 정도가 '대단할' 수는 없다. 그러므로 위 노랫말은 "전혀 모르실 거예요"든지 아니면 "아마도 모르실 거예요"로 바뀌어져야 할 것이다.

"도대체 굴러다니는 차 거의가 한국의 티코, 프라이드 수준이다"(일간지 칼럼)라는 문장에서 도대체(대관절)라는 부사는 불필요한 말로 생각된다. '굴러다니는 차 거의가'라는 말은 '굴러다니는 거의 모든 차가'로 해야 한다.

'거의'란 말은 부사이기 때문에 토씨 '가'를 대동할 수 없기 때문이다. "거의 다 됐다", "거의 틀림없다"라는 문장에서처럼 동사(되다) 또는 형용사 (틀림없다)를 수식하는 부사로 쓰이는 말이다.

우리가 흔히 쓰고 있는 '방금 전에'라는 말은 잘못된 것이다. '방금'과 '전에'는 모두 부사이므로 부사를 겹쳐서 쓸 수는 없는 것이다.

다음으로 우리가 '롭다'라는 말로 형용사를 만들고 있는 우리의 언어습관을 살펴본다. '롭다'는 어떤 어간 밑에 붙여서 그러함을 인정하여 형용사를 만드는 말이다. 예컨대 '평화롭다', '새롭다', '다채롭다'하고 말하는 경우 등이다. 그런데 '롭다'라는 말은 최근에 이르러 남용되는 경향이 있다. 예컨대 '여유작작하다', '여유만만하다'라는 뜻을 담은 말로 '여유롭다'라는 말을 자주 쓰고 있는 듯하다. 이것은 좋은 말이 될 수 없다고 본다. '창피롭다', '권태롭다'라는 말들도 마찬가지다.

이처럼 우리는 우리의 감성이 발달시킨 우리의 형용사와 부사를, 우리의 감성 때문에 무질서하게 사용하고 있는 것이다.

(2) 성경에 나타난 형용사와 부사의 문제점

전술한 바와 같이, 한국의 기독교가 한글문화의 개화기에 우리말·글의 발전에 기여한 공은 대단한 것이었다. 그러나 현재 한국교회가 한국사회의 비리로부터 결코 자유롭지 않은 것처럼 교회 안에서 벌어지고 있는 말·글의 오염수치는 위험 수위에 육박하고 있다. 다음에 그 사례를 살펴보고자 한다.

"너희 각 사람이 동일한 부지런을 나태내어…"(히 6:11)라는 문장에서 '부지런'은 '부지런함'으로 바꿔야 한다. 형용사는 목적어(명사)가 될 수 없기 때문이다.

"첫것은 낡아지게 한 것이니…"(히 8:13)이라는 문장에서 '첫것'은 '처음 것'으로 바뀌어져야 한다고 본다. "최고한 법을 지키다"(약 2:8)라는 말은 '최고의 법'으로 바뀌어야 한다. "나의 영원히 삶을 두고 명세하노라"(신 32:40)라는 말은 "나의 영원한 삶을 두고 맹세하노라"라고 고쳐져야 한다.

"자기가 세운 아로새긴 아세라 목상을 …세웠더라"(왕하 21:7)라는 문장에서 '세운'이라는 수식어와 '아로새긴'이라는 수식의 관계를 알 수가 없다. 두 낱말을 연결하는 법칙이 없다는 말이다.

외국어 성경들을 보면 예외없이 "자기가 만든 아세라 목상"이라고 씌여 있다. 굳이 위 두 낱말을 수식어로 사용하려고 한다면 "자기가 아로새겨 만든(세운) 아세라 목상"이라고 해야 할 것이다.

마태복음 5장 18절의 일부를 옮겨 본다. "천지가 없어지기

전에는 율법의 일점일획이라도 반드시 없어지지 아니하고 다 이루리라". '반드시'라는 말은 적극적인 표현에 사용하는 부사이다. '없어지다'라는 소극적 표현에는 어울리지 아니하는 부사이다.

그러므로 위의 글은 '…결단코(또는 절대로) 없어지지 아니하고'라고 해야 한다. '반드시'를 꼭 쓰고 싶으면 '다 이루리라'라는 말 앞에 써야 한다. 이와는 반대로 "내가 결단코 이 나라를 네게서 빼앗아 네 심복에게 주리라"(왕상 11:11)라는 문장에서 '결단코'는 '반드시'로 고쳐져야 한다.

"네게 오히려 부족한 것이 있다"(막 10:21)라는 문장에서 '오히려'는 '아직도' 또는 '여전히'로 바뀌어야 한다. 성경에 나오는 '오히려'라는 부사(히 11:4, 왕상 20:32, 왕하 12:3, 왕하 15:4·35, 대상 29:1)는 거의 전부 같은 오류를 범하고 있다.

"내가 과연 너희를 버리지 아니하고…"(히 13:5)라는 문장에서 '과연'이란 낱말은 '결코'로 고쳐져야 할 것이다. "이 후에 마땅히 될 일을 네게 보이리라"(계4:1)는 문장 중 '마땅히'는 '반드시'로 바꿔야 할 것이다.

여호수아 24:15에서 여호수아는 다음과 같이 자신의 신념을 선포하고 있다.

"너희는 너희 섬길 자를 오늘날 택하라. 오직 나와 내 집은 여호와를 섬기겠노라". 여기서 '오직'이라는 부사가 무슨 역할을 하는지 살펴보기 위해서 영어 성경을 옮겨 본다.

"as for me and my house, we will serve the lord."
여기서는 우리말 '오직'에 해당하는 영어의 어휘를 발견할 수 없다. 독일어성경을 살펴본다. "ich und meine Familie sind entschlossen, dem Herren zu dienen" 여기서도 '오직'이란 말은 발견되지 아니한다.

다른 외국어 성경, 예컨대 불어성경, 서반어성경, 일어성경, 중국어성경도 마찬가지다. 그렇다면 왜 우리말 성경에만 특별하게 '오직'이란 말이 들어가야 하는지 알 수 없다.

'오직'이란 말을 꼭 써야 한다면 그 말이 쓰이는 위치가 달라야 한다. 즉, "나와 내 집은 오로지 여호와를 섬기겠노라"라고 쓰여져야 한다. 그리고 여러 번 지적한 바와 같이, 위 글중 '오늘날'은 '오늘'로 바꿔야 한다. '너희 섬길 자'도 '너희가 섬길 신'이라고 고쳐야 한다.

"장자의 명분을 오늘날 내게 팔라"(창 25:31)라는 문장에서처럼, 성경에 나오는 '오늘날'이라는 낱말(신 10:15, 시 95:7, 마 6:11, 눅 2:11, 히 3:7·15, 4:7)은 '오늘'로 고쳐져야 한다.

유명한 '주기도' 중에도 "오늘날 우리에게 일용할 양식을 주옵시고"(Give us today our daily bread)라는 문장이 나온다. 이 경우에 있어서도 '오늘날'이란 말은 잘못 쓰여진 것이다. 마땅히 '오늘(today)'이라고 고쳐져야 한다.

성경에는 '오늘날'이라는 말과 꼭 같은 의미로 '어젯날'이라는 말도 쓰여지고 있다. "내가 어젯날에 나봇의 피를 분명히 보았노라"(왕하 9:26)라는 문장에서 그 예를 볼 수 있다. '어젯날'은 두말할 필요도 없이 '어제'로 바뀌어져야 한다.

"사람이 땅에 있어옴으로 이 같이 큰 지진이 없었더라"라는 문장은 "사람이 땅 위에 생겨난 이래 일찍이 없었던 것이다"

라고 고쳐야 한다.

"안식일이 거의 되었다"(눅23:25)라는 성경에서 '거의'는 '어느 한도에 매우 가까운 정도로'라는 뜻을 가진 부사이므로 이 표현은 부적절하다. '시간은 이미 안식일에 접어들고 있었다'라고 해야 할 것이다.

삼하 2:10은 "이스보셋이 '비로소' 이스라엘 왕이 될 때에 나이 사십이었느니라"라고 기록하고 있다. '비로소'는 '처음으로'라는 뜻을 가진 부사이다.

그렇다면 "그가 처음으로 이스라엘의 왕이 되었다"는 뜻은 무엇인가?

이스보셋은 이스라엘의 초대왕이 아니다. 그렇다고 해서 위 성경은 그가 40세에 이르러서야 간신히 이스라엘 왕이 되었다는 뜻을 가진 것도 아니다.

영어성경은 "Ish-Boshet was 40years old when he became king over lsrael"이라고 기술하고 있다. "이스보셋이 이스라엘 왕이 되었을 그의 나이는 40세였다"라는 뜻을 가진 말이다.

독일어, 불어, 스페인어, 일어로 된 성서 모두가 꼭 같은 내용을 담고 있다. 그러므로 '처음으로'라는 뜻을 가진 '비로소'라는 말이 어디서 나온 것인지 알 수 없다.

"여호와께서 …모든 선지자로 하신 말씀대로 심지어 이스라엘을 그 앞에서 제거하셨다"(왕하 17:23)라는 문장에서 '심지어'라는 부사는 잘못 쓰여진 것이다. '마침내' 또는 '드디어'로 대신되어야 할 것이다.

"사울 앞에 여전히 있으니라"(삼상 19:7)라는 문장은 "사울을 이전처럼 섬겼느니라"라고 고쳐져야 할 것이다. "제 재물을 조금이라도 제 것이라 하는 이가 하나도 없더라"(행 4:32)라는 말은 '아무도'라고 고쳐야 할 것이다.

"오히려 저희에게 오래 참으시겠느냐"(눅 18:7)라는 성경에서 '참다'라는 동사는 '방치하다'라는 뜻을 가지고 있다. 이 성경은 (여호와께서) 오랫동안 그대로 내버려 두실 것 같으냐"라고 고쳐져야 한다고 생각한다.

"모든 혈기 있는 자가 일체로 망한다"(욥 34:15)라는 성경도 '일체로'라는 부사를 잘못 쓰고 있을 뿐 아니라 그 뜻 자체를 파악하기 어렵게 되어 있다. 독일어성서와 미국성서 등을 보면 위 성경은 "만물은 일시에 숨이 멎는다"라는 뜻을 가지고 있다.

"아합이 엘리야의 무릇 행한 일을 고하니라"(왕상 19:1)라는 성경말씀은 "아합이 엘리야가 행한 모든 일을 고하니라"라고 해야 한다.

"세베대와 한가지로"(마4:21)는 "세베대와 함께"라고 고쳐야 한다.

(예수께서 부자 청년을 향하여) "네게 오히려 한 가지 부족한 것이 있으니"(눅 18:22)란 말씀은 "네게 아직도 부족한 것이 있으니…"로 바로 고쳐져야 한다. "오히려 그 손에 남은 기름을…"(레14:18)은 "아직도 그 손에 남은 기름을…"으로, "내 태중에 너희의 남편될 아들들이 오히려 있느냐"(룻1:11)는 "내 태중에 너희의 남편될 아들들이 아직 있느냐"로, 이합

이 이르되 "그가 오히려 살아 있느야"(왕상20:32)는 "그가 아직도 살아 있느냐"로, 욥기 36:2의 "…내가 하나님을 위하여 오히려 할 말이 있음이라"(욥 36:2)는 "내가 하나님을 위하여 아직도 할 말이 있음이라"로 고쳐야 한다.

(3) 수 사

우리말로 숫자를 표시하는 경우에는 주의하여야 할 점이 더러 있다. 우리 수사(數詞)는, 주지하는 바와 같이, 다음과 같다. 하나 또는 한, 둘 또는 두, 셋 도는 세·서·석, 넷 또는 네·너·넉, 다섯 또는 닷, 여섯 또는 여, 일곱 또는 일, 여덟 또는 여, 아홉, 열.

우리는 수를 표시할 때, 다른 말에서는 예를 찾아보기 어려운 특수한 언어관행을 따르고 있다. 수사 둘을 하나의 수단위처럼 사용하는 관행이 그것이다. 두 수사 중 하나를 택일하는 것도 아니고 그렇다고 이 둘을 합친 것도 아닌 특수한 수단위라고 할 것이다. 한두(한둘), 두서넛(두서너), 서너뎃(서너덧), 너더댓, 대여섯이 그것이다. 이와는 좀 다른 표현이지만 여나믄이라는 수사도 있다.

다음으로 우리나라의 수관형사에 관해서 몇 가지 살펴보고자 한다. 수가 형용사처럼 명사를 수식하는 경우를 수관형사라고 부른다. 수관형사의 사용에 있어서 우리의 가장 나쁜 습관은 한글로 표기해야 할 수관형사를 아라비아 숫자로 대치하고 있다는 점이다.

예컨대 단위를 표시하는 명사인 포기, 마리, 되, 말 등의 앞에 아라비아 숫자 1, 2, 3, 4를 붙여서 1포기, 2마리, 3되, 4말 등으로 표기하는 것이 그것이다. 그런데 용하게도 누구할 것 없이 모두 한 개, 두 마리, 세 되, 네 말 등으로 읽는다.

나는 이 경우 한글로써 소리나는 대로 적어야 한다고 주장하고 싶다(우리 문법은 아라비아 숫자의 광범위한 사용을 인정하고 있으나 나는 이것이 적절한 결정이라고 보지 않는다). 32사람이라고 표기하고 서른두 사람이라고 읽는 것을 보면 답답하기까지 하다. 이 경우 아라비아 숫자를 고수하려고 하면 32명이라고 표기하고 읽기도 삼십이 명이라고 해야 할 것이다.

이와 달리 아라비아 숫자사용의 범위를 무제한으로 인정하면 다음과 같은 어처구니없는 결과가 발생한다. 차량 10부제 안내문 하나를 예로 들어 본다. "오늘은 5번 쉬는 날입니다"라고 하는 경우 이것을 어떻게 읽어야 할 것인가? "오늘은 다섯 번 쉬는 날입니다"라는 뜻인가? 아니면 "오늘은 (차량번호 끝숫자) 5번(인 차량이) 쉬는 날입니다"라는 뜻인가? 이러한 혼란은, 우리의 주장이 받아들여지는 경우, 일어나지 아니한다.

또 "3번 눌러 주시오"라는 안내문이 있다고 가정하자. 이는 번호 3번을 눌러라는 뜻인가? 아니면 특정한 버튼을 세 번 눌러라는 뜻인가? 위 안내의 글만 봐서는 알 수가 없는 것이다.

이러한 아라비아 숫자 남용이 어처구니없는 사태에까지 이르게 된 사례를 기독교의 십.일조 헌금에서 찾을 수 있다. 십.일조는 기독교인이 자기 수입 중 10분의 1를 하나님께 드리는 것을 말한다.

한자로 그것을 十. 一租라고 표기한다. 우리글로는 마땅히 십.일조라고 써야 한다. 굳이 아라비아 숫자로 표기하려고 하면 10.1조라고 해야 할 것이다. 그런데 실제로는 11조라고 쓰는 사람들이 너무나 많다. 이것이 이두식 표기가 아닌 것은 틀림없다. 그렇다면 이 11조라는 표현은 얼토당토아니한 것이다. 수입의 11분의 1을 바치는 헌금이 아니기 때문이다.

시간만은 예외적으로 아라비아 숫자표기가 묵인될 수 있는 것이라고 생각한다. 예컨대 2시 30분이라고 적고 읽기는 두시 삼십분이라고 하는 경우이다. 2:30 또는 14:30이라고 표기하는 것은 기호와 같은 것이므로 당연히 수용되는 것이라고 본다.

단위성 의존명사가 톤, 킬로그램등 외래어일 때는 5톤, 6킬로그램이라고 표기하고 발음도 아라비아 숫자발음을 따라서 할 수 있다.

달〔月〕을 표시할 때도 아라비아 숫자를 수관형사로 쓰는 것이 관행이다. 1월, 2월 등이 그 예이다. 그러나 6월과 10월은 '육월', '십월'로 발음하지 아니하고 '유월', '시월'로 발음한다는 것을 기억해야 한다.

수사를 한글로 표기할 때 주의하여야 할 점이 있다. 20을 '스믈'로 표기(발음)하는 사람들이 있으나 '스물'이 맞다. 제

2는 두째가 아니고 둘째이다. 그러나 제12는 열둘째가 아니고 열두째로 해야 한다.

단위성 의존명사가 '돈'인 경우에는 세 돈 네 돈이 아니고 석돈, 넉돈이라고 해야 한다. 위 명사가 종이처럼 '장'인 경우에는 석 장, 넉 장으로 해야 하고 자동차나 전화처럼 '대'인 경우에도 '석 대, 넉 대'로 해야 한다.

(4) 어휘개념의 부정확성

앞에서도 누누히 강조한 바와 같이, 한국 사람들은 본능적으로 예술과 서정의 활동에 능한 장점을 가지고 있다. 그러나 논리와 지성의 활동에는 남에게 뒤떨어지는 경향을 가지고 있는 것이 사실이다. 그래서 이러한 한국인의 특징을 언어학적으로 살펴볼 때 한국말은 인간의 감정과 관련을 맺고 있는 형용사와 부사를 놀랍게 개발하였다고 말할 수 있다. 그러나 그 반면에 말의 개념을 중시하는 명사와 그 명사와 관련된 전치사의 용도에 대해서는 비교적 둔한 지성을 보여준다고 할 수 있다.

이 항목에서는, 앞에서 살펴본 명사 이외의 어휘사용이나 문장의 구성에 있어서 우리말이 개념의 혼돈을 일으키고 있는 몇 가지 사례들을 살펴보고자 한다.

"그는 왕에게도라도 비루하다 하시며 귀인들에게도 악하다 하신다"(욥 30:18)라는 성경은 무슨 뜻을 나타내려고 하는 것인지 전혀 알 수 없다. 그 뜻을 알아보기 위해서 독일어 번역판을 본다. "nur er kann einen Koenig Nihtsnutz nennen, und zu Grossen sagen:Ihr Verbrecher!"

"오직 하나님 한 분께서는 왕을 향해서도 '아무 쓸모없는 자(Nichtsnutz)' 또는 '죄인(Verbrecher)'이라고 말씀하실 수 있다"라는 뜻을 가진 성경말씀이다. 하나님께서는 '왕중의 왕'(king of kings)이시기 때문에 그러한 판단을 내릴 수 있는 절대자가 되신다는 것을 의미한다. 공동번역은 한 걸음 나아가서 위 성경구절을 이렇게 풀이하고 있다. "(하나님께서는) 임금에게 '너는 인간폐물이다'라고 선포해 버리실 수 있다".

"내 손으로 다시 성하게 기도하라"(왕상 13:6)라는 성경말씀도 무엇을 뜻하는지 알 수 없게 되어 있다. 다시 독일어성경을 살펴본다. "Leg deinem Gott, ein Worf fuer mich ein! Bete darum, dass meinen Arm wieder bewegen kann".

"왕이 선지자에게 말하기를, 너의 하나님께 나의 팔이 다시 움직여질 수 있도록(건강을 회복하도록) 기도하라라고 말했다"는 뜻을 가지고 있는 말이다.

"놋제단은 나의 물을 일에 쓰게 하라"(왕하 16:15)라는 성경도 무슨 뜻을 가지고 있는지 도무지 알 수 없다. 그래서 이번에는 영어성경을 살펴본다. "I will use the bronze alter to ask questions of God; 나는 하나님께 자문을 구할 때만 이 놋제단을 쓸 것이오"라는 뜻을 가지고 있다. "라헬이 래아에게 형의 아들의 합환채를 청구하노라"(창 30:14)라는 성경도 이해하기 힘든 것이다. '합환(合歡)'이라는 말은

'남녀가 한 이불 속에서 즐김'이라는 뜻을 가지고 있는 것으로 우리말 사전은 풀이하고 있다. 합환채하고 번역된 영어의 원어휘 'mandrake'는 최음제의 구실을 하는 풀을 의미한다. 이 성경의 공동번역판은 다음과 같이 되어 있다. 라헬이 래아에게 말하기를 "언니 아들이 캐어 온 자귀나무를 좀 나누어 주구려".

"가죽으로 가죽을 바꾸오니 사람이 그 소유물로 자기의 생명을 바꿀지니라"(욥 2:4)도 무슨 뜻인지 도무지 영문을 알 수 없다. 이 뜻을 밝히기 위해서 또 독일러 성경의 도움을 빌린다.

"Ein Mensch ist bereit, seinen ganz Besitz aufzugeben, wenn er dafuer seine Haut retten kann; 사람이 자기의 피부(생명)를 구할 수 있다면 자신의 모든 재물도 버릴 수 있다"라는 뜻을 가진 말이다. "가죽으로 가죽을 바꿉니다. 사람이란 제 목숨을 하나 건지기 위해 내놓지 못할 것이 없는 법입니다"라는 공동번역판은 원래의 뜻을 비교적 정확하게 표현하고 있는 것이라고 생각한다.

"그래도 대적이 왕의 손해를 보충하지 못하였으리이다"(에스더 7:4)라는 성경도 그 뜻을 도무지 알 수 없게 되어 있다. "그 일로 임금님께서 입을 손실은 무엇으로 메우시겠습니까?"라고 번역하면 원뜻이 비교적 분명해진다고 생각한다.

"가인이 그 아우 아벨에게 고하니라. 그후 그들이 들에 있을 때에 가인이 그 아우 아벨을 쳐 죽이니라"(창 4:8). '아벨에게 고하니라'의 뜻이 무엇인지 전혀 알 길이 없다. 가인이 자기 동생에게 무엇을 고했느냐 하는 것이 불분명하다는 말이다. 다시 독일어성서를 살펴본다.

"Kain sagte zu seinem Bruder: Komm und siehe dir einmal meine Felder an!; 가인은 자기 동생을 향해서 '나와 함께 내 농장을 보러가자'라고 꾀었다(고 하였다)라는 것이다.

"왕이 필연 다락방에서 발을 가리우신다. 하니라"(삿4:24)라는 성경의 뜻도 알 길이 없다. 또 독일어성경의 도움을 받아 보기로 한다 "Er wird wohl gerade seine not ft wrriegelt sagten sie; 그들은 '왕께서 아마 대변을 보고 계실 것이다'라고 말했다". 왕이 아무리 귀한 분이라고 하더라도 그가 용변보는 것을 '발을 가리우다'라고 말해야 할 이유를 알 수 없다.

"내가 너희 앞에서 사실하였다"(눅 23:14)라는 말의 의미도 애매하기 그지없다. 성서를 챙겨 보기로 한다.

"여호와를 붙어 떠나지 않은 자"(신 4:4)의 뜻도 불분명하다. 영어성경에는 "You continued to follow the hord your god"라고 되어 있다. "너는 줄곧 너의 하나님 여호와를 섬겨왔도다"라는 뜻을 가진 구절이다.

"그가 나를 소리질러 부름을 듣고 도망하였다"(창 39:15)도 아주 어색한 번역이다. 영어성경은 "My scream scared him, and he ran away"라고 번역하고 있다. "그는 내가 소리치자 놀라서 도망갔다"라는 뜻을 가진 말이다.

여호와께서 이스라엘을 사면으로 보호하다(대하 32:22)도

창 39:15와 비슷한 문제점을 안고 있다. "여호와께서 이스라엘로 하여금 태평성세를 누리게 하다"라는 뜻을 가진 성경이다.

"내가 하나님을 위하여 열심히 특심(特心)하노라"(왕상 19:14)라는 성경의 뜻은 알 길이 없다. 우리말에는 특심하다는 말이 없기 때문이다. 공동번역성경은 "나는 여훼를 생각하여 가슴에 불이 붙었습니다"로 되어 있다. 이것이 옳은 해석이라고 생각한다.

11) 형용사와 동사의 혼동

형용사의 용도와 관련하여 우리 말이 가지고 있는 문제를 살펴보고자 한다. 우리말의 형용사와 동사는 형태만 보게 되면 서로를 구별할 수 없다. '먹다', '덥다', '운동하다', '아름답다'에서 보는 바와 같이 동사와 형용사 둘 다 어미가 '다'로 끝난다. 이 사실이 우리 언어생활의 감정적 경향과 결합하여 양 품사를 구별없이 마구 혼동하는 나쁜 습성을 만들고 있는 것이라고 생각한다.

동사와 형용사를 혼용하고 있는 사례를 찬송가 535장에서 찾아본다. "1.어두운 후에 빛이 오며 바람 분 후에 잔잔하고 소나기 후에 햇빛나며 수고한 후에 쉼이 있네. 2. 연약한 후에 강건하며 애통한 후에 위로받고 눈물난 후에 웃음 있고 씨뿌린 후에 추수하네. 3.괴로운 후에 평안하며 슬퍼한 후에 기쁨 있고 멀어진 후에 가까우며 고독한 후에 친구 있네".

'어둡다', '잔잔하다', '애통하다', '가깝다', '기쁨있다'라는 낱말들은 형용사이다. 이와 대구를 이루고 있는 '빛이 오다', '바람 불다', '위로받다', '멀어지다', '슬퍼하다'라는 낱말들은 동사이다. 그러므로 위의 낱말들을 대구로 삼는 것은 옳지 않다.

그런데 찬송가 535장은 위에 든 사례 외에 또 다른 문제를 가지고 있다. '연약한 후에 강건하며'에서 두 낱말은 다 같이 형용사이긴 하나 좋은 표현이 못 된다. '눈물난 후에 웃음 있고'라는 표현도 형용사들을 대구로 사용하고 있으나 부적당한 가사라고 생각한다.

그리고 위 찬송가 4절 "고통한 후에 기쁨 있고 십자가 후에 면류관과 숨이 진 후에 영생하니 이러한 또는 진리로다"라는 노래말은 매우 부자연스러운 것이라고 생각한다.

"병든 내 몸이 튼튼하고 빈궁한 삶이 부해지며"(찬 330장 1절)라는 표현에서 '튼튼하다'는 형용사이다. '부해지다'가 동사인 점에 비추어 볼 때 '튼튼하고'라는 말은 '튼튼해지고'라고 고쳐야 할 것이다.

주요 일간지 기사 중 한 토목을 살펴본다. "○○○의원은, "그가 XX당에 입당, ○○에 출마하면 선거사무장을 맡을 생각까지 했는데 허탈하다"라고 말했다. 이 표현은 '…허탈감을 느낀다', 또는 '…허탈감에 빠진다'라고 고쳐야 한다. '허탈하다'라는 낱말은 독립적인 동사가 될 수 없기 때문이다.

"문득 눈에 띄는 공동묘지가 섬뜩했다"(일간지 컬럼)라는 문장에서 공동묘지는 '섬뜩하다'라는 형용사의 주어가 될 수 없다. '…섬뜩한 느낌을 주었다'라고 해야 할 것이다.

"너희가 분하여 함은 어찜이뇨(창 4:6)", "너희가 답답하여 할찌어다", "너희는 잠잠하여 참었다", "나의 신으로 말미암아 아니하였다", "너는 나를 괴로워하였다", "나를 기뻐하라"(창 33:10).

"너희가 당당하여 할찌어다"(사 32:11), "우리의 마음이 넓었다"(고후 6:11), "하나님께 대하여 열심하는 자라"(행 22:3), "이전에 세상낙 기뻤다"(찬송 511), "요나단이 다윗을 심히 기뻐하였다"(삼상 19:1), "헤롯이 두로와 시돈 사람들을 대단히 노여워하였다"(행 12:30)라는 표현들도 형용사와 동사의 혼동에서 비롯하는 것이다.

"하늘같이 높푸르자, 대지같이 광활하자, 폭포같이 줄기차자, 산과 같이 우람차자"(찬 303)라는 표현은 모두 잘못된 것이다. 형용사에는 시킴꼴과 꾀임꼴이 있을 수 없기 때문이다.

그런 의미에서 "부지런하다", "게으르지 마라"(롬 12:11), "모든 사람으로 더불어 화평하라"(롬 12:18)라는 표현은 물론 "지혜있는 체 말라"(롬 12:16), "네 원수가 목 마르거든 마시우라"(롬 12:20)라는 말도 잘못된 것이라고 생각한다.

"너는 두려워 말라"(렘 1:8)는 말은 '두렵다'라는 낱말이 형용사라는 사실을 망각한 데서 생긴 것이다. 마땅히 '…두려워하지 말아라'라고 고쳐져야 한다.

"나도 그때부터 우습기 시작하였다"라는 말은 '우습다'라는 낱말이 형용사라는 사실을 망각한 데서 생긴 실수의 결과이다. 마땅히 "…우습다고 생각하기 시작했다"라고 해야 할 것이다.

"눈이 좋아지는 책"(저서명), "FM 음악세상, 가슴 따뜻한 이야기"(라디오 음악프로)란 말들도 형용사와 동사를 구별하지 못하는 데서 생긴 잘못된 표현이다. "눈을 좋아지게 하는 책", "FM 음악세상, 가슴을 따뜻하게 하는 이야기" (또는 FM 음악세상, 가슴이 따뜻해지는 이야기)라고 말해야 할 것이다.

어떤 낱말이 동사인지 형용사인지 분명하지 아니할 때 이를 식별하는 기준이 있다. 문제된 낱말을 꾐꼴, 시킴꼴, 진행형으로 만들어 보아서 그것이 말이 안 되는 경우에 그 낱말을 형용사로 봐야 한다.

예컨대 '배고프다'라는 형용사를 생각해 보자. 이 낱말은 배고프니, 배고파서, 배고프면 등 동사와 꼭 같은 어미변화를 한다. 그러나 '배고프자'라는 꾐꼴 변화는 불가능하다. '배고파라'라는 시킴꼴 변화도 안 된다. '배고프고 있다'라는 진행형도 불가능하다. 그러므로 일기예보에서 '맑고 있습니다'라는 말도 잘못된 것이다.

동사 사용의 정확성과 관련해서 꼭 생각해 볼 문제가 하나 있다. 그것은 동사의 명령형(시킴꼴)에 관한 것이다. 우리는 흔히 '먹거라', '놀거라', '오거라'라는 말을 쓴다. 그러나 이것들은 정확한 우리말이 아니다.

'거라'는 동사어간에 받침이 없는 경우에만 특별히 사용되는 명령형의 어미이다. '가거라', '자거라' 하는 것이 그 경우이다. '오다' 동사에 있어서 '오너라'라고 하는 것이 유일의 예외이다.

'오라', '와라'라는 말도 잘못된 것이다. "그가 오라고 한다"라고 말하는 경우가 있으나 이 말은 명령형이 아니다. "오라, 오라 방황치 말고 오라"(찬 318, 계 17:1,21:9)라는 찬송과 성경도 잘못된 것이다. 마땅히 '오너라'로 해야 한다. 그 이외의 동사에 대해서는 '어라' 또는 '아라'를 명령형의 어미로 사용해야 한다.

용언의 어미변화에 관해서 잠시 살펴본다. '날다'는 '나니', '날면', '날고', '나는'으로 어미가 활용된다. 그런데 이것을 '날으니', '날으면', '날으고', '날으는'으로 말하는 사람이 많다. '개다'(비, 눈, 구름, 안개 뒤에 날이 맑아진다는 뜻)도 '개니', '개면', '개고', '갠'으로 용언의 어미가 활용된다. 그런데 이것을 '개이니', '개이면', '개이고', '개인'이라고 말하는 사람들이 있다. 물론 잘못된 것이다.

목사들 중에는 "주 예수 그리스도의 은혜가 성도들과 함께 하실지어다"라고 축복기도를 하는 사람들이 있다. 전술한 바와 같이 주 예수의 '은혜'는 '함께 하시는' 주체가 될 수 없다.

그러나 위 축도에는 보다 근본적인 문제가 도사리고 있다. '있을지어다'라는 말의 형(꼴)은 '있어라'는 의미를 가지고 있는, 그것도 대단히 권위주의적인, 명령형(시킴꼴)이다. 그러면 목사의 명령을 받는 자는 누구인가? 그것은 놀랍게도 주 예수 그리스도다.

주 예수 그리스도가 목사의 명령을 받아서 교인들에게 은혜를 입혀야 한다는 것이다. 목사의 축도권이 그렇게 귀한 것인가? 이러한 실수는 결국 동사(움직씨)의 형(꼴)에 대한 오해에서 비롯되는 것이다.

12) 동사시칭의 부정확성

(1) 동사, 시간 그리고 코리언타임

동사는 사람이나 사람의 동작 또는 그 작용을 나타내는 품사이다. 동작과 작용은 시간 속에서 구현되는 것이다. 그러므로 동사에 있어서 가장 중요한 것은 시간이다.

그런데 우리나라 사람은 시간의 중요성에 대한 인식이 희박하다. 그래서 우리는 특별히 동사에 대해서, 다른 품사에 있어서보다 많은 문제점을 들어내 보이고 있다는 느낌을 가져 본다.

외국의 어떤 유명한 사전에 '코리언타임'이란 어휘가 실렸다 하여 우리가 한때 떠들썩하게 흥분한 적이 있었다. 나는 직접 확인한 일은 없으나 실린 것이 사실이라고 하면 그 풀이는 어떤 것이었는지 보나마나다.

그런데 이 치부의 노출에 대한 우리들의 반응은 분개보다 자숙의 쪽으로 기울어졌던 것이 아닌가 생각된다. 그만큼 우리는 '코리언 타임'에 대하여 항변의 자료를 가지고 있지 않았던 것이다.

아닌게 아니라 우리는 시간관념이 철저한 백성은 아닌 것 같다. '다음 장날에 만나세' 하는 것이 우리 선조들의 시간약속 기준이 아니었던가 생각된다. 그러므로 정확한 시간은 아예 불필요한 것이다.

시간관념이 불투명한 곳에 정확한 시간은 있을 수 없다. 정확한 시간이 없는 곳에는 과거와 현재, 그리고 미래의 구별도 있을 수 없다. 시간의 혼돈이 있을 뿐이다. 시간의 혼돈 속에 존재하는 것은 오로지 낙후성이다.

우리 국민의 고질적인 낙후성도 바로 이러한 시간의 혼돈, 곧 '코리언타임' 때문이 아니었던가 생각해 본다. 요즈음 각종 공·사적 모임이 정확한 시간에 시작하고 끝나는 것을 볼 때 기쁘기 그지없다. 우리에게도 내일이 있을 수 있다는 희망 때문이다. 시간에의 인식이 있는 곳에 내일에의 희망은 있고야 마는 법이다.

그러나 형식적인 시간준수가 곧 '코리언타임'으로부터의 탈피인지는 생각해 봐야 할 과제다. 문제는 시간에 대한 우리의 의식구조의 변화인 것이다. '코리언타임'을 낳는 저변적 의식상태의 변화말이다. 그러한 변화 없는 형식적인 '코리언타임' 탈피는 그렇게 큰 뜻을 가지고 있는 것이 아니다.

우리말의 감각적 특성은 동사시칭 사용의 부정확성에서도 그 모습을 드러낸다고 생각한다. 언어를 정확하게 쓰고 있는 백성들은 동사에 대해서 매우 과학적인 자세를 가지고 있다. 서구의 언어들은 동사의 과거, 현재, 미래의 3시칭 외에 각 시칭마다 진행형, 완료형, 완료진행형, 가정형 등 아주 세분된 용법을 가지고 있다.

우리는 불행하게도 세 개의 시칭밖에 가지고 있지 않으면서 그것마저 정확하게 쓰고 있지 않다. 이것이 바로 우리의 아픔이다. 그런데 역설적으로 남의 시칭을 따와서 우리 것 아닌 것을 쓰는 경향이 생긴 것 같다.

과거완료형을 흉내내어 었었다라는 어미를 남용하고 있다. '먹었었다', '갔었었다'라는 따위가 그것이다. 그런데 우리에게는 과거완료형이란 시칭이 없는데 이것을 억지로 만들려고 하는 데서 문제가 생긴 것이라고 생각한다. '먹었다', '먹은 일이 있다', '갔다', '간 일이 있다'로써 우리말은 충분히 그 뜻을 전할 수 있는 것이다.

(2) 동사시칭 혼동의 사례

이 문제를 법률의 측면에서 살펴보자. 나는 동사시칭에 관한 문제를 생각하면서 가끔 혼자서 한숨짓는다. 너무나 답답하다고 느껴지기 때문이다. 손쉬운 예를 들어 보자.

구 형사보상법 제26조와 제27조는 다 같이 형사보상 사건에 관하여 재심청구가 있는 경우를 규정하고 있다. 그런데 그 경우를 제26조는 "재심청구가 있을 때에는"이라고 규정하고 있는데 제27조는 "재심의 청구가 있었을 때에는"이라고 규정하고 있다. 두말할 필요도 없다. '있을 때'는 미래이고, '있었을 때'는 과거이다. 과거와 미래가 아무 구별 없이 혼동된다면 그것은 무슨 시간인가?

'인정할 때', '인정하는 때', '인정한 때'라는 말들이 법률에는 명확한 구별없이 쓰여지고 있는 것을 또한 본다. 그래서 동사에 관한 한 우리의 법률용어는 3차원적인 시간의 세계에 존재하는 것이 아닌가 느껴진다.

물론 시간관념이 정확한 영국사람의 법률에도 미래적인 뜻이 전연 없는 경우에 미래조동사 shall을 안 쓰는 바 아니다. 예컨대 '…에 처한다'를 'shall be punished by…'라고 한다. 그러나 그 경우의 shall은 '권위의 shall'이라고 부르는 특수용법에 따른 것뿐이다.

그런데 동사와 관련하여, 시칭과 직접적인 관계는 없으나 또 다른 문제가 있다. 우리는 꼭 같은 상황하에서 '…라고 인정될 때에는…', '인정되는 때', '인정된 때'를 구별없이 사용하고 있다. 그러면 우리들의 동사는 미래, 현재, 과거를 구별 못하는 상태에 놓여 있다는 것으로 된다.

다른 몇 가지 사례를 살펴보자. "수산화나트륨 용액을 많이 넣으면 리트머스 종이의 색은 어떻게 변하였는가?"(초등학교 자연 6-1, 64쪽, 1977). 이 문장은 '…변화하는가?'로 해야 한다. "철가루와 황가루의 혼합물을 가열하면 화학변화를 일으켜서 황화철이 생성되었다"(중1 과학. 115쪽, 1979)이 표현은 '…가열하였더니'로 해야 한다.

(3) 맺음말

동사에 있어서는 시간관념이 가장 중하고 시간관념은 과학적 지성을 가진 자만이 차지한다는 것을 생각해 볼 때 이 사실은 중대한 의미를 가지는 것이라고 본다.

한 나라의 문화수준은 그 나라의 언어수준에 달렸다. 그리고 한 나라의 언어수준은 동사시제의 정확성에 달렸다고 할 것이다. 영어를 발달된 언어로 보는 중요한 이유 중의 하나는 그것이 12개의 시제를 가지고 있다는 것이다.

우리의 비극은 시제의 수가 적다는 사실에만 그치는 것이 아니다. 적은 수의 시제마저 제대로 정확하게 쓰지 않고 있다는 데에 우리의 보다 큰 비극이 있는 것이다. 과거와 현재, 그리고 미래를 분별할 수 없는 시간이 있다면 그것은 혼돈의 시간일 수밖에 없다.

우리 법전 속에 나타나는 시간의 혼돈은 바로 '코리언타임' 망령의 현출이 아닐까? 말은 내용의 면에서나 문자적 형식의 면에서 다 같이 완벽을 기하여야 한다. 그렇다면 우리말의 동사가 가장 기본적인 시간 문제에서 오류를 저지른다는 것은 무엇을 말하는가? 동사 속에서 '코리언타임'이 추방될 때 우리는 참시간을 가지게 되는 것이다.

13) 타동사와 자동사의 혼동

(1) 머리말

우리가 주어의 사용에 있어서 능동태와 피동태를 제대로 구별하지 못한 점에 대해서는 이미 살펴보았다. 이러한 혼동은 동사의 사용에 있어서 타동사와 자동사를 제대로 구별하지 못하는 점에서도 나타나고 있다.

편의를 위해서 영어와 우리말을 비교해 보자. 가령 "나는 너와 결혼하고 싶다"는 말을 영어로 직역하면 'I want to marry with you'가 된다. '너와'라는 우리말을 영어단어에 맞추어서 그대로 번역하면 'with you'가 되는 것이 사실이다. 그러나 이런 영어는 웃음거리가 될 수밖에 없다. 'marry'가 타동사이기 때문에 'with'란 전치사는 필요없는 것이다.

그런데 이와는 반대로, "나는 그를 위로한다"라는 말을 영어로 번역할 때는 "I symphathize him"이라고 말하지 않고 "I symphathize with him"이라고 말해야 한다. symphathize가 자동사이기 때문에 him을 바로 목적어로 삼을 수 없기 때문이다. 자동사와 타동사는 이렇게 다른 것이다.

'보다'라는 우리말에 상응하는 영어낱말에는 'see, behold, look' 등이 있다. 그런데 '나는 별을 본다'라고 할 때 "I see the star" 또는 "I behold the star"라는 말은 정확한 영어 문장이 되지만 "I look the star"는 엉터리 영어로 평가된다.

'see'나 'behold'는 타동사이기 대문에 목적어(star)를 동반할 수 있으나 'look'은 자동사이기 때문에 전치사 'at'와 합쳐서 'look at'이란 동사구를 통해서만 'the star'와 연결될 수 있기 때문이다.

(2) 목적어의 유무

구약 신명기 제10장 제15절을 보자. "여호와께서 오직 네 열조를 기뻐하시고 그들을 사랑하사 그 후손 너희를 만민중에서 택하였음이 오늘날과 같으니라"라고 쓰여 있다.

'사랑하다'와 '택하다'는 모두 타동사이다. 그러므로 각각 그 목적어인 '그들'과 '너희'를 동반하는 것이 옳다. 그러나 '기뻐하다'는 자동사이다. 그러므로 '열조'를 목적어로 삼을 수 없다.

우리 주변에서 으레 듣는 말 가운에 '책에보면…', '성경에 보면…'이라는 것 등이 있다. 마땅히 '책을 보면…', '성경을 보면…'이라고 말해야 한다.

"하나님, 우리를 사랑해 주심을 감사합니다"라는 기도도 "하나님 우리를 사랑해 주시니 감사합니다"라고 고쳐야 한다. '감사하다'라는 말은 자동사이기 때문이다. 영어로도 '와주셔서 감사합니다'라고 말할 때 "Thank your coming"이라고 말하지 않고 "Thank you for your coming"이라고 말하는 이유는 'Thank'가 자동사이기 때문에 목적어를 동반할 수 없다는 것이 그 이유다.

성경은 '미혹하다'라는 동사를 타동사로 쓰기도 하고(계 13:14) 자동사로 쓰기도 하는(살후 2:9) 혼동을 보이고 있다.

"쓰레기는 저를 주세요"라는 말은 '…저에게 …'로, "저는 맨손으로 택했습니다"(TV광고)라는 표현은 '…맨손을 택했습니다' 또는 '…맨손으로 정했습니다'로 해야 한다. "신제품이 선보이고 있다"(TV뉴스)라는 말은 '신제품을…'로 고쳐야 한다. "한결같은 주 예수께 찬양합시다"는 '…주예수를…'로 해야 한다. "네 소유를 팔아 가난한 자들을 주라"(마 19:21)라는 말은 "네 소유를 팔아 이것을 가난한 자들에게 주라"라고 고쳐져야 한다.

"우리의 경우 타인의 학술논문 인용건수가 가장 많은 과학

기술원도 하버드의 5%에 밑돈다"(일간 신문기사)는 '…하버드의 5%를…'로 해야 한다. "요셉은 저희의 행사에 가타하지 아니한 자라"(눅 23:51)는 '…저희의 행사를…'로 해야 한다.

"연구소에 과학자가 많은 것은 부적당하다"(TV뉴스)라는 말은 '연구소를…'이라고 해야 한다. "말싸움이 정치판을 난무하고 있다"(일간지 칼럼)라는 문장도 잘못된 것이다. "난무하다"라는 말은 자동사이다. 그러므로 그 말은 목적어를 수반할 수 없다. 결국 위 문장은 "정치판에서 난무하고 있다"라고 고쳐 써야 한다.

'검찰, 한총련 와해 결정'이란 일간지 기사제목은 잘못된 것이다. '와해'는 '하다' 자동사이다. 그래서 '와해하다'는 '사물이 스스로 헤어져 흩어지다'라는 뜻을 가지고 있다. 그러므로 검찰이 '한총련의 와해'를 결정한다는 것은 말이 안 된다. '검찰, 한총련 해산(또는 해체방침) 결정'이라고 해야 한다. '해산하다', '해체하다'는 타동사로도 쓰여지기 때문에 의미의 혼동은 일어나지 아니한다.

"여호와는 다윗 왕에게 지혜로운 아들을 주시고 명철과 총명을 품부하셨느니라"(대하 2:12)라는 말은 낮 사시 문제점을 내포하고 있다. '품부하다'라는 말은 '천생으로 타고나다'라는 뜻을 가진 말이다. 우선 이렇게 어려운 낱말을 써야 할 이유가 불분명하다.

그런데 근본적인 문제는 위 낱말이 자동사라고 하는 점에 있다. 명철과 총명한 성품을 타고난 사람은 다윗의 아들(솔로몬)이다. 그런데 위 문장에 의하면 주어는 하나 '여호와'

뿐이다. 그래서 여호와는 1) 다윗에게 지혜로운 아들을 주시고 2) 명철과 총명으로 태어나신 것으로 된다. 이는 말이 안 되는 소리다.

물론 성경을 번역한 사람의 뜻은 윗글에 '여호와께서 1)다윗에게 아들을 주시고 2) 그 아들에게 명철과 총명을 주셨다'라는 의미를 부여하려는 데 있었을 것이다. 그러나 그런 의미를 그 글에서 찾을 수 없다.

"아버지를 곡하다"(창 29:41)라는 말은 잘못된 것이다. 곡하다(애곡하다)라는 낱말은 자동사이므로 목적어를 대동할 수 없다. 그와 비슷한 표현을 쓰려면 "아버지를 장사하다"라고 해야 할 것이다.

"가다, 서다를 반복하고 있습니다". "밀렸다, 뚫렸다를 계속하고 있습니다"(교통방송)라는 말은 재미있는 표현이라고 볼 수 있다. 그러나 그것은 옳은 문장이 되지 못한다. '가다', '서다', '밀리다', '뚫리다'는 동사이므로 동명사로 탈바꿈하지 아니하는 한 '반복하다', '계속하다'라는 타동사의 목적어로 쓰여질 수 없다. 그런 의미에서 "정체와 소통을 반복하고 있습니다"(교통방송)라는 말은 정확한 문장이 된다.

"서울의 대부분 아파트단지의 베란다에 빨래와 항아리가 꽃대신 선을 보이는 것과는 다르다"(일간지 칼럼)라는 문장도 자동사와 타동사를 혼동하고 있는 사례를 보여 주고 있다. 위 문장의 주어는 '빨래와 항아리'이다. 그 동사는 '선보이다'(선을 보이다라는 표현은 좋지 않다고 본다)이다. '선보이다'라는 말은 타동사이다.

그러므로 '선보이다'라는 말은 목적어를 동반해야 하는데 위 문장에는 목적어가 보이지 않는다. 결국 위 문장은 '…꽃 대신…항아리가 놓여 있는 것이 다르다'라고 고쳐지는 것이 좋다고 본다.

"김씨는 부랑자 생활을 전전했다"(TV뉴스)라는 말은 '전전했다'라는 어휘가 자동사라는 사실을 간과한 데서 오는 잘못을 저지른 것이다. 그리고 '전전하다'라는 말은 이리저리 장소를 옮기며 굴러다니는 것을 뜻하는 것이므로 '부랑자 생활'을 전전한다는 것은 중대한 개념의 착오에서 나온 것이다.

이름있는 모교회의 표어를 살펴본다. 95년도의 표어는 "일어나라. 빛을 발하라"였고 96년도 표어는 "기억하라"였고 97년도 표어는 "예비하라"이다. 96년도 표어 "기억하라"는 잘못된 것이다. 우선 뜻부터 살펴보자. 그 표어만 보아서는 무엇을 기억하라는 것인지 전혀 짐작할 수 없다.

기억할 만한 것 중에는 기쁜 것도 있을 수 있고 슬픈 것도 있을 수 있다. 그렇다면 그 어느 것을 기억하란 말인가? 이러한 문제가 발생하는 근본원인은 '기억하다'라는 말이 타동사라고 하는 것을 망각한 데 있는 것이다. 타동사는 반드시 목적어를 수반해야 하는데 위 표어에는 그 목적어가 없다.

위 표어가 말하고 싶어하는 것은 '조물주를 기억하라'라는 데 있을 것이다. 그러므로 마땅히 '조물주'를 목적어로 기재해야만 그 표어는 비로소 의미를 가지게 되는 것이다.

97년도 표어도 꼭 같은 문제를 안고 있다. '예비하다'라는 말이 타동사인데 목적어가 없기 때문이다. 아마 '주의 길을

예비하라'는 뜻으로 위 표어를 만들었을 것이다. 문장은 해석을 붙여서 의미가 통하도록 되어 있는 것이 아니다. 그것 자체로서 완결된 의미를 가지는 문장이 되어야 하는 것이다.

96년도, 97년도의 표어의 문제점은 95년도의 그것과 대비해 보면 극명하게 드러난다. 95년도의 표어는 앞에서 말한 바와 같이 "일어나라, 빛을 발하라"이다. 이것은 아무런 문제가 없는 표어이다.

이 표어에는 동사가 둘 있다. '일어나다'와 '발하다'가 그것이다. 그런데 '일어나다'는 자동사이다. 그러므로 목적어를 필요로 하지 아니한다. '일어나라'로서 완전한 문장이 될 수 있다. '침대에서 일어나라'라고 하든가 '앉은자리에서' 일어나라고 할 필요가 없다.

이와는 반대로 '발하다'라는 말은 타동사이다. 그러므로 반드시 '발하는' 목적어를 대동해야 한다. 만약 이 표어도 95년도, 96년도 표어와 마찬가지로 목적어를 없애 버리고 "일어나라, 발하라"라고 했다면 이것은 말이 안 되는 표어가 되고 말았을 것이다.

"고객으뜸, 고객만족"이라는 표어가 있다. 형식과 음률만을 따져보면 괜찮은 표어 같기도 하다. 그러나 내용을 따져보면 문제가 있다. 위 표어는 '고객을 으뜸으로, 고객에게 만족을' 이라는 의미를 가진 것이다. 이 표어의 문제는 다른 내용을 같은 형식 속에 흡수하려는 데에서 생긴 것이라고 생각한다. '고객을'과 '고객에게'를 혼동하고 있다는 말이다.

"그들이 더 많게 되면"(출 1:10)이란 말은 "그들의 수가 늘어나면"이라고 고쳐야 한다. "너희 모든 남자는 매년 세 번씩 주 여호와께 보일지니라"(출 23:17)라는 문장은 '…나올지니라'라고 해야 한다. "큰 신발은 사람의 목·발목이 상합니다"라는 말도 '발목을…상하게 합니다'라고 고쳐져야 한다.

방향은 약간 달라지는 감이 있으나 동사의 어미에 관해서 잠시 생각해 보고자 한다. "안녕히 오십시요"라고 말하는 사람이 우리 주변에 예상외로 많다. '요'라는 어미는 문장을 결합시키는 연합어미다. 예컨대 "이것은 학교요, 저것은 도서관이다"라고 말할 때 '요'를 쓴다. 그러나 위의 예문에서 보는 바와 같이 문장을 끝내는 경우에는 종결어미 '오'를 사용하여 '…오십시오'라고 해야 한다.

14) '하다' 동사의 남발

우리말의 동사에는 또 다른 문제가 있다. 새로운 동사의 무책임한 남발이 그것이다. 우선 '자리하다' 또는 '자리매김하다'라는 시조어를 보자. '저기압이 자리하다', '하객 여러분이 자리하다'라고들 한다. 우리말에는 이런 어휘가 없다.

성경에는 '소리하다'는 동사가 등장한다(fp0a 51:36, 시 98:4:6, 단 5:7). '소리하다'가 '소리 못하다'라는 데까지 발전(?)해 가는 것을 보고 있으면 오히려 실소하게 된다. 이처럼 명사에 '하다'를 붙여서 동사를 만들기 시작하면 '죽음하다', '슬픔하다', '눈물하다', '마음하다', '나래짓하다' 등 저질 동사가 끝없이 늘어나게 된다.

"영광을 함께 하다"(TV 미스코리아 선발대회 사회자)라는 말 중 '함께 하다'라는 동사는 없을 뿐 아니라 "영광을 함께 하다"라는 문장은 있을 수 없다. '하다' 동사를 남발하다보니 다른 저질 동사까지 덩달아 등장하는 것을 보게 된다. "버림을 입다"(렘 51:5)라는 것 등이 그것이다.

'하다' 동사(?)와 관련해서 또 생각해 볼 문제가 있다. '하다'를 독립적인 타동사로 보고 한 낱말을 억지로 둘로 나눠서 쓰고 있는 경우가 많다. '사양을 하다', '방황을 하다', '이웃을 하다', '칭찬을 하다', '야단을 하다', '치하를 하다'(창 3:7)라는 것 등이 그 예이다.

이와 반대로 하나의 동사를 주어와 자동사로 해체하는 사례도 있다. "변질이 되고 있다", "실시가 되고 있다", "악화가 되고 있다"라는 것 등이다. 이 말들은 마땅히 '사양하다', '방황하다', '이웃하다', '칭찬하다', '야단치다', '변질되고 있다', '실시되고 있다', '악화되고 있다'로 해야 할 것이다.

이제는 거의 관행어가 된 "꿈을 꾸다", "춤을 추다"도 "꿈꾸다", "춤추다"로 하는 것이 옳다고 생각한다. "야구를 치다", "축구를 차다", "졸업을 맡다", "제대를 맡다"라는 말들도 마땅히 "야구하다", "축구하다", "졸업하다", "제대하다"로 해야 한다고 본다.

"태움에 태우다"(계16:9)라는 어처구니없는 동사가 태어나는 것도 이런 맥락에서 살펴봐야 할 것이다.

'와라'라는 말이 잘못된 것은 말할 필요가 없다. "오늘날 내게 팔라"(창 25:31), "우는 자들로 함께 울라"(롬 12:15)라는 말도 "오늘 내게 팔아라", "우는 자들과 함께 울어라"라고 고쳐져야 할 것이다. 마찬가지로 "보라"(창 3:22, 요 1:46, 47)라는 말도 "보아라"라고 해야 할 것이다.

우리나라의 찬송가 가사 중에 세련되지 아니한 표현들이 더러 있다. "주여, 인도합소서", "나를 도와줍소서", "나를 위로합소서"(찬 421장 1,3,4절)라는 말들은 '…인도하소서', '도와주소서', '…위로하소서'라고 고치는 것이 바람직스럽다.

같은 찬송 2절이 "나를 가르칩소서"라고 하지 아니하고 "…가르치소서"라 하고 있는 것은 좋은 참고가 된다고 생각한다.

9. 우리말 발음상의 문제

1) 발음의 중요성

말의 발음은 말의 정확성과 말하는 사람의 품위를 결정하는 중요 요인이 되고 있다. 이것은 언어문화의 수준을 평가하는 데 있어서 빼놓을 수 없는 기준이 되고 있다. 그런데 우리나라 말의 발음은 오늘날 여러 가지 면에서 문제를 들어내고 있다.

2) 문제발음의 실례

(우리나라 사람들의 어휘발음에 있어서의 문제들을 살펴본다)

(1) 과잉발음

우리말의 발음에 대해서 살펴보고자 한다. 지나치게 정확하게 발음하려다가 틀린 발음을 하는 경우가 있다. '必要(피료)하다'를 '필요하다' 또는 '필료하다'로, '月曜日(워료)일'를 '월요일' 또는 '월료일'로, '木曜日(모교일)'을 '목요일' 또는 '목뇨일'로, '撮影(촤령)'을 '촬영' 또는 '촬령'으로, '活躍(화략)'을 '활약'또는 '활략'으로, '金融(그뮹)'을 '금융' 또는 '금늉'

으로, '電話(저놔)'를 '전화' 또는 '전놔'로 '朴孃(바걍)'을 '박양' 또는 '박냥'으로 발음하는 경우 그리고 '新羅(실라)'를 '신라'로 '管理(괄리)'를 '관리'로, '忽然(호련)'히를 '홀연히'로, 또는 '홀련히', '結婚(겨론)'을 '결혼' 또는 '결론'으로 발음하는 것은 바로 과잉발음에 해당한다.

'오래(今年)'를 '올해' 또는 '올래'로 소리내는 것도 문제이다. 한편 '멋있다(머딨다)', '맛있다(마딨다)', '뜻있다(뜨딨다)'를 머있다, 마있다, 뜨있다로 발음하고 있는 것도 과잉발음의 또 다른 사례라 할 것이다.

(2) 과속발음

우리는 낱말을 너무 성급하게 발음함으로써 우리말의 품위를 떨어뜨리는 경우가 적지 않다. '취재팀'을 '취애팀'로, '청취자'를 '청위자'로 '조직적'을 '조익적'으로, '선생님'을 '샌님'으로, '하나님'을 '하아님'으로, '여호와'를 '여오와'로, '예수 그리스도'를 '예수 그리도'로, '어린이들'을 '어린들'로 발음하는 경우 등이 그것이다. '죄를 사하여 주옵소서'를 '…사-여 주옵소서'로 발음하는 경우도 있다.

과속발음과 직접적인 관계는 없으나 우리에게는 또 다른 문제의 발음이 있다. 일부 교회를 중심으로 해서 쓰여지고 있는 천박한 발음이 그것인데 이것이 점차 확산되는 기미를 보이고 있다. 문제의 발음은 다음과 같은 것이다.

"하나님이 세상을 이처럼 샤랑하샤 독생쟈를 주셨습니다. 이졔 우리는 예이슈 그시쉬도를 쉰쉴(shin shil)한 마음과 쇼쉰(shoshin)을 가지고 믿어야 하겠읍니다". 설교의 멋과 권위(?)를 위해서 우리말을 죽이고 있는 일이다. 문제는 이러한 설교가 한 번도 논의의 대상이 된 일이 없다고 하는 점이다.

이러한 설교는 우리의 마음을 꿰뚫는 진리의 내용을 담고 있다고 하더라도 우리말을 병들게 하고 있다는 사유 하나만으로 중대한 책임을 져야 하는 것이다.

3) 거센소리[激音], 된소리[硬音]와 관련된 문제점

거센소리(격음)화 현상은 폭발(爆發)을 폭파로, 나침반(羅針版)을 나침판으로 발음하고 있는 경향을 말한다. 그러나 금관악기 喇叭에 관한 한 '나발'은 틀린 발음이고 '나팔'이라고 발음해야 한다(물론 이것은 웃으면서 해본 소리다).

된소리(경음)화 현상은 ㄱ, ㄷ, ㅂ, ㅅ, ㅈ을 ㄲ, ㄸ, ㅃ, ㅆ, ㅉ처럼 세게 발음하는 경향을 말한다. 소주를 쏘주로, 사랑을 싸랑으로, 속이다를 쏙이다로, 문득을 문뜩으로, 병아리를 뼝아리로, 곧장을 꼳장으로, 던지다를 떤지다로, 두껍다를 뚜껍다로, 가득을 가뜩으로, 진하다를 찐하다로, 작다를 짝다로, 족집게를 쪽집게로 발음하고 있는 현상을 말한다.

'…라고 한다'를 '…라꼬 한다'(주로 경상도 지방 사람들이 이렇게 말한다)로 말하는 것도 그 예이다. 유대인을 '유태인'이라고 발음하는 것도 같은 성격을 가지고 있는 문제라고 생각한다. 물론 유대인을 한자로는 猶太人이라고 쓰기 때문에 '유태인'이라고 발음할 수 있다는 주장도 나올 수는 있다. 그러나 성경에는 분명하게 '유대인'으로 씌어 있는데 굳이 유태인이라고 고집을 부리는 것이 문제이다.

성경에 '사단'이라고 표기되어 있음(마 12:26, 눅 22:3, 행 5:3)에도 불구하고 줄기차게 '사탄'이라고 발음하는 사람이 있다. 가수(歌手)를 '카수' 또는 '카스'라고 발음하는 것도 역시 문제라고 생각한다.

외국어지만 골프를 콜프 또는 꼴프로, 소형구축함인 프리깃함을 프리킷함 또는 프리키드함으로, 권투의 '페더급'를 '페터급'으로 발음하는 것도 같은 차원에서 생각해 볼 수 있는 문제이다.

이러한 현상은 말의 황폐화를 촉진하고 있는 것이라고 본다. 이는 요즘 사람들의 심리적 불안을 반영하고 있는 것이 아닌가 생각되기도 한다. 젊은이들이 말끝을 올려 소리를 지르고 있는 것도 같은 맥락에서 이해될 수 있는 것이라고 본다. 방송과 TV 드라마 등에서 한 번 깊이 생각해 볼 문제가 아닌가 하고 생각해 본다.

'헌법(憲法)'을 '험법'으로, '전기(電氣)'를 '정기'로, '한국(韓國)'을 '항국'으로, '젖꼭지'를 '적꼭지'로, '꽃길'을 '꼭길'로 발음하는 것도 문제라고 할 것이다.

4) 복합어 발음의 무질서

우리는 복합어를 읽을 때 크게 잘못하는 경향이 있다. '전투훈련계획'을 '전투, 훈련계획'으로, '아동복지대책'을 '아동, 복지대책'으로, '종합상황실운영계획안'을 '종합상황실, 운영계획안' 또는 '종합상황실운영, 계획안'으로 발음한다.

'폭력행위등처벌에관한법률위반사건'을 '폭력행위등처벌에관한, 법률위반사건' 또는 '폭력행위등, 처벌에관한법률, 위반사건'이라고 발음하는 것 등은 또 다른 문제를 내포하고 있다고 생각한다.

'내외신기자'를 '내외, 신기자'로, '손발톱 무좀에 로프락스'라는 광고를 '손발, 톱무좀에…'로, '아마도 사랑을'이라는 곡명을 '아마도사랑을'이라고 발음하는 것을 듣고 있으면 등골이 서늘해지는 것 같은 느낌을 받는다.

복합어의 발음은 명사+명사인 경우만이 아니고 형용사+명사인 경우에도 같은 수난을 겪고 있는 것이 우리의 현실이다. 우리는 '무성의'를 '무, 성의'로, '무반응'을 '무, 반응'으로, '부도덕'을 '부, 도덕'으로, '주의제'를 '주, 의제'로, '잠실주경기장'을 '잠실주, 경기장'으로, '뒤흔들다'를 '뒤, 흔들다', '우선변제(優先辨濟)하다'를 '우선, 변제(于先,弁濟)'로 (이렇게 되면 말의 의미가 완전히 달라지게 된다), '되돌아가다'를 '되, 돌아가다'로 발음하는 것을 수없이 듣게 된다.

이래서 우리말은 공해로 찌들어 가고 있는 것이다.

5) 홀소리 어울림(모음조화)의 문제점

두 음절 이상으로 된 낱말에서 뒤음절 모음이 앞음절 모음의 영향을 받아 가까운 다른 모음으로 바뀌는 현상을 모음조화라고 말한다. 부사를 설명하면서 약간 언급하였듯이 '찰랑찰랑'이 '촐랑촐랑'·'출렁출렁'으로, '살살'이 '솔솔'·'술술'로, '깡총깡총'이 '껑충껑충'으로, '퐁당퐁당'이 '풍덩풍덩'으로, '팔랑팔랑'이 '펄렁펄렁'으로 바뀌는 것 등이 그것이다.

명사, 동사나 형용사에서도 이 모음조화의 법칙은 지켜진다. 그래서 명사로는 '바람동이', '발가송이', '오똑이', '쌍둥이', '귀염둥이'가 되는 것이 옳은 것으로 되었었다. 따라서 형용사도 '고마와라(찬 305장)', '반가와', '아름다와'가 옳은 표현으로 평가되었다.

그런데 이제는 모음조화의 법칙이 깨어졌다. 그래서 '바람둥이', '발가숭이', '오뚝이', '쌍둥이', '귀염둥이'가 표준말의 자리를 찾이하게 되었다. 그러나 노랑이(구두쇠)는 표준말의 왕좌를 그대로 지키고 있다. 형용사에 있어서도 '고마워', '반가워', '아름다워'가 표준말로 자리를 바꿔앉게 되었다. 부사도 '깡충깡충'이 홀소리 어울림의 법칙과는 상관없이 통용되고 있다.

말은 유기체이고 문법은 무기체이므로 살아 있는 말이 바뀌면 문법도 바뀌는 것이 당연하다. 그러나 옛말에서 새말로 바뀌어 가고 있는 변환기의 중간단계에서는 옛말과 새말 중 어느 것을 표준어로 할 것인가 하는 것을 판단하기 어려운 때가 있다.

그런 점에서 불어에 있어서는 Academie Francaise가 문법의 변경을 공식적으로 선언하지 아니하는 한 옛말을 표준어로 인정하고 있는데 이 제도는 생각해 볼 만한 것이라고 본다.

6) 장·단음의 혼동

(1) 장·단음 발음에 있어서의 문제점

우리가 겪고 있는 최악의 발음공해는 장음과 단음을 구별 없이 혼동하는 데 있다고 본다. 우리 옛 선조들은 이 점에 대해서 특별한 배려를 하면서 자녀와 후진들을 철저하게 가르쳤다.

"눈〔目〕에 눈:〔雪〕이 들어가니 눈물〔目水〕입니까? 눈:물〔雪水〕입니까?" 이러한 문장들을 써 가면서 소리의 장단(長短)이 가지고 있는 뜻을 가르치려고 애를 썼던 것이다.

그런데 오늘날 이러한 노력이 거의 자취를 감추어 버렸다. 가슴 아픈 일이 아닐 수 없다. "창문을 열어 보세요. 눈〔眼〕이 천지를 덮고 있습니다", "지금 눈:〔雪〕병이 유행하고 있으니 조심하세요"라는 방송을 들으면서 우리는 무엇을 생각해야 하는가?

영어는 발음의 장단을 지키기 위해서 대단히 철저한 제도적 장치를 강구하고 있다. 몇 가지 예를 들어보자. middle, little, happy, mammon, innocent라는 낱말이 있다. 이 낱말들은 각각 미들, 리틀, 해피, 매먼, 이너선트라고 발음하게 되어 있다. 그런데 위 낱말들의 철자를 따라서 원칙대로 발음한다면 밋들, 릿틀, 햅피, 맴먼, 인너선트가 되어야 한다.

된발음을 내지 않을 바에야 무엇 때문에 까다롭게 dd, tt, pp, mm, nn의 쌍자음을 써야 하는가? 알다가도 모를 일이다. 그런데 그렇게 하는 데는 중요한 이유가 있는 것이다.

쌍자음을 피하고 단자음만 쓰는 경우를 생각해 보자. midle, litle, hapy, mamon, inocent, 이렇게 표기하게 되면 마이들 또는 미:들, 라이틀 또는 리:틀, 해이피 또는 해:피, 매이먼 또는 매:먼, 아이너선트 또는 이:너선트로 발음하게 될 가능성이 매우 높아지게 되는 것이다.

쌍자음을 쓰는 근본 목적은 이러한 위험성을 막고 쌍자음 앞의 모음을 짧게 발음하게 하려는 데 있는 것이다. 정확한 언어를 구사하는 사람들의 자세는 바로 이러한 것이다. 그리고 제 나라말을 바로 쓰는 국민만이 힘있는 국가를 가진다는 것을 생각할 때 우리는 옷깃을 여미지 아니할 수 없는 것이다.

여기에 우리는 또 한 가지 사실을 첨가해서 생각해야 한다. 영어에서는 미들을 마이들 또는 미:들로, 해피를 해이피 또는 해:피로, 이너선트를 아이너선트 또는 이:너선트로 읽더라도(그럴 이도 없지만) 언어의 혼동은 일어나지 아니한다. 그런 말이 없기 때문이다.

그런데 우리말은 장단음을 혼동하게 되면 거의 예외없이

전부 엉뚱한 낱말이 되어 버린다. 이러함에도 불구하고 우리는 장·단음 구별에 대한 불감증에 걸려 있다.

장단음에 주의를 기울이는 것은 영어에 있어서 악센트에 신경을 써야 하는 것과 같은 것이라고 생각한다. 영어에서는 악센트의 위치가 잘못되면 의사전달이 되지 않는 것으로 되어 있다.

'미국'이란 말의 'America'는 첫음절 '어'를 거의 들리지 않을 정도로 약하게 발음하는 대신 둘째 음절 me에 악센트가 주어진다. 그래서 /América/라고 발음해야 한다. 만약 /Ámerica/라고 발음하든지 /Ameríca/나 /Americá/라고 발음하면 웃음거리가 된다.

더욱 재미있는 것은 낱말이라도 품사가 달라지면 악센트의 위치가 달라진다는 사실이다. '역사'라는 말은 /hístory/이다. '역사적'이라고 말할 때에는 /histórical/이라고 발음한다. 이것을 만약 거꾸로 발음해서 /históry/라고 하든가 /hístorical/이라고 하면 완전 엉터리 영어가 된다. 이것은 하나의 기초적인 상식이다.

그런데 남의 말인 영어를 배울 때에는 이렇게 악센트에 주의를 기울이면서 우리말의 장·단음의 구별에 대해서는 왜 이렇게도 무감각한지 알 수가 없다.

(2) 한자 단음의 변질

우리나라 사람들이 한자의 단음을 장음으로 발음하는 사례를 살펴본다.

沙漠을 사:막(四幕)으로, 燒失을 소:실(少室)로, 獅子를 사:자(使者)로, 流通을 유:통(有統)으로, 詐欺를 사:기(士氣)로, 財團(또는 裁斷)을 제:단(祭壇)으로, 昭詳을 소:상(小祥)으로, 具體的을 구:체적으로, 抽象的을 추:상적으로, 提供을 제:공(制空)으로, 容赦를 용:사(勇士)로, 齒科를 치:과(致科)로, 話題를 화:재(火災)로, 成婚宣言을 성:혼선언(聖婚宣言)으로, 成肉身〔incarnation〕을 성:육신(聖肉身)으로, 盜聽을 도:청(道廳)으로, 訴訟을 소:송(小松)으로, 無聲을 무:성(茂盛)으로, 怠慢을 태:만(太万)으로, 詩集을 시:집(市集)으로, 科擧를 과:거(過去)로, 素女經을 소:녀경(少女經)으로, 該當者를 해:당자(害黨者)로, 時差를 시:차(市車)로, 頂上會談을 정:상회담(正常會談)으로, 醫務室을 의:무실(義務室)로, 移住를 이:주(里住)로, 周邊을 주:변(住邊)으로, 留級을 유:급(有給)으로, 他山之石을 타:산지석(打算之石)으로, 湖水를 호:수(號數)로, 羊을 양:(養 또는 量)으로, 化粧室을 화:장실(火葬室)로, 賣却을 매:각(每脚)으로, 非理를 비:리(卑利)로, 非常措置를 비:상조치(卑常措置)로, 輕視를 경:시(警視)로, 蘇生을 소:생(所生)으로, 調査를 조:사(弔辭)로, 毆打를 구:타(救他)로, 書面을 서:면(瑞面)으로, 高句麗를 고:구려(古九麗)로, 黨籍을 당:적으로, 映像을 영:상(永像)으로, 家臣을 가:신(假臣)으로, 長蛇陣을 장:사진(壯士陣)으로, 無力을 무:력(武力)으로, 除名을 재:명(再命)으로, 成員을 성:원(聖原)으로, 詩篇을 시:편(市便)으로, 詐欺를 사:기(士氣)로, 前期大學을 전:기대학(傳記大學)으로,

家系를 가:계(假計)로, 思考方式을 사:고방식(事故方式)으로, 移事를 이:사(二事)로, 優秀를 우:수(雨水)로, 素食을 소:식(小食)으로, 時局宣言을 시:국선언(施國宣言)으로, 賠償을 배:상(倍償)으로, 監査를 감:사(感謝)로, 思春期를 사:춘기(四春期)로, 乾燥를 건:조(建造)로, 城을 성:(性 또는 聖)으로, 時事를 시:사(施事)로, 姨從四寸을 이:종사촌(二種四寸)으로, 姑從四寸을 고:종사촌(古種四寸)으로, 異見을 의:견(意見)으로, 時速을 시:속(施束)으로, 搗精을 도:정(道政)으로, 司正을 사:정(事情)으로, 橋梁을 교:량(敎良)으로, 使徒를 사:도(四盜)로, 全能을 전:능(電能)으로, 全國을 전:국(戰局)으로, 丁議長을 정:의장(鄭議長)으로, 玄總理를 현:총리(現總理)로, 曹長官을 조:장관(趙長官)으로 발음하고 있다.

(3) 한자 장음의 변질

우리가 한자 장음을 단음으로 발언하는 사례를 살펴본다.

事:實을 사실(寫實)로, 事:務를 사무(私務)로, 事:故를 사고(思考)로, 浮:動票를 부동표(不動票)로, 外:家를 왜가(倭家)로, 附:帶施設을 부대시설(部隊施設)로, 提:督을 제독(制毒)으로, 30大:企業總帥를 30대기업총수(30代企業總帥)로, 瑞:草洞을 서초동(西草洞)으로, 進:出을 진출(眞出)로, 使:臣을 사신(私信)으로, 火:葬을 화장(化粧)으로, 死:鬪를 사투(私鬪)로, 小:康狀態를 소강상태(消康狀態)로, 量:産을 양산(梁山)으로, 正:體를 정체(停滯)로, 四:物놀이를 사물(私

物)놀이로, 史:上最大를 사상최대(思想最大)로, 大:地를 대지(岱地)로, 正:答을 정답(精答)으로, 敍:述을 서술(西術)로, 濟:州市를 재주시(財主市)로, 事:前選擧를 사전선거(辭典選擧)로, 救:助를 구조(構造)로, 鄕:愁를 향수(香水)로, 武:力을 무력(無力)으로, 美:女를 미녀(米女)로, 戰:果를 전과(前科)로, 再:修를 재수(財數)로, 徐:行을 서행(西行)으로, 救護를 구호(九互)로, 重:金屬을 중금속(中金屬)으로, 捕:手를 포수(砲手)로, 事:大主義를 사대주의(師大主義)로, 永:遠을 영원(靈源)으로, 正:常化를 정상화(整象化)로, 社:長을 사장(私葬)으로, 死:力을 사력(私力)으로, 轉:換器를 전환기(專換機)로, 個:性을 개성(開城)으로, 取:材를 취재(炊材)로, 動:靜을 동정(同精)으로, 死:體를 사체(私體)로, 道:場을 도장(圖章)으로 발음하고 있다.

(4) 우리말 장·단음의 변질

이러한 장단음의 혼동은 순수한 우리말의 영역에까지 파고들고 있다. '지금까지'를 '지금까:지'로, '이리(狼)'를 '이:리(裡里)'로, '부채〔扇〕'를 '부:채〔負債〕'로, '파수꾼'을 '파:수꾼'으로, '모두'를 '모:두〔冒頭〕'로, '산:낙지(生낙지)'를 '산낙지(山낙지)'로, '가끔'을 '가:끔'으로, '제:비'를 '제비'로, '돼:지'를 '돼지'로, '빠짐없이'를 '빠:짐없이'로, '거친 파도'를 '거:친 파도'로, '노래'를 '노:래'로 발음하는 등이 그것이다.

'李前市長'을 李, 前市長이라고 읽지 아니하고 그냥 이:전시장이라고 발음하는 것도 문제다.

"아기다리 고기다리 던 데이트"라는 말이 선풍적으로 유행한 때가 있었다. 조흔파 씨의 유명한 유머소설 <얄개전>에 나오는 말이다. "아,기다리고 기다리던 데이트"를 잘못 읽은 것을 그대로 적은 글이다. 재미를 위해서 좀 과장된 감이 있기는 하나 얼마든지 있을 수 있는 이야기이다.

방송용어, 그리고 우리 생활 주변에서 쏟아져 나오는 말의 발음과 이 이야기 사이에는 백보, 오십보의 차이밖에 없다. 위에서 든 사례들이 바로 그것이다. "아버지 가방에 들어가시다"라고 하면 어리둥절해질 수밖에 없다. "아버지가방에 들어가시다"라는 말에서 토씨 '가'를 잘못 읽는 것이 이런 엉뚱한 말을 만들어 내는 것이다.

아주 심한(그리고 불경스러운) 사례를 하나 들어본다. "예수처(妻) 음행(淫行)하다". "예수 처음 행(行)하시다"라는 말을 잘못 읽은 것이다. 예수님께서 갈릴리 가나에서 물로 포도주를 만드신 첫 이적을 묘사하는 글이다. 예수님은 결혼하신 일이 없으니까 실질적으로는 불경이 될 수도 없다고 보고 이것을 옮겨 본 것이다.

우리는 복합어 띄어 읽기를 예사로 하고 있다. 이러한 언어습관이 말 못할 희·비극을 낳고 있는 것이라고 생각한다.

(5) 외국어 장·단음의 변질

우리말의 발음 혼동은 애꿎게도 외국말에까지 전염되어 가고 있다. '로스앤젤레스'를 '로:스앤젤레스'로, '파키스탄'을 '파:키스탄'으로, '캐나다'를 '캐:나다'로, '노르웨이'를 '노:르웨이'로, '모:차르트'를 '모차:르트'로, '슈:베르트'를 '슈베르트'로, '와그너'를 '와:그너'로, '쇼팽'을 '쇼:팽'으로, '패리 미국방장관'을 '패리미 국방장관'으로, '보스'를 '보:스'로, '보기 Play'를 '보:기 play'로, '토픽'을 '토:픽'으로, '스포트라이트'를 '소포:트라이토'로, '버스'를 '버:스'로, '티:비:쇼'를 '티비쇼:'로, '이:플랫장조'를 '이플랫장조'로, '지:선상의 아리아'를 '지선상의 아리아'로 발음하고 있는 것도 문제 중의 하나로 꼽아야 할 것이다.

O.E.C.D(오:이:씨:디:)를 '오이씨디'로 발음하고 있는 아나운서의 말을 들을 때에는 가슴이 무거워진다. allegro ma non troppo를 '알레그로 마논 트롭포'로, prima donna를 '프리 마돈나'로, Il travalore를 '일트라 바토:레'로 발음하는 것은 예사로 있는 일이다.

7) 발음의 고저청탁

우리의 선조들은 장단의 구별 외에도 발음의 고·저·청·탁에 대해서까지 신경을 썼다. "창(槍)으로 窓을 뚫으니 창구멍〔槍穴〕이냐 창구멍〔窓穴〕이냐". 그들은 이런 말을 창안해 내었던 것이다.

"배〔船〕를 타고 배〔梨〕를 먹으니 배〔腹〕가 부르다"라고 말하기도 했다. 그런데 오늘날 한글 학자들 중에는 우리말에 고저청탁이 없어졌다고 주장하는 사람들이 많다. 그러나 나는 개인적으로 이 점에 대해서는 다른 견해를 가지고 있다.

만약 고저청탁을 무시해 버린다고 하면 다음과 같은 말의 발음을 구별할 수 없게 된다고 하는 점에 대해서는 깊이 생각해 볼 필요가 있다고 본다. 情婦와 政府, 公衆電話와 空中電話, 모래〔砂〕와 모래〔后明日〕, 挺身隊와 精神隊, 煙氣와 延期의 혼동이 그것이다.

“우리는 짐승을 기를 우리를 지었다”라고 말할 때 앞의 ‘우리’와 뒤의 ‘우리’를 발음으로 구별하는 기준이 무엇인가 하는 점에 대해서도 혼란을 느끼지 않을 수 없다.

나라다운 나라에서는 자기 나라말을 제대로 발음하지 못하는 사람은 지도자나 지식인이 결코 되지 못한다는 사실을 우리는 심각하게 생각해 봐야 한다고 느낀다.

우리는 지금 하늘과 바다, 땅과 물의 오염에 대해서 극한적인 관심을 쏟고 있다. 당연한 일이다. 그런데 이해 안 되는 일이 있다. 우리의 언어오염은 환경오염에 비할 수 없을 정도로 심각한 단계에 와 있는데 여기에 대해서 염려를 하고 있는 지성인이 몇이나 될까 하는 문제가 그것이다.

10. 한자는 동양 3국의 문화적 교량역할을 하고 있는가?

1) 한자의 효용에 관한 두 가지 견해

우리나라에서는 한자 사용 여부와 그 범위에 관한 문제가 대단히 뜨거운 논쟁의 대상이 되고 있다. 한글전용을 주장하는 사람들은 한자사용의 철폐를 요구하고 있다. 이에 반해서 국한문혼용론자들은 한자의 특수효용, 특히 동양문화권에 있어서의 한자의 교량적 기능을 강조하고 있다.

두 주장은 모두 자기 나름의 설득력을 가지고 있다. 그러나 이 문제는 자칫 잘못하면 이 점에 관한 각자의 주장이 논리의 영역을 벗어나서 감정의 영역으로 들어갈 위험성을 안고 있다는 점이다.

일부 국한문혼용론자들은 한글전용론자들을 친북세력으로 (북한이 한글전용을 강조하고 있다는 것을 이유로) 매도하고 있다. 또 일부 한글전용론자들은 국한문혼용론자들을 수구 친일세력으로 (일본이 한자수용에 개방적 태도를 가지고 있다는 이유로) 몰아붙이고 있다.

그러나 그 어느쪽 주장도 국민들의 전폭적인 공감을 얻지 못하고 있다. 감정은 감정을 유발하는 데 그치기 때문이다. 이 문제는 합리적인 토론을 통하여 국민적 합의를 도출해냄으로써 해결책을 찾아내도록 노력해야 할 것이다. 이 점에 관해서 무엇보다 먼저 생각해 볼 문제가 있다.

사람은 다른 사람과 더불어 사는 사회적 본성을 가지고 있다. 사람의 이러한 본성은 개인과 개인 간에만 나타나는 것이 아니라 나라와 나라의 사이에도 나타나게 된다. 그래서 국가 간에는 어떠한 형태로든지 문화의 교류가 형성되게 마련이다. 오늘날의 국제화시대에 있어서는 더욱 그렇다. 국제화 시대에 있어서 가장 귀중한 것은 의사소통을 위한 보편적 도구의 개발이다. 그것은 외국어의 습득 또는 공통 문자의 개발을 통해서 이루어진다.

한자는 오랫동안 동양문화권에 있어서 공통의 문자로서 평가받아 왔던 것이 사실이다. 실제로 이 한자를 통해서 최소한도 중국과 한국과 일본은 자유롭고 신속한 문화의 교류를 이뤄 왔던 것이다.

그러나 한자가 위 세 나라에서 공통적으로 쓰여지고 있다는 사실 하나만을 이유로 한자가 동양문화권 국가간의 상호 이해를 위한 중요 매체라는 것을 쉽게 수긍할 수는 없다고 본다.

이것을 살펴보기 위해서는 점검해 봐야 할 몇 가지 일들이 있다고 생각한다. 먼저 한자가 동양문화권의 사람들에 의해서 보편적으로 사용되고 이해되고 있는 공통의 문자라고 하는 그 말의 허와 실을 살펴본다.

이를 위해서 우리나라의 '훈민정음'을 분석해서 살펴보기로 한다. 먼저 한문으로 된 훈민정음이 중국말을 대표하는 것으로 보고 이것을 원문 그대로 옮긴다. 그리고 우리말과 일본말의 각 번역문을 이와 대비해 본다.

주지하는 바와 같이 '훈민정음'에는 원래 우리말 원본이 있었지마는 한자의 문화 매개체적 기능을 살피려는 우리의 취지를 따라서 국·한문 혼용의 훈민정음을 새로 만들어 봤다. 일본말 훈민정음도 같은 자세로 번역한 것이다. 오역이나 부적절한 표현이 있으리라고 짐작하면서 너그러운 이해를 구한다.

한 문: 國之言語異乎中國與文字不相流通

국·한문: 朝鮮의 言語는 中國과 相異한 故로 漢字와 合致되지 아니하는지라.

일·한문:　　我が朝鮮國之言葉は中國語と異なる爲に漢字とは一致都合しない

한 문: 故愚民有欲言終不得申其情者多矣

국·한문: 故로 無知한 百姓이 自身의 意思를 表現하고 싶어도 終乃 그 뜻을 이루지 못하는 者가 多數이니라.

일·한문:　　その爲に, 一般の民が自分の考えを表記しようとしても, 結局はその意味を表現出來ないでいる者が大勢居る.

한 문: 余爲此憫然新制二十八字

국・한문: 朕은 此情況을 憫憫스럽게 生覺한 結果 最初로 新文字 28個를 制定하노라

일・한문: 朕はこれを憐み考え拔いた擧句に,我が國專用の 28文字を新に制定する.

한 문: 欲 使 人 人 易 習 便 於 日 用 矣

국・한문: 此事는 個個人으로 하여금 이를 容易하게 習得하여 每日의 使用에 便利를 得하게 하려는 一念으로 비롯한 것이다.

일・한문: 人はごれを良く習い, 日常に用い利便を計る事を 望む物である.

위의 세 가지 훈민정음에서 얻는 결론은 이런 것이라고 생각한다. 즉, 세 나라 사람들은 자기 나라말로 된 훈민정음을 읽어보고 그 뜻을 이해할 수 있지만, 남의 말로 된 훈민정음은 그것이 비록 자신이 이해할 수 있는 한문자를 혼용하고 있다고 하더라도, 이것을 이해할 수 없다는 것이다.

그렇다면 한문자가 동양권 제국에 있어서 공통의 문화교류 매체가 된다는 주장은 무엇을 의미하는가? 눈에 익은 한문자 덕으로 감성적으로 친근감을 느낀다는 의미 이상의 것은 있을 수 없다. 이 감성적 친근감을 지성적 이해로까지 밀고 나갈 수 있는 힘은 다른 곳에서 찾아야 한다.

그것은 한국사람과 일본사람이 한문으로 된 훈민정음을 한문으로 읽어서 이해할 수 있는 실력을 가져야 한다는 것이

다. 그렇다면 그것은 무엇을 의미하는가? 그것은 한자를 배워서 익히는 것이 아니다. 중국어를(발음만 한국식, 일본식으로 하고) 통달하게 된다는 것을 의미하는 것이다.

2) 한자 습득의 어려움

한자가 매우 어려운 글씨라는 점에 대해서는 이론을 제기할 사람이 없을 것이다. 그 어려운 글씨를 배워 익혀서 한문으로 된 문헌을 해득할 정도로 고생을 하는 것이라고 하면 중국어 발음까지 함께 습득하는 것이 훨씬 합리적인 것이라고 나는 생각한다.

한자가 얼마나 배우기 어려운 문자인가 하는 점에 대하여 중국의 문학자이자 사상가인 노신(1881~1936)의 진단을 들어 보자. 그의 말에 의하면 중국의 지배계급을 이루고 있는 사대부들도 한자의 장벽을 넘기기 위해서는 10년 정도의 노력을 기울여야 한다는 것이다.

그러고는 자신들의 기득권적 권위를 유지하기 위해서 한자를 더욱 어렵게 만들고 있다는 것이 그의 판단이다(1993. <문예문답>).

그 결과 특권계급에 속한 사람들 중에서 10년, 20년의 시간을 들여서도 한자를 끝내 제대로 배우지 못하게 되는 경우가 적지 않다고 한다. 결국 중국에서 문자를 읽을 수 있는 사람은 전체 인구의 20% 정도에 불과하다는 것이 그의 주장이다(1934, <신문자에 대하여--질문에 답한다>. 1934, <중국어문

의 신생>).

그의 결론은 이렇다. "한자가 망하지 아니하면 중국이 망한다"(<구망정보>). "한자를 위해서 우리를 희생시킬 것인가, 아니면 우리를 위해서 한자를 희생시킬 것인가", "나는 우리를 위해서 반드시 한자를 희생시킬 수밖에 없다고 단언한다"(1934. <한자와 라틴화>)

그렇다면 중국인이 아닌 외국인이 한자를 제대로 배운다는 것은 얼마나 어려운 일인가? 이 점에 대해서는 더 이상의 긴 설명을 할 필요가 없다고 생각한다.

나는, 한문자를 배우는 것이 어렵다거나 한글전용 정신에 어긋난다는 것을 내세워서 한자 학습 자체를 반대할 생각은 없다. 한자를 배우되 또 하나의 외국어, 즉 중국어를 배운다는 자세로 배워야 한다는 것이 나의 주장이다.

실제에 있어서 그만한 결심과 노력 없는 한자의 습득은 그렇게 높이 평가받을 만한 성과를 가져오지 못한다고 나는 생각한다. 한자로 된 공통 어휘, 예컨대 學校, 先生 등 몇 개 낱말을 이해한다고 해서 문화의 공유에 큰 보탬을 주는 것은 아니라고 본다. 같은 한자를 쓰고 있으면서 얼토당토아니한 엉뚱한 표현들이 수없이 많다(그 사례는 뒤에서 든다).

이것은 예컨대, 핫독 또는 hot dog라는 영어를 읽을 줄 알고 그 뜻을 안다고 해서 영미의 문화를 이해한다고 말할 수 없는 것과 같은 것이다.

3) 한자의 간자체와 약자

(1) 머리말

한문자가 동양문화권의 국가들에 있어서 어느 정도로 공통 문자로서의 기능을 수행하고 있는가 하는 점을 사실대로 살펴볼 필요가 있다고 본다. 이를 위해서 우선 한문자 자체를 분석해 보고자 한다.

원래 중국, 한국, 일본은 동일한 한문자를 같이 사용해 왔던 것이다. 그런데 근래에 와서 이 세 나라가 제각기 종래의 한문자를 변형시켜서 약자(略字) 또는 간체자(簡體字)를 만들어 내었다.

(2) 중국의 간체자

중국이 만들어낸 간체자는 가히 문자의 혁명이라고 할 수 있을 정도의 새로운 약자이다. 새로 만든 간자체와 원래의 한자를 비교해 보면 이들이 같은 문자라는 사실을 도저히 믿을 수 없을 정도로 완전히 다른 글자로 보이는 것이다. 그 중의 중요한 사례 몇을 살펴본다(괄호안의 것은 원래의 한자임).

几-(幾)	习-(習)	卫-(衛)
个-(個)	千-(韆)	云-(雲)
艺-(藝)	电-(電)	儿-(兒)
亿-(億)	业-(業)	广-(廣)

乡-(鄕)	历-(歷)	义-(義)
杀-(殺)	龙-(龍)	乐-(樂)
术-(術)	叶-(葉)	鬪-(鬪)
认-(認)	与-(與)	忆-(憶)
书-(書)	为-(爲)	队-(隊)
让-(讓)	头-(頭)	圣-(聖)
飞-(飛)	专-(專)	从-(從)
节-(節)	开-(開)	衆-(衆)
农-(農)	处-(處)	台-(臺)
讲-(講)	类-(類)	务-(務)
罗-(羅)	总-(總)	

그 중에는 종래 없던 새 글자를 만든 경우도 있다. 우선 卡자가 그렇다. '카'라고 읽는다. '卡片'이라고 하면 카드를 뜻한다. 그외에도 乒乓(삥뽕이라고 읽는다) 등의 문자들이 새로 만들어졌다.

(3) 일본의 국자와 약자

일본은 일본 나름대로 한자의 약자를 만드는 한편 國字라는 이름으로 일본 자체의 새 한문자를 만들어 내었다. 그 사례를 보자. 臭(におい--냄새), 叺(かます--가마니), 凩(こがらし--초겨울 찬바람), 凧(たこ--연), 峠(とうげ--산마루, 고개), 杢(もく--목공), 椊(わく--테두리), 桛(かせ--실패), 麓(ふもと--산기슭), 畑(はた--밭), 瓱(킬로그램), 裃(がみ

しも--무사의 예복), 辷(すべる--미끌어지다), 込(こむ--붐
비다), 辻(つじ--네거리), 迚(とても--도저히), 遖(あつぱれ
--장하다)

다음으로 일본이 만들어 낸 약자를 살펴본다. 괄호안에 든
것이 원래의 한자들이다.

条-(條)　尽-(盡)　図-(圖)　声-(聲)　双-(雙)
対-(對)　台-(臺)　沢-(澤)　点-(點)　転-(轉)
灯-(燈)　伝-(傳)　当-(當)　二-(貳)　浜-(濱)
払-(拂)　仏-(佛)　宝-(寶)　辺-(邊)　万-(萬)
与-(與)　予-(豫)　乱-(亂)　礼-(禮)

(4) 결론

여기서 얻을 수 있는 결론은 무엇인가? 사람들이 자기 나
라의 약자, 또는 간자체의 문자를 사용해서 글을 쓰는 경우
서로 이해할 수 없는 것은 말할 것도 없지만 그보다도 글씨
자체를 읽을 수 없는 것으로 된다.

재미있는(?) 것은 간자체를 배운 젊은 중국사람들은 원래
의 한자로 쓰여진 자기 나라의 고전도 읽을 수 없다는 사실
이다. 젊은 한국사람이나 일본사람의 경우에 있어서는 더 말
할 필요가 없다. 그렇다면 한자가 동양권 문화의 공통문자라
고 하는 말의 의미는 대단히 제한적일 수밖에 없는 것으로
된다.

4) 한자사용 국가간의 한자 어휘의 이·동

중국, 일본 및 한국이 한자로써 표기하고 있는 어휘들의
의미를 살펴볼 필요가 있다. 위 나라들이 쓰고 있는 어휘들
중에는 같은 한자 낱말로서 의미가 다른 것이 있는가 하면
같은 개념으로서 완전히 다른 문자로 표기된 것이 대단히 많
다.

이러한 사례를 구체적으로 살펴보고자 한다.

우리말	일본어	중국어
재미있다 (간혹 滋味있다로 표기)	面白い (재미있어도 얼굴이 희어지는 것은 아닌데)	有意思的 (재미있는데 왜 뜻이 필요한가)
工夫	勉强 (工夫는 우리말로 研究)	念書 또는 用功
神社正門	鳥居 (새가 한 마리도 없는데)	寺院正門
膾	刺身	生魚
點心	中食	午飯
第一좋다	一番良い	最好的
物件	物	東西
感謝	有難	謝謝
鵬長魚	穴子	鱔魚
計算書	鑑定	淸單
無謨	無鐵砲	盲目
훌륭하다	素敵,	有風菜的, 漂亮
初步者	素人	初步者
憤怒	立腹	憤
훌륭	立派	很好, 了不起, 出色
不可	出來無	不行,放心不
人事	埃拶	行礼,打招呼
盜賊	泥棒	盜賊
고추	唐辛子	辣椒
무	大根	夢下

우리말	일본어	중국어
不足(不滿)	物足無い	不足, 不夠
宏壯	物凄い	宏大, 巨大
兒童	子供	几子
大丈夫	男	大丈夫
念慮無	大丈夫	沒有担心
참말	本当	眞話
거짓말	嘘	假話
卓球	卓球	乒乓-(삥뽕이라 읽음)
美麗	奇麗, 綺麗	好看 致
恭遜	丁寧	恭恭敬敬
바보	馬鹿 野郎	傻厴
必死的	死物狂	殊死的, 拼命的
相思病	恋患	單相思
찰밥	强飯	糯米飯
旅行者	客子	遊客
處女	乙女	姑娘
操心	用心	小心

각국이 한자로 표기하는 같은 어휘가 이렇게 다른데 남의 나라의 한자 어휘를 이해한다는 것은 불가능한 일이다.

5) 한자의 발음(읽기)

(1) 머리말

한자의 습득에는 그 내용의 이해에 앞서서 넘어야 할 험한 관문이 있다. 그것이 한자읽기이다. 한자읽기가 얼마나 중요하고 또 어려운 것인가 하는 점을 설명하기 위해서 몇 가지 사례를 들어 보고자 한다. 내가 직접 겪은 일들이다.

우리나라에서 가장 이름난 경제학 교수 중 한 분의 강의 실수(?) 한토막을 소개한다.

"잉여가치(剩餘價値), 독일어로는 Mehrwert라고 합니다. 그런데 이것을 '승여가치'라고 '부곡'(歪曲)되게 읽는 사람이 있습니다."

한자가 얼마나 어려운 글자인가 하는 것을 잘 보여 주는 실화이다. 그것은 결단코 적당히 해서 습득될 수 있는 문자가 아니다.

최고의 학식을 가지고 있는 것으로 자처하는 어떤 목사의 한문실력을 살펴본다. 이렇게 하는 것이, 특정인이 가지고 있는 한자지식의 부정확성을 들춰내기 위해서가 아니라는 점은 당연히 양해될 것으로 믿는다. 지금 내가 말하고 있는 초점은 한자의 습득이 대단히 어려운 일이라는 것이다. 구체적 사례를 들고 있는 것은 생동감 있는 현실성을 추구하기 위한 것이다.

그 목사는 '대관식(戴冠式)'을 '재관식'으로, '추대(推戴)'를 추재로, '표지(標識)'를 '표식'으로 '수면제(睡眠劑)'를 '수민제'로, '연민(憐憫)'을 '인민'으로, '통수(統帥)'를 '통사'로, '삼매(三昧)'를 '삼미'로, '보전(補塡)'을 '보진'으로, '도전(挑戰)'을 '조전'으로, '세면기(洗面器)'를 '센면기'로, '상쇄(相殺)'를 '상살'로 '재삼재삼(再三再三)'을 '재참재참'으로, '통찰(洞察)'을 '동찰'로 '구두점(句讀點)'을 '구독점'으로 읽고 있다. 그는 또 '부실(不失)'과 '불실(不室)'의 구별을 하지 못하는 한편 '미흡(未洽)'과 '미급(未及)'을 혼동하고 있다.

박사학위를 가지고 있는 목사가 이러한 사고를 저지르고 있다면 일반 국민은 더 말할 필요가 없다 할 것이다. 국한문

혼용을 통해서 동양제국의 문화교류가 이루어진다는 생각은 너무나 안일하고 사치스러운 것이라고 할 것이다.

우리나라 사람들이 한자에 관해서 저지르는 실수의 유형을 살펴본다. 위 목사가 '戴'자와 '載'자를 혼동하고 있듯이 모양이 비슷한 한자에 헷갈리는 사람이 너무나 많다.

"홍론(輿論-여론)이 불등(沸騰-비등)하고 있다", "수해나재민(水害罹災民-이재민)을 위한 의손금(義損金-의연금)을 거출(據出-갹출)하여 대표를 현지로 파유(派遺-파견)하였다". "소문이 적적(籍籍-자자)하다"라고 말한다. 그외에도 '계고(訃告-부고)', '개준(改埈-개전)', '시준(示晙-시사)' 등 사례를 들자면 끝이 없다.

또 한편 위 목사가 '상쇄'를 '상살'로, '통찰'을 '동찰'로 읽듯이 두 가지 음을 내는 한자의 각 용도를 혼동하는 사람들이 예상외로 많다. '부흥(復興)'을 '복흥'으로, '항오(行伍)'를 '행오'로, '패배(敗北)'를 '패북'으로, '유세(遊說)'를 '유설'로, '생략(省略)'을 '성략'으로, '요새(要塞)'를 '요색'으로, '빈삭(頻數)'을 '빈수'로, '증오(憎惡)'를 '증악'으로, '오열(嗚咽)'을 '오인'으로, '횡포(橫暴)'를 '횡폭'으로, '요산요수(樂山樂水)'를 '악산악수'로 읽는 경우 등이 그것이다.

한자읽기가 이렇게 어렵다는 것은 무엇을 의미하는가? 나는 이 항목 초두에 한자의 뜻을 습득하는데 먼저 지나야 할 관문으로 한자읽기가 있다고 말했다. 그런데 역설적이기는 하나, 한자읽기를 제대로 할 줄 안다는 것은 한자의 뜻을 알고 있다는 것을 의미하게 된다.

그러므로 한자를 제대로 읽는 사람은 그 글씨나 글의 내용을 이해하고 있다는 것으로 된다. 반면에 그것을 엉뚱하게 읽고 있는 사람은 그 내용을 모르고 있다고 봐도 무방한 것이다.

이러한 각도에서 한자를 제대로 읽는 데 장애요인이 되고 있는 사유들을 몇 가지 차례대로 살펴보고자 한다.

(2) 두 가지 이상의 음을 가진 한자

한자는 한글과 달라서 같은 글씨가 두 가지 이상의 소리를 내는 경우가 있다. 물론 소리글인 우리 한글도 자음접변(동화)의 경우에 있어서는 글씨와 읽기가 달라지게 된다(예컨대 신라, 떡메 등).

그러나 그것은 뜻글인 한자의 음이 달라지는 경우와는 같지 않다. 한글과 같이 소리글인 영어의 알파벳에 있어서도 g가 j 음을 내는 경우(예:gentleman)과 g음을 내는 경우(예:God)가 있고, h가 무성[silent]으로 되는 경우 (예:honour) 등도 두 가지 소리를 내는 한자와는 다른 것이다.

요컨대 한자에 있어서는 한 글씨가 두 가지 이상의 소리를 내는 경우가 있다는 데에 특색이 있는 것이다. 그리고 음을 달리 읽을 때에는 원칙적으로 그 뜻이 다르고 품사도 달라지게 된다. '北'자는 '북' 또는 '배'로 읽혀지고 있는데, '북'은 '북녘'(북쪽)을 가리키는 명사이고 '배'는 '패배'를 뜻하는 동사가 된다.

'拾'자는 '주을 습'(예:拾得) 또는 '열십'(예:拾方)으로 읽혀지는데 앞의 것은 동사이고 뒤의 것은 수사이다.

그러나 앞에서 말한 바와 같이 여기에는 중대한 예외들이 수두룩하다. '金'자가 '쇠 금' 또는 '성 김'으로 읽혀지지만 다 같은 명사라고 하는 점, '車'자가 같은 수레를 뜻하면서도 어떤 경우에는 '수레 거'(예:自轉車)로, 어떤 경우에는 '수레 차'(예:自動車)로 읽혀지는 따위가 그것이다. 다만 '차'와 '거'는 동력의 유무에 따라서 구별된다.

어쨌든 두 가지 이상의 음을 가진 한자 중 대표적인 것들을 골라서 살펴보기로 한다.

降-① 내릴 강(예:下降-하강)

　② 항복할 항(예:降伏-항복)

金-① 쇠 금(예:金屬-금속)

　② 성 김(예:金氏-김씨)

奈-① 어찌 내(예:奈何-내하)

　② 어찌 나(예:奈落-나락-지옥)

茶-① 차 다(예:茶果-다과)

　② 차 차(예:茶禮-차례)

糖-① 엿 당(예:糖分-당분)

　② 엿 탕(예:砂糖-사탕)

度-① 법도 도(예:制度-제도)

　② 헤아릴 탁(예:度支-탁지)

讀-① 읽을 독(예:讀書-독서)

　② 구절 두(예:句讀-구두)

洞-① 마을 동(예:洞里-동리)
　　② 꿰뚫을 통(예:洞達-통달)
樂-① 즐길 락(예:娛樂-오락)
　　② 풍류 악(예:音樂-음악)
率-① 비율 률(예:能率-능률)
　　② 거느릴 솔(예:率先-솔선)
反-① 돌이킬 반(예:反亂-반란)
　　② 뒤집을 번(예:反畓-번답 또는 反田)
復-① 회복할 복(예:回復-회복)
　　② 다시 부(예:復活-부활)
否-① 아닐 부(예:否認-부인)
　　② 막힐 비(예:否塞-비색)
分-① 나눌 분(예:分配-분배)
　　② 단위 푼(예:分錢-푼전)
塞-① 변방 새(예:要塞-요새)
　　② 막을 색(예:塞源-색원)
索-① 찾을 색(예:搜索-수색)
　　② 쓸쓸할 삭(예:索莫-삭막)
說-① 말씀 설(예:說明-설명)
　　② 달랠 세(예:遊說-유세)
省-① 살필 성(예:省察-성찰)
　　② 덜 생(예:省略-생략)
數-① 셈 수(예:數學-수학)
　　② 자주 삭(예:頻數-빈삭)

③ 촘촘할 촉(數罟-촉고-촘촘한 그물)

識-① 알 식(예:知識-지식)

② 기록할 지(예:標識-표지)

什-① 열사람 십(예:什長-십장)

② 세간 집(예:什器-집기)

惡-① 악할 악(예:惡漢-악한)

② 미워할 오(예:嫌惡-혐오)

易-① 바꿀 역"(예:貿易-무역)

② 쉬울 이"(예:容易-용이)

殺-① 죽일 살"(예:殺生-살생)

② 감할 쇄"(예:相殺-상쇄 또는 殺到-쇄도)

葉-① 잎엽"(예:落葉-낙엽)

② 성 섭"(예:葉氏-섭씨)

咽-① 목구멍 인"(예:咽喉-인후)

② 목멜 열"(예:嗚咽-오열)

刺-① 찌를 자"(예:刺客-자객)

② 찌를 척"(예:刺殺-척살)

③ 수라 라"(예:水刺-수라)

切-① 끊을 절"(예:切斷-절단)

② 모두 체"(예:一切-일체)

著-① 지을 저"(예:著述-저술)

② 붙을 착"(예:著想-착상)

參-① 참여할 참"(예:參加-참가)

② 석 삼"(예:參十-삼십)

提-① 내놓을 제”(예:提出-제출)
　　② 보리수 리(예:菩提-보리)
則-① 법 칙(예:規則-규칙)
　　② 곧 즉(예:則時-즉시)
拓-① 열 척(예:開拓-개척)
　　② 밀칠 탁(예:拓本-탁본)
宅-① 집 택(예:住宅-주택)
　　② 집 댁(예:宅內-댁내)
沈-① 가라앉을 침(예:沈沒-침몰)
　　② 성 심(예:沈氏-심씨)
暴-① 사나울 폭(예:暴風-폭풍)
　　② 사나울 포(예:暴惡-포악)
便-① 편할 편(예:便利-편리)
　　② 오줌 변(예:便器-변기)
活-① 살 활(예:生活-생활)
　　② 물소리 괄(예:活活-괄괄)
行-① 다닐 행(예:行路-행로)
　　② 항렬 항(예:行列-항렬)

(3) 모양이 비슷한 한자

앞에서 어떤 목사가 戴자와 載자를 혼동하고 眛자와 昧자를 구별하지 못한 사례를 설명하였다. 이처럼 한자 중에는 모양이 비슷해서 서로 헷갈리는 것들이 적지 아니하다. 이 사실은 한자로 하여금 배우기에 어려운 글씨가 되게 하는 또 다른 요인이 되고 있는 것이다.

　이 같이 모양이 비슷한 한자들 중에서 몇가지 대표적 사례를 살펴본다. '대표적 사례'라고 하는 것은 여기서 열거하는 사례 외에도 대단히 많은 유사문자가 있다는 뜻이다.

　島(섬 도)-- 島民(도민)

　烏(까마귀 오)--烏口(오구)

　鳥(새 조)--鳥獸(조수)

　師(스승 사)-恩師(은사)

　帥(주장할 수)-總帥(총수-군총사령관)　연속극 ＜왕건＞에서는 악착같이 '總帥'를 '총사'라고 말하고 있다.

徒(무리 도)--暴徒(폭도)	(칼 도)--短刀(단도)
徙(옮길 사)--移徙(이사)	刃(칼날 인)--刃創(인창)
盧(목로 로)--木盧(목로)	綠(초록빛 록)--綠色(녹색)
慮(생각할 려)--思慮(사려)	緣(인연 연)--因緣(인연)
壘(진 루)--進壘(진루)	栗(밤나무 율)--栗木(율목)
疊(겹쳐질 첩)--疊疊(첩첩)	粟(조 속)--米粟(미속)
漫(질펀할 만)--浪漫(낭만)	末(끝 말)--末端(말단)
慢(게으를 만)--慢性(만성)	未(아닐 미)--未明(미명)
免(벗어날 면)--免役(면역)	殼(껍질 각)--貝殼(패각)
兔(토끼 토)--兔舍(토사)	穀(곡식 곡)-穀食(곡식)

干(방패 간)--干戈(간과)   綱(근본 강)--綱領(강령)

于(어조사 우)--于今(우금)   網(그물 망)--魚網(어망)

決(정할 결)--決意(결의)   偕(함께 해)--偕老(해로)

訣(이별할 결)--訣別(결별)   階(사다리 계)--階層(계층)

具(갖출 구)--具備(구비)   句(글귀 구)--句節(구절)

貝(조개 패)--貝物(패물)   旬(열흘 순)--下旬(하순)

己(몸 기)--克己(극기)

已(이미 이)--已往(이왕)을 '기왕'으로 읽는 사람이 적지 않

다. '기왕'은 旣往이다

巳(뱀 사)--巳時(사시)

兢(조심할 긍)--兢兢(긍긍)   技(재주 기)--技術(기술)

競(다툴 경)--競走(경주)   枝(가지 지)--枝葉(지엽)

納(들일 납)--納稅(납세)   眠(잠잘 면)--安眠(안면)

訥(말더듬을 눌)--訥辯(눌변)   眼(눈 안)--眼鏡(안경)

皿(그릇 명)--器皿(기명)   母(어미 모)--母子(모자)

血(피 혈)--血液(혈액)   毋(말 무)--毋論(무론)

矛(창 모)--矛戟(모극)   貧(가난할 빈)--貧富(빈부)

予(나 여)--予奪(여탈)   貪(탐할 탐)--貪慾(탐욕)

戊(천간 무)--戊己(무기)   味(맛 미)--味覺(미각)

戌(지킬 수)--衛戌(위수)	昧(어두울 매)--三昧(삼매)
戌(지지 술)--戊戌(무술)	
薄(얇을 박)--薄福(박복)	俳(광대 배)--俳優(배우)
簿(장부 부)--簿記(부기)	徘(머뭇거릴 배)--徘徊(배회)
柏(잣 백)--冬柏(동백)	憤(분할 분)--憤怒(분노)
拍(칠 박)--拍手(박수)	噴(뿜을 분)--噴水(분수)
	墳(무덤 분)--墳墓(분묘)
辯(말잘할 변)--雄辯(웅변)	矢(화살 시)--弓矢(궁시)
辨(분별할 변)--辨理(변리)	失(잃을 실)--失物(실물)
士(선비 사)--名士(명사)	史(사기 사)--歷史(역사)
土(흙 토)--土地(토지)	吏(벼슬아치 리)--官吏(관리)
晳(밝을 석)--明晳(명석)	衰(쇠할 쇠)--盛衰(성쇠)
哲(밝을 철)--哲理(철리)	哀(슬플 애)--哀歡(애환)
遂(따를 수)--完遂(완수)	端(바를 단)--端正(단정)
逐(쫓을 축)--驅逐(구축)	瑞(상서 서)--瑞雪(서설)

(4) 잘못 읽혀지고 있는 한자

적지 아니한 사람들이 잘못 읽고 있는 한자들 중 대표적인
것들을 옮겨 본다. 괄호안의 음은 잘못된 것이다.

苛斂 가렴 (가금)	槪括 개괄 (개활)
看做 간주 (간고)	坑道 갱도 (항도)
改悛 개전 (개준)	車馬 거마 (차마)
釀出 갹출 (거출)	驚蟄 경칩 (경첩)
更迭 경질 (갱질)	刮目 괄목 (활목)
龜裂 균열 (귀열)	敎唆 교사 (교준)
喫煙 끽연 (긱연)	救恤 구휼 (구혈)
撞着 당착 (동착)	龜鑑 귀감 (구감)
內人 내인 (나인)	拿捕 나포 (합포)
烙印 낙인 (각인)	捺印 날인 (나인)
狼藉 낭자 (낭적)	鹿茸 녹용 (녹이)
陶冶 도야 (도치)	漏泄 누설 (누세)
冬眠 동면 (동민)	未洽 미흡 (미합)
邁進 매진 (만진)	潑剌 발랄 (발자)
木瓜 모과 (목과)	木鐸 목탁 (목택)
拔萃 발췌 (발취)	拇印 무인 (모인)
兵站 병참 (병첨)	布施 보시 (포시)
補塡 보전 (포진)	敷衍 부연 (부행)
分泌 분비 (분필)	沸騰 비등 (불등)
頻數 빈삭 (빈수)	憑藉 빙자 (빙적)
三昧 삼매 (삼미)	相殺 상쇄 (상살)
省略 생략 (성략)	逝去 서거 (절거)
遡及 소급 (삭급)	閃光 섬광 (염광)
隘路 애로 (익로)	洗滌 세척 (세조)

騷擾 소요 (소우)　　贖罪 속죄 (독죄)

睡眠 수면 (수민)　　水洗 수세 (수선)

冶金 야금 (치금)　　示唆 시사 (시준)

惹起 야기 (약기)　　軋轢 알력 (알륵)

掠奪 약탈 (경탈)　　謁見 알현 (알견)

訛傳 와전 (화전)　　嗚咽 오열 (명인)

剩餘 잉여 (승여)　　渦中 와중 (과중)

歪曲 왜곡 (부곡)　　吟味 음미 (금미)

刺殺 척살 (자살)　　湮滅 인멸 (연멸)

一括 일괄 (일활)　　一擲 일척 (일정)

喘息 천식 (서식)　　將帥 장수 (장사)

裝塡 장전 (장진)　　沮止 저지 (조지)

造詣 조예 (조지)　　櫛比 즐비 (절비)

憎惡 증오 (증악)　　斬新 참신 (점신)

諦念 체념 (제념)　　暢達 창달 (장달)

涕泣 체읍 (제읍)　　寵愛 총애 (용애)

眈溺 탐닉 (탐약)　　追悼 추도 (추탁)

衷心 충심 (애심)　　鍼術 침술 (함술)

拓本 탁본 (척본)　　度支 탁지 (도지)

慟哭 통곡 (동곡)　　洞察 통찰 (동찰)

派遣 파견 (파유)　　破綻 파탄 (파정)

敗北 패배 (패북)　　膨脹 팽창 (팽장)

捕捉 포착 (포촉)　　輻輳 폭주 (복주)

陜川 합천 (협천)　　肛門 항문 (홍문)

解弛 해이 (해야)　　諧謔 해학 (개학)
恰似 흡사 (합사)　　花瓣 화판 (화변)
恍惚 황홀 (광홀)　　麾下 휘하 (마하)
恤兵 휼병 (혈병)　　詰難 힐난 (길난)

6) 한자 조기교육론에 관한 소견 (한글 새소식 제360호)

1. 머리말

한자교육추진총연합회는 얼마전 전교육부장관 13명의 서명을 받아 청와대와 교육인적자원부에 초등학교에서 한자교육을 실시할 것을 촉구하는 건의서를 제출했다. 이로써 그동안 소강상태를 유지하고 있던 한자 조기교육에 관한 논란이 전국으로 뜨겁게 번져나가고 있다.

한자 조기교육을 주장하는 일이나 그것을 반대하는 일 자체에는 아무런 문제가 없다. 각 사람이 자신의 의견이나 소신을 당당하게 표현할 수 있는 분위기가 보장된다는 것은 오히려 바람직한 일이다. 그런 사회가 성숙된 사회이기 때문이다.

그러나 사상과 표현의 자유가 보장되는 사회일수록 각자는 자신의 주장에 대해서 책임을 질 줄 알아야 한다고 본다. 이런 경우의 책임이란 자신의 주장을 양식의 논리 위에서 전개해야 한다는 것을 의미한다 생각한다.

그런 견지에서 볼 때 지금 일고 있는 한자 조기교육론은 합리성과 양식의 토대 위에 세워졌다고 보기보다는 감성과 편견의 터 위에 서 있는 것이 아닌가 하는 느낌을 준다. 우선 위 총연합회가 내세우고 있는 기초적인 명분론을 살펴보면 그것은 다음과 같다. "우리말의 70% 이상이 한자어인데도 국민이 한자를 제대로 알지 못해 국가경쟁력이 저하되고 있다."

'우리말의 70% 이상이 한자어'라는 주장의 정확성을 어디에서 찾을 것인가 하는 의문이 제기된다. 그리고 백보를 양보해서 그 주장이 맞다고 치더라도, 한자를 알지 못하게 되면 '국가경쟁력이 저하된다'는 단정은 어디에서 나오는 것인가 반문하지 않을 수 없다. 이것은 무책임한 독단론에서 나온 편견이라고 보지 않을 수 없다.

2. 한자 조기교육론의 명분

한자 조기교육론자들이 내세우고 있는 다른 이유 두어 가지를 살펴보고자 한다.

(1) "한자는 사람들이 생각하고 있는 것처럼 어려운 글씨가 아닐 뿐더러 기본한자 1,500자만 습득하게 되면 한자로 쓰여진 고전 중 97.72%를 이해할 수 있다"

앞에서 살펴본 바와 같이 중국의 문학자이자 사상가인 노신(1981~1936)은 한자습득의 어려움을 절감하고 "한자가 망하지 않으면 중국이 망한다"라고 단언했다.

모택동 전주석은 "중국이 서기 위해서는 불도저로 한자를 밀어 엎어야 한다"라고 말했다고 한다. 한자의 상황이 이렇다고 하면 중국인이 아닌 외국인으로서 한자를 제대로 배운다는 것은 얼마나 어려운 일인가? 이 점에 대해서는 더 이상의 긴 설명을 할 필요가 없다고 생각한다. 그러므로 "기본한자 1,500자만 습득하게 되면 한문고전 97.72%를 이해할 수 있다"라는 한자 조기교육론자들의 주장은 근본적으로 잘못된 것이라고 말할 수밖에 없다.

(2) "한국은 '한자문화권'으로 불리는 '동북아'제국 중의 한 나라이므로 한자를 상용해야 한다". 그런데 이 주장은 전혀 터무니 없는 편견 위에 세워진 것이다. 예부터 '말의 문화권'이란 것은 있었으나 '글자의 문화권'이란 것은 처음부터 존재하지 아니했던 것이다. 예컨대 '영어문화권' 또는 '라틴어문화권'이란 것은 있지마는 '로마문자문화권'은 있어 본 적이 없는 것이다. 그러므로 '한자문화권'이란 아예 존재해 본 일이 없었던 것이다. '한자문화권'에 속하는 것으로 주장되어 온 나라들의 말이 서로 다르기 때문이다.

결국 한자문화권에 속한 것으로 알려진 나라들은 각각 '중국어문화권', '한국어문화권' 또는 '일본어문화권'에 속해 있기는 하나 '한자문화권'에 속해 있는 것은 결코 아니다. 다만 그 나라들은 각각 자신의 모국어 문화권 안에서, 필요에 따라서 한자를 사용해 왔을 뿐, 그 나라들 자체가 한자문화권에 속해 있던 것이 아니다.

3. 한자 통용의 제한

마지막으로 속칭 이 한자문화권에 관한 가장 핵심적인 문제를 살펴보고자 한다. 이것은 한자를 사용하게 되면 한, 중, 일 3국은 서로 자유스러운 의사소통을 할 수 있는가 하는 문제와 관련된 것이다. 이에 대한 답은 한 마디로 말해서 "천만에, 결코 그럴 수 없다"라는 것으로 된다.

우선 중국측의 상황을 살펴보자.

중국은, 전술한 바와 같은 정치권, 문화권의 지도자들의 '한자망국론'으로 말미암아 수천년 동안 중국문화의 중심핵 구실을 해온 한자는 폐지되고 새로운 간체자(間體字)를 만들어 내었다.

중국이 만들어 내 간체자는 가히 문자의 혁명이라고 할 수 있을 정도의 새로운 글씨이다. 앞에서 몇 가지 예시를 통해서 밝힌 바와 같이, 새로 만든 간자체와 원래의 한자를 비교해 보면, 이들이 같은 문자라는 사실을 도저히 믿을 수 없을 정도로 완전히 다른 글자로 보인다.

결국 인구 15억의 중국인들이 사용하고 있는 한자, 즉 간자체는 한자를 혼용하고 있는 다른 어느 나라 사람들도 이해할 수 없는 한자이다. 사실이 이러함에도 불구하고 한자가 동북아 3개국이 공용하는 문자라는 억지는 무엇을 뜻하는가? 이 글자들이 어떻게 해서 같은 한자라고 말할 수 있을 것인가?

간자체를 쓰는 중국사람들은 원래의 한자로 쓰여진 자기 나라의 고전도 읽을 수 없게 되는 것은 너무나 당연하다. 이것은 15억을 웃도는 중국사람들이 한자를 모르고 살아가고 있다는 것을 뜻한다. 여기에다 중국사람들은 간자체 외에 새 한자를 만들어 내기도 한다. 한국사람이나 일본사람의 경우에 있어서는 더 말할 필요가 없다. 예컨대 토토(펑펑), 仴(카)-(카드의 의미) 같은 글씨이다. 그렇다면 한자가 동양권 문화의 공통문자라고 하는 말의 의미는 대단히 제한적인 것이 될 수밖에 없다.

중국사람들이 한자로 영어를 표기하고 있는 방법은 이 문제를 푸는 데 또 하나의 열쇠를 우리에게 주다. 버스를 '巴士'로, 택시를 '托士'로 표기하는 것이나, 골프를 '高儿夫'로, 초콜릿을 '超克力'이라고 표현하는 것은 한자의 뜻글·기능과는 전혀 무관한 것이다. 그것은 소리글로서의 한자의 기능을 나타내는 것이다.

그런데 hot dog을 '熱拘'로 표현하는 것은, 이와는 정반대로, 소리글과는 전혀 무관한 뜻글로서의 한자의 기능을 표현하는 것이다.

영미사람들도 hot dog이 왜 hot dog인가 하는 점에 대해서 설명할 수는 없을 것이다. 그럼에도 불구하고 중국사람들이 hot dog을 한자로 직역하여서 '熱拘'로 표현하고 있는 이유를 설명할 수 있는 사람은 아무도 없을 것이다.

같은 한자를 공용한다고 해서 다른 모국어를 사용하는 사람들의 의사가 반드시 소통되는 것이 아니라는 구체적 사례를 살펴보기로 한다. 전통 한자를 그대로 쓰고 있는 대만사람 하나가 일본에 와서 택시를 탔다고 한다. 그는 차에 오르자마자 운전석 옆에 붙어 있는 글씨를 읽어보고 나서 얼굴이 창백해졌다. 그리고 "stop, stop!"하고 소리쳤다.

놀란 택시기사가 차를 세우자 그 대만사람은 벼락같이 차 문을 열고 쏜살같이 뛰어나갔단다. 영문도 모른 채 당한 일로 어리둥절하게 된 택시기사가 파출소에 가서 알아낸 경위는 다음과 같다.

대만인 여행자가 택시를 타자마자 본 것은 한문으로 씌여진 인사문이었다. 한자로 쓰여진 글이니 대만인이 읽을 수 있었던 것은 당연하다. 거기 적혀 있던 글은 다음과 같은 것이었다. "每度有難(항상 감사합니다)". 그런데 그 글은, 대만사람의 눈에는, "차 탈 때마다 사고가 나게 되어 있음"으로 비쳤던 것이다. 그가 혼비백산하여 도망간 것은 너무나 당연한 것이다.

이번에는 일본관광객이 중국에서 겪었다는 이야기 한 토막을 소개하고자 한다. 중국말을 전혀 할 줄 모르는 이 일본사람은 식당주인에게 '乞馳走'라는 글이 적힌 종이조각을 내밀었다, '馳走'라는 말은 일본말로 '맛있는 음식'을 뜻한다. 그래서 위 일본관광객은 '먹을 것을 좀 주시오'라는 뜻으로 '乞馳走'라고 쓰여진 쪽지를 내밀었다.

그런데 이것을 받아든 식당주인의 눈에는, 그 말의 뜻이 다르게 비쳤다. 그는 그 쪽지를 '도망하시오'라는 뜻으로 읽었다. '馳'는 '달릴 치'자이고, '走'는 '달아날 주'자이기 때문이다. 그는 황급하게 줄행랑을 쳤던 것이다.

마지막으로 일본사람들과 한국사람들의 한자 어휘에 관한 이해의 차이를 살펴본다. 일제 때 아들을 일본으로 유학보낸 아버지가 있었다. 학년말 시험이 다가오자 아버지는 아들에

게 "공부 잘 하고 있느냐?"라는 내용의 전보를 쳤다. 아들로
부터 온 답전의 내용은 다음과 같은 것이었다. "出來物이 出
來하여 勉强이 出來無입니다". 한문에 통달한 아버지로서도
도무지 그 내용을 알 수가 없었다.

'出來物'은 우리말의 '종기(腫氣)'에 해당한다. 일본말의 '出
來'는 '나다'라는 뜻을 가지고 있다. 일본말의 '勉强'은 우리말
의 '工夫'에 해당한다. '出來無'는 우리말로 '할 수 없다'는 뜻
을 가지고 있다. 그러므로 아들은 '종기가 나서 공부가 제대
로 안 됩니다'라는 답전을 아버지께 보낸 것이었다. 그러나
그 답전은 아무 쓸모 없는 일본식 한자의 나열에 불과했던
것이다.

4. 맺음말

한자는 훌륭한 문자이다. 한자가 걸어온 긴 역사가 그것을
말해 주고 한자가 담당해 온 문화적 역할이 그것을 뒷받침해
주는 것이라고 말할 수 있다. 한자 속에는 인류의 지혜가 깃
들어 있고 우주의 철학이 담겨 있다. 거기다가 예술적인 아
름다움마저 함께 용해되어 있는 것이다. 경탄의 대상이 되고
도 남음이 있는 글씨라고 생각한다.

그러나 한자에는 중대한 문제점이 숨겨져 있다. 그것은 한
자가 너무 어려운 글씨라고 하는 사실이다. 그것을 배우고
익히는 데에는 너무나 긴 시간과 엄청난 노력이 필요하다.
그런데 그렇게 힘들여 한자를 배운다 하더라도 그것이 국한
문 혼용을 위한 수준의 한자라고 하면 동양 3국이 서로를 이

해하는 문화적 도구로서는 쓸모가 없는 것이라고 생각한다. 그러므로 한자가 동북아문화권의 공통문자라는 이유로 한자 조기교육을 주장하는 논리는 잘못된 것이라고 할 수밖에 없다. 결국 한자가 동양사람끼리의 상호이해를 위한 문자가 되기 위해서는 중국의 문자로서 (즉 외국어로서) 한자를 배워야 한다고 생각한다.

11. 우리말·글의 품위를 떨어뜨리는 요인들

1) 서 론

우리나라 사람들의 얼 속에는 본디 아름다움과 곧음이 깃들여 있었다. 이 얼을 담고 있던 우리의 말·글에는 맛과 멋이 있었다. 세월이 흐르면서 맑고 깨끗하던 우리의 얼에 찌꺼기가 끼이기 시작했고 우리의 말·글에도 병균이 확산되기 시작했다. 우리의 말·글이 그러한 질환으로 말미암아 이지러져 가고 있는 실상에 대해서는 지금까지 여러 가지 측면에서 살펴보았다.

이제 또 다른 측면에서 아름다운 우리말·글을 괴롭히고 있는 요인들을 살펴보고자 한다. 나는 저질스러운 일본말과 무책임한 외국어의 남발 그리고 천박한 비속어와 상스러운 은어들이 우리말·글의 품위를 떨어뜨리는 공적들이라고 생각한다. 이제 차례로 그 실태를 살펴보기로 한다.

2) 일본말의 잔재와 우리말의 오염

(1) 우리말·글이 일본문화에 미친 영향

이웃나라 사이에서는 말과 문화의 교류가 이루어지는 것이 당연한 것으로 알려지고 있다. 우리나라와 일본 사이에도 이 러한 일이 수없이 일어났다. 그러나 우리와 일본 사이에는 단순히 말과 문화의 교류라고 말할 수 없을 정도로 더 중대 한 사건들이 연속적으로 일어나고 있었다. 우리나라에서 정 변이 있을 때마다 민족의 이동이라고 말할 정도로 많은 지도 급 인사들이 일본으로 건너갔다. 그리고 그들은 일본에서 정 치, 경제, 문화, 사회 모든 면에서 일본의 지도자로서 큰 영 향력을 발휘했다.

그러므로 우리말의 어떤 어휘나 표현방법이 일본말 속으로 흘러갔다고 보기보다 당시로서는 두 나라 말이 같은 언어군 에 속한다고 할 정도로 밀접한 교류관계가 있었던 것으로 생 각된다.

어떤 언어가 다른 언어와 같은 계통에 속하는 여부는 신체 어(身體語), 천체어(天體語), 수사(數詞) 등의 공통성 유무 에 따라서 판단되어야 한다는 것이 정설이다. 그 중 신체어 에 관해서만 보더라도 한·일 양 나라 어휘 중 1,000개 이 상이 서로 대응하고 있다는 것이다.

하늘(天)의 우리말 옛 발음은 텬이다. 이것이 일본으로 건 너가 텐으로 바뀌었다고 한다. 이래서 천체어 중 가중 중요 한 '하늘'이 우리나라에서나 일본에서나 같은 하늘이라는 것이 밝혀졌다.

달(月)의 우리 고대어로는 '다랄' 외에 '도기'란 말도 있었는데 도기는 돌기를 뜻했다고 한다. 옛사람들의 눈에는 초승달에서 보름달로, 보름달에서 그믐달로, 그믐달에서 다시 초승달로 어김없이 돌고 있는 것으로 비쳤을 것이다.

'돌기'에서 그 받침이 탈락된 것이 도기이다. 이 도기는 한자로 都祈로 표기되었고 그 발음은 일본식으로 '츠키(つき)'가 되었다는 것이다. 빛이 히(ひ)로 다발〔東〕이 たば(다바)로, 것〔事〕이 ごと(고또)로, 벌〔原〕이 はら(하라)로, 골〔郡〕이 こおり(코오리)로 변한 것 등이 위의 사실을 뒷받침한다는 것이다.

우리말의 나라〔國〕가 당시 일본국의 수도이름으로 되어 한자로는 奈良로 표기하고 읽기로는 なら(우리 발음으로는 나라)가 된 것도 이러한 역사적 배경 속에서 이해될 수 있다고 본다.

우리말의 고대어 '아따미'(뜨거운 물)가 일본의 지명 熱海로 되고 발음을 あたみ(우리말 발음은 아따미)로 된 것도 비슷한 해석이 가능하다고 본다. 熱海란 한자는 어떠한 일본식 발음을 따르더라도 '아따미'라고 읽혀지지 아니한다. 우리 옛말의 아따미의 뜻을 따라서 熱海로 표기하고 발음은 우리말을 그대로 전용한 것이다.

'가죽〔皮〕'의 우리 옛말은 '가파'였다고 한다. 이것이 일본으로 건너가면서 '가와(かわ)'로 변했다는 것이다. 우리의 옛말 '가파치'는 가죽을 다루는 사람이었다고 한다. 일본에 '카

와치〔河內〕'라는 고장이 있다. 말을 기르고 가죽을 다루는 고
장이다. 이는 우리의 옛말 '가파치'와 연관시켜서 생각해야
할 것이다.

일본의 최고신인 天照大神에게는 素戔嗚(또는 須佐之男命)
라고 불리는 동생이 있었던 것으로 되어 있다. 대단히 힘센
신으로 받들어진다. 일본발음으로는 すさのおのみこと라고
읽으며 우리 발음으로는 수사노오노미꼬도가 된다.

재미있는 것은 그가 신라로 건너가서 금, 은, 목재를 가지
고 다시 일본으로 귀국했다는 것이다. 그는 일본에 식림을
전수한 것으로 되어 있다. 그런데 한국측 연구가에 의하면
이 신이 바로 동명성왕의 후처 召西의 아들인 것으로 알려지
고 있다. 수사노는 소서노에서 파생한 말이며, 오노미꼬도는
남자 귀인을 말한다는 것이다.

모친을 일본어로 'お袋'라고 쓰고, 읽기는 'おふくる'라고
한다. 한국어로는 '오후꾸로'라고 발음한다. 어머니를 왜 그
렇게 부르는가 하는 점에 대해서는 일본의 문학자들 중에서
도 분명한 설명을 하는 사람이 없다. 어머니가 보자기도 아
닌데 왜 '袋'자를 붙였을까? 자궁이나 태반을 의미하는 글씨
가 아닌가 하는 사람도 있으나 공감을 얻지 못하고 있다.

그런데 근래 이영희님은 그 어원을 옛 우리말에서 찾고 있
다. '어버이 그리워'가 '오후꾸로'의 본딧말이라는 것이다. '어
버이'가 변음법칙에 따서 '오후'로 되고, '그리워'(그리다, 그
리사)가 '꾸로'로 바뀌었다는 주장이다. 상당한 설득력을 가
지고 있는 주장이라고 생각한다.

'오후꾸로'란 말이 중년 이후의 남성 전용어라는 사실은 우리에게 또 다른 시사를 해주는 것이라고 생각한다. 부모 곁을 떠나 따로 살다가 그리움이 밀어닥치거나 생활의 좌절로 인하여 외로움이 엄습할 때 생각나는 것은 어머니라는 데 생각이 미치게 되면 어버이 그리움의 대상은 어머니가 될 수밖에 없을 것 같다.

도둑을 일본말로 'とろぼう'라고 말하고 그 한자로 '泥棒'이라고 쓰며 '도로보오'라고 읽는다. 진흙몽둥이를 들어야만 도둑질을 하게 되는 것도 아닌데 왜 도둑이 泥(진흙니) 棒(몽둥이봉)으로 되어야 하는지 알 수가 없다. 이영희님의 설명에 의하면 도로보오는 도로와 보오의 합성어라고 한다. '도로'·'도루'는 '속이다', '잡다', '훔치다', '빼내다'라는 뜻을 가진 우리 옛말이라고 한다. 이에 비해서 '보'는 '즐기는 자', '그 정도가 심한 자' 등을 의미한다고 한다.

이 말은 우리말의 먹보(밥보, 식충이), 바보(어리석은 자), 뚱보, 울보, 털보 등에서 '보'자가 찾이하는 역할을 챙겨보면 수긍이 갈 것 같기도 하다. 일본말에서도 이 ぼ는 그 뜻을 지키면서 食いしんぼ(구이신보--식충이), へぼ(해보-서툰자), げちんぼ(개찐보, 구두쇠, 노랑이), のつぼ(놋보, 키다리) 등 낱말로 남아 있다.

泥棒과 관련해서 '수리꾼'에 대해서 살펴본다. 이영희님의 해설에 따르면 일본말로 알려진 '수리꾼'이란 어휘도 사실은 우리말이라는 것이다, 'すり'란 말은 한국말 '쓸다'〔擦, 掃, 擴, 整理, 流行〕에서 변천된 것이라고 한다. 위 동사의 어간

슬(또는 쓸)에 당시 사람을 나타내는 '이'〔人〕가 붙어서 '수리'가 되고 또 거기에 전문인, 상술인을 뜻하는 '꾼'이 합쳐져서 '수리꾼'이 되었다는 것이다.

그 설명이 맞는 것이라면 (지금으로서는 맞다고 볼 수밖에 없다고 생각된다) 우리가 '수리꾼'이 일본말이라는 이유로 국어사랑 정신을 발휘하여 화급하게 '소매치기'라는 말을 만들어 낸 것은 오히려 부끄러운 일이 될는지도 모르겠다.

일본인들이 축제 때 장단을 맞추면서 기세를 올리는 소리 중 대표적인 것이 'わつしよい'다. 우리말로는 '왓쇼이'라고 읽는다. 우리나라 이조시대 수신사를 통한 한·일 간의 외교는 일대사건이었다. 그것은 단순한 외교행사에 그치지 아니하고 문화와 재화의 교류를 위한, 중대한 교량역할을 해냈다.

특히 국력이 열세했던 일본으로서는 이조수신사의 도래는 대경사가 아닐 수 없다. 그들이 일본 해변에 상륙하게 되면 일본 천지는 '수신사 왓쇼이'라는 함성으로 뒤덮였던 것이다.

'친구들'을 일본어로 'どもだち'라 부르고 한자로는 '友達'이라 쓴다. 우리말로 읽을 때에는 '도모다찌'가 된다. 이 말도, 이영희님의 설명에 의하면, 우리말에서 유래된 것이라고 한다. '友'에 해당하는 '도모'는 우리말 '동모', '동무'가 변화한 것이고 '達'에 해당하는 '다찌'는 우리말 '들'에서 파생된 것이라고 한다. 즉 '友達'은 우리말 '동무들'로부터 파생된 것이라는 말이다.

물론 위에서 살펴본 탐구는 학문적으로 확증된 지식이 아니다. 하나의 가설일 뿐이다. 다만 상당한 설득력을 가진 가설이라고 하는 점에 대해서는 이론을 제기할 수 없다고 본다. 요컨대 당시 문화적으로나 경제적으로 우월한 지위에 있었던 우리나라의 문물이 일본으로 건너가면서 그 언어도 일본의 조야에 큰 영향을 미쳤던 것은 아닌가, 쉬 추론할 수 있다고 본다.

어쨌든 이러한 사실들은 당시 우리나라와 일본 사이에는 외국이라고 보기 어려울 정도로 밀접한 문화의 교류가 있었다는 것을 주지시켜 주기에 충분한 것이라고 생각한다.

(2) 일본말이 우리말을 오염시키고 있는 사례

우리가 살펴본 바와 같이 중세에는 우리말이 일본으로 건너가서 일본말 속에 함몰되어 한 언어를 이루었다. 그런데 해방 후에는 우리가 일제치하에서 그들과 함께 사용하던 일본말이 그대로 남아서 우리의 언어생활에 중대한 오염원으로 작용하고 있다.

우리말이 일본으로 건너가는 것은 문제가 되지 않고 일본말이 우리말 속에 스며드는 것은 문제가 된다는 말인가 하고 반문할지 모르겠다. 우리말이 일본으로 건너가서는 일본문화를 창달하는 계기를 마련했다는 점에 대해서는 이론의 여지가 있을 수 없다. 그러나 일본말이 우리말 속에 들어와서는 많은 역작용을 일으키고 있다는 점에 대해서도 이론이 있을 수 없다고 본다.

우리 생활 속에 남아 있는 일본말을 찾아내어 보면 그 말

들이 얼마나 문화 파괴적인 작용을 하고 있는가 하는 점을
금방 알 수 있다고 본다. 사시미(刺身-생선회), 요지(楊子-
이쑤시개), 덴뿌라(天婦羅-어묵), 수시(壽司-초밥), 모리소
바(모밀국수), 자부동(座布団-방석), 다다미(일본식 방바닥
자리), 가마보꼬(생선묵), 돈부리(井-덮밥), 스끼야끼(전골),
아나고(穴子-붕장어), 오뎅(御田-꼬치안주), 애리(襟-옷깃),
우라(裏-안감), 우와기(上着-상의), 다꾸앙(澤庵-단무지),
간즈메(缶詰-통조림), 벤또(弁当-도시락), 겐세이(牽制-견
제), 겡깡(玄關-현관), 가다(型-틀), 고도리(小鳥-화투놀이),
고오바이(句配-물매 또는 기울기), 곤조오(根性-근성), 구리
이시(栗石-조약돌), 기레빠시(切れ端-자투리), 다이(台-받침
대), 당가(擔架-들것), 단도리(段取り-채비), 데모도(手下-
조력공), 도깡(土管-토관), 도꾸이(得意-단골손님), 마꾸라
기(枕木-침목), 마루다(丸太-통나무), 마에가리(前借-가불),
메끼(鍍金-도금), 사진가꾸(寫眞額-사진틀), 세끼이다(板-흙
막이널), 스리가라스(磨 glass-젖빛유리), 시다바리(下張り-
허드렛일) 시로오도(素人-초보자), 신마이(新前-풋내기), 아
까지(赤字-적자), 우마(馬-돋움대), 찌라시(散らし-선전지),
쿠세(癖-버릇), 후미끼리(踏切り-건널목), 아시바(足場-발
판)

　위에 든 일본말이 우리의 언어생활 속에 얼마나 깊이 들어
와 있는가 하는 점을 살피는 데 참고가 될 만한 이야기가 있
다. 김소운 씨의 <목근통신>에 재미있는(?) 사건이 소개되
고 있다. 어떤 왜식식당 앞에 ‘花見折辯当’(꽃놀이 소풍용 도

시락)이란 간판이 세워져 있었다고 한다. 그가 식당주인을 보고 "화견절변당 하나 주세요"라고 말했다. 그랬더니 주인은 퉁명스럽게 "그런 것 안 팝니다"라고 대답했다.

그래서 그는 "저 간판에 쓰인 것은 무엇이오?"라고 물었더니 "아아, 하나미오리벤또오라 해야 하지요"라고 하더라는 것이다. 이것은 웃어야 할 일인가? 울어야 할 일인가?

지금도 생활 구석구석에 도사리고 있는 일본말에 우리말은 멍들어 가고 있는 것이다. "엔진죠시(調子-가락, 상태) 좋다"라는 말이 우리말처럼 버젓이 사용되고, "みんなどろぼです (민나도로보오데스-모두 다 도둑놈이오)"라는 천박한 말이 텔레비전 드라마에 등장하고 이것이 전국에 걸쳐서 당대의 유행어가 되는 풍토에서는 내일을 바라볼 수 없다고 할 것이다.

3) 서구언어의 범람과 국어의 오염

이 책 첫머리에서 밝혔듯이 헤르만 리겔의 Verdeut-chung(국어의 독일화)운동은 국어순화운동, 독일국어운동과 더불어 외국어의 추방을 그 3대 목표로 삼고 있었다. 외국어, 특히 품위 없는 외국어는 국어순화운동에 있어서 커다란 장애요소가 되고 있는 것이다. 이것은 독일에 있어서만 문제되는 것이 아니다.

그런데 우리나라 사람들은 영어를 위시해서 많은 외국어를 애용하고 있다. 거리에 나가보면 상호, 옥호의 간판들이 제대로 알 수도 없는 외국말로 메워져 있다. Le ciel, miranda, mama mia, hotel amiga, ma maison, vendome, mon chic(몬식-몽식이라고 해야 한다), 파라보라, 제롤라모 워모 등이 우리의 눈을 괴롭힌다.

과연 몇 사람의 시민들이 그 말을 알고 있을까? 궁금하다. 누구를 위한 간판인가? 이렇게 해서 우리말은 소리 없이 찌들어들게 되는 것이다. 이왕 외국말을 사용할 바에는 정확하게 알고 바르게 써야 하는데 우리는 자기말을 바르게 사용하는 일에 있어도 별다른 신경을 쓰고 있지 아니하고 외국어 사용에 있어서도 마찬가지 자세를 지니고 있는 듯하다.

이렇게 하다보니 Hotel friendly 같은 기상천외의 이름이 등장하게 된다. 이것은 영어를 다치게 하는 일이다. Hotel amiga는 일반인이 그 말을 알아듣는가 하는 문제는 별론으로 하고, Hotel girl friend를 뜻하는 것이므로 스페인어를 다치는 일은 생기지 않는다. 특히 스페인 사람들은 여자친구들끼리도 서로를 amiga라고 부른다.

나의 사무실 뒷골목에 찻집이 하나 있다. 그 찻집의 옥호는 'ugo'이다. 나는 찻집주인에게 물어 보았다. "ugo가 어느 나라 말이며 그 뜻이 무엇이냐?"라고. 그랬더니 그는 서슴없이 "'행복한' 뜻을 가지고 있는 이탈리아 말이다"라고 대답했다. 그는 "자기 친지 중에 이탈리아어를 잘하는 사람이 지어준 이름이다"라는 설명까지 덧붙였다. '행복한'이란 말은 형용사이다. 명사가 아닌 형용사를 옥호로 정한다는 것은 정말로 특이한 일이다. 그러면서도 그것은 바람직한 일이 아니다.

그러나 그 옥호에는 보다 더 근본적인 문제가 숨어 있다. 그것은 형용사이든 명사이든간에 이탈리아어에는 'ugo'라는 말이 없다는 점이다.

지금은 없어졌지만 ugo 찻집 바로 옆에 화장품 점포가 하나 있었다. 그 점포의 이름은 'Kethalon Pethalon'이었다. 간판에는 알파벳으로 kethalon pethalon이라고만 쓰여 있을 뿐 뜻이나 발음방법에 대해서는 일언반구의 설명도 없었다.

가게주인의 설명에 의하면 Kethalon Pethalon은 특별한 효소를 일컫는 아랍말이라는 것이다. 그런데 아랍어 전문가의 설명에 의하면 그러한 아랍어는 없다는 것이다.

우리가 다 아는 바이지만 서울거리는 국적 불명, 내용 불명의 외국어 간판으로 메워져 있다. 이것은 바로 우리 주체의식과 가치관의 현주소를 보여 주는 것이라고 생각한다. 이처럼 좋아하는 외국어에 대해서 우리가 어느 정도의 지식을 가지고 있느냐 하는 점을 살펴보고자 한다. 한국사람들이 제일 흔하게 쓰고 있는 영어를 중심으로 이 문제를 다루어 본다.

우리나라의 최대 재벌기업에 속하는 한 법인의 경우를 예로 든다. 이 법인이 재조한 화장품의 홍보문은 다음과 같다. "It's a spirit of free active and natural". 설명할 필요도 없는 일이지만 '이 제품은 자유, 활력과 자연의 정신을 품고 있습니다'라는 뜻을 가지고 있는 말이다. 그런데 중학교 초급 정도의 영어지식을 가지고 있는 사람이라면 전치사 뒤

에서 명사가 따라야 한다는 것을 모르고 있는 사람은 없을
것이다.

그러므로 위 홍보문에서는 전치사 of 다음에 반드시 명사
가 따라야 하는 것이다. 그런데 위 글에서 of 다음에 나오는
free, active 그리고 nature이 모두 형용사이다. 그러므로
위 홍보문은 잘못된 것이다. 위 글은 "It′s spirit of free-
dom vitality(active의 명사 activity는 적절한 말이 아닌
것 같다) and nature"이라고 해야 한다. 만약 지금처럼 형
용사를 써야 한다면 그 문장은 다음과 같이 바뀌어져야 할
것이다.

"It′s a free active and natural spirit"

자동차 수출이 우리 경제 신장에 기여하는 힘은 대단히 크
다. 그러나 그렇다고 해서 그 자동차 이름들이 꼭 외국어로,
그것도 우리의 외국어 실력을 훨씬 상회하는 국적 불명의 말
로 불려야 하는 이유는 무엇인가? espero, credos, avan-
te, avella, cielo, tico라고 불러야만 차가 잘 팔린다는 말
인가?

여기서 우스갯소리 한 마디를 삽입하고자 한다. 우리나라
자동차 이름들 중에 그래도 제대로 된 것이 있다고 본다. 그
것은 'Mousso'와 'sonata'와 'nubira' 이다. '무쏘'는 뭇소
(群牛) 또는 물소(水牛)를 뜻하는 것으로 힘을 상징하는 것
이라서 좋다고 본다. '소나타'는 소[牛]나 타고 다니는 차라
고 자칭하고 나섰으니 겸손해서 좋다고 생각한다. '누비라'는
전세계 구석구석을 누비고 다니는 자동차이니 우리의 긍지를

높여 주어서 좋다. 결국 이 모두가 우리말 이름이라서 좋다는 것이다.

텔레비전에 '그린 정신'이란 프로가 있다. 화판에 그려 놓은 정신도 아닐 텐데 굳이 '그린 정신'이 되어야 할 이유는 무엇일까 생각해 본다. '푸른 마음' 아니면 '녹색 얼', 이런 것이 더 좋지 않을까? 우리 자신에 대해서 긍지와 사명을 가질 만한 때가 되었다고 생각한다.

일반적으로 우리는 우리말 문법보다 영어문법에 숙달되어 있다고들 하지마는 실제에 있어서는 발음이나 문법에 있어서 English보다 Konglish를 쓰고 있는 것은 큰 문제라고 할 것이다. Konglish는 영어와 한국어를 함께 병들게 만드는 것이다.

영어를 쓰는 한국사람 중 적지 아니한 사람들이 영어의 alphabet을 발음기호로 취급하여 발음하는 경향을 가지고 있다. 예컨대 phenomenon을 페노메논으로, among을 아몽으로, Mammon을 맘몬으로, comma를 콤마로 발음하는 것들이다.

그런데 외국어 사용에 있어서 가장 중요한 점은 외국어 사용을 필요한 최소한도의 선에 그쳐야 한다는 것이다. 사용하고자 하는 외국어를 쓰지 아니하고는 그 말이 가지고 있는 특수한 개념을 나타낼 길이 없는 경우에 한하여 그 말을 사용하여야 한다는 뜻이다.

그 선을 초과하는 외국어 남용은 자신의 외국어 실력 과시를 위한 것 이외는 아무런 의미가 없게 된다. 결국 그러한 외국어 남용은 본인에게 품위 추락을, 타인에게 이질감을 주는데 그치게 된다. 그 품위 없는 외국어 남용 설교의 사례를 하나 소개한다. 저명한 목사의 설교이다.

"그리스도인들은 original point로 돌아가서 revitalization을 얻어야 합니다", "Heidegger의 말처럼 인생은 thrown life를 살고 있습니다", "생활의 3대요건은 첫째로 belongness 소속감이고, 둘째로 worthness 가치관이고 (worthness란 영어는 없다. worthiness가 있을 뿐이다. 가치관은 view of value이다), 셋째로 confidence 신뢰성입니다".

"wrath of God를 두려워할 줄 알아야 합니다", "서구문화를 sensitive western culture라고 부릅니다", "우리는 항상 last chance를 의식하면서 살아야 합니다", "범사에 감사하라고 했습니다. 범사란 in every circumstances(every는 단수명사에만 쓰여지는 형용사이므로 in every circumstances는 있을 수 없는 말이다)란 뜻입니다".

이처럼 무책임한 영어 남발은 결국 엄청난 사고를 저지르게 마련이라 할 것이다. 위 설교를 한 목사의 다른 설교의 일부를 옮겨 본다.

"Descartes는 나는 생각한다. 고로 나는 존재한다. I AM THAT I AM이라고 말했습니다". 이것이 무슨 참람한 말인가? I AM THAT I AM이란 것은 하나님만이 쓰실 수 있는 말씀이다. 우리말로 번역하면 "나는 스스로 있는 자이다"(출 3:14)라고 할 수 있을 것이다.

Descartes가 언제 I AM THAT I AM이란 신성모독의 말을 했던가? 그는 다만 cogito ergo sum(나는 생각한다. 그러므로 나는 존재한다)라고 말한 것뿐이다. 영어로 번역하면 "I think therefore I am"이 된다.

이러한 자세는 독일어의 영역에까지 미치게 된다. 교인들에게 독일어를 이해하는 목사로 비쳐지면 자신의 권위 향상과 홍보에 큰 기여를 할 것이라는 계산에서 나온 것으로 봐야 한다. 그러나 문제는 문제된 독일어의 지식이 정확하느냐 하는 점에 있다.

만약 엉터리 독일어 지식을 선포하는 것이라고 하면 그것은 안한 것보다 훨씬 못한 결과를 가져오게 되는 것이다. 자신의 명예를 위해서도 그렇거니와 특별히 우리말의 순화를 위해서 그런 것이다. 그 설교의 일부를 옮겨 본다.

"독일어의 '사명'이란 단어는 이 점에서 우리에게 감격스러운 교시를 줍니다. 독일어로 사명이란 말은 "아우프가배(Aufgabe)"입니다. 여기서 '가배(gabe)'는 은사를 말합니다. 그리고 '아우르(auf)'는 영어의 after에 해당합니다.

그래서 Aufgabe는 '은사 후에'라는 뜻을 가지게 됩니다. 얼마나 신앙적인 말입니까? 하나님의 은사를 받고 나면 무엇인가 하나님의 뜻을 성취하는 일을 해야 한다는 뜻을 내포한 말입니다".

독일어를 이해하는 유능한 목사로서의 권위를 가지고 그리스도인의 사명을 설명하고 있는 것이다. 이렇게 함으로써 교인들에게 확신에 찬 감격을 심어 주겠다는 뜻은 갸륵하다.

그러나 문제는 그의 독일어 지식의 정확성에 있다. 설교의 내용을 살피기 이전에 우선 발음부터 챙겨 본다.

Aufgabe는 'Aufgabe-아우프가배'라고 발음하는 것이 아니고 'aufga:b - 아우프가:버'라고 발음한다. 아우프가배라고 하면 독일사람들도 무슨 뜻인지 전혀 알아듣지 못한다.

Aufgabe의 뜻에 대한 그의 내용설명은 더 큰 문제점을 내포하고 있다. 그는 Aufgabe가 '사명'을 뜻한다고 설명했다. 물론 '사명'이란 뜻이 없는 것은 아니다. 그러나 그 낱말은 제1차적으로는 '과제(課題)' 또는는 '의무(義務)'를 뜻한다. 영어로 말하면 duty 또는 obligation이 된다. '사명'은 영어로 mission이라고 번역해야 할 것이다.

그러므로 'Aufgabe'와 '사명'은 duty(또는 obligation)와 mission 간의 차이만치 상호 다른 것이다. 그러면 mission의 뜻을 가지고 있는 독일어는 무엇인가? 그것은 Beruf이다. 그러므로 '사명'에 해당하는 독일어 단어로서 Aufgabe를 선정해서 논리를 전개하려는 시도는 출발점에서부터 무리를 안고 있는 것이 된다.

사명과 의무의 차이는 무엇인가? 말할 필요조차 없다. 의무는 그것을 이행하지 아니하였을 때 거기에 따르는 강제(Zwang, compulsion, coercion) 또는 제재(制裁-Sanktion, sanction) 때문에 싫어도 해야 하는 과제를 말한다. 거기에 비해서 사명은 자기의 호, 불호를 떠나서 초월자의 뜻에 의해서 설정된 당위(當爲)를 성취해 나가는 것을 의미한다.

Aufgabe보다 Beruf가 훨씬 더 적절한 낱말이라는 이유는 여기에 있다. Beruf는 '불러들인다'라는 뜻을 가진 berufen 이란 동사에서 유래된 말이다. 절대자에 의해서 불려졌다는 뜻이 담겨 있다고 할 것이다. 그런 의미에서 Beruf는 사명보다 오히려 소명(召命)으로 번역하는 것이 적당할 지 모른다.

막스 웨버는 직업을 하나님의 소명으로 생각하는 국민(한 낱말 속에 '직업'과 '소명'을 함께 담고 있는 말을 가진 국민--독일어의 Beruf, 영어의 Calling, 불어·스페인의 vocation, vocacion)은 위대한 역사를 창조한다고 말했다. 감명깊은 말이다.

그리고 auf가 영어의 after에 해당하다는 주장은 기상천외의 논리다. auf와 after가 같다는 것은 두 단어가 모두 로마자 a와 f를 함께 가지고 있다는 점뿐이다. 이 두 말은 전혀 다른 의미를 가지고 있다.

auf는 oben, ueber 등과 함께 on, upon, up, over, upward 등의 뜻을 가지고 있다. 그러므로 Aufgabe는 'after gift(선물 다음에)'라는 뜻을 가지고 있는 것이 아니고 'upon gift(선물 위에)'라는 뜻을 가지고 있다.

굳이 이 auf에 전치사적인 전철(前轍)의 의미를 부여한다면 이렇게 된다. '은사를 받고 난 다음에' 사명을 받는다는 뜻을 아니고 '은사를 받음과 동시에' 사명을 부여받는다는 뜻이 된다. '은사 위에' 사명을 덧붙여서 받는다는 뜻을 가지고 있기 때문이다. 은사와 사명을 시간개념으로 파악하는 것이 아니라 공간개념으로 파악하는 것이다.

　이렇게 해서 위 목사의 독일어 자랑은 무위로 끝나고 외국어의 남용으로 인한 우리말 공해만 남게 되는 것이다. 국어 순화운동에는 반드시 저질 외국어 사용의 추방이 함께 해야 한다는 나의 지론은 이래서 영원한 진리가 될 수밖에 없는 것이다.

4) 비속어와 음어의 확산으로 인한 우리말·글 품위의 손상

(1) 머리말

　말은 인격의 표현이다. 사람은 자기 인격 이상의 말을 할 수 없고 그 이하의 말도 할 수 없다. 말하는 사람의 생각과 생활이 그대로 말로 나타나게 마련이다. 이 진리는 개인에 대해서뿐만 아니라 사회 전체에 대해서도 그대로 적용된다.

　험한 말, 천박한 언어들이 난무하는 사회는 살벌해 질 수밖에 없다. 이와 반대로 품위 있고 부드러운 언어들이 대접받는 곳에는 풍요와 희망이 넘치게 된다. 그러므로 품위있는 말, 그런 말의 생활화가 언어연구의 지상목표가 되어야 할 것이다. 이런 견지에서 두 가지 문제를 살펴볼 필요가 있다고 본다. 첫째로 현대의 대중매체 시대에 있어서 라디오, 텔레비전이 가지는 비중은 매우 크다. 그러므로 방송언어의 실상을 살펴볼 필요가 있다고 본다. 둘째로, 일반 사회에서 사용되고 있는 속어, 비어, 음어들의 실태를 살펴볼 필요가 있다고 본다.

방송에서 사용되고 있는 언어의 문제점에 관해서는 KBS 김상진 부장의 견해를 들어보고자 한다. 방송현장에서 직접 경험하고 느낀 점을 진솔하게 쓴 그분의 글을 그대로 옮겨본다. 적절하고도 설득력을 갖춘 글이라고 생각한다. 방송언어의 문제점은 음운론이나 통사론적인 원칙에도 철저해야 하지만 방송언어의 품위라는 문제도 소홀히 할 수 없다.

"① 김모 여인의 아랫도리가 벗겨진 채 숨겨 있는 것을 김모씨가 발견했습니다.

② 5살 이모 군이 목구멍으로 동전이 넘어가 질식해 숨졌습니다.

③ ○○업소에서 나오는 가스냄새로 골이 쑤시는 등 문제가 많습니다.

④ 서울대공원의 하마가 하마새끼를 낳았습니다.

⑤ 곰보처럼 울퉁불퉁 파인 길….

사건 관계 기사일 경우 경찰의 발표문을 그대로 인용해서 기사화하면 위와 같은 말들이 예사로 방송전파를 타게 된다. 자주 들어서 면역이 될 정도의 말이지만 조금만 깊이 생각하면 품위 있는 말로 바꿀 수 있을 것이다.

아랫도리라는 말은 아래옷이나 속옷으로 표현하면 더 나을 것이다. 아랫도리라는 말은 아래옷이라는 뜻과 인체의 아래 부분〔下體〕이라는 뜻도 가지고 있어서 윗도리가 웃옷만 뜻하는 것과는 그 의미나 어감에 차이가 있다.

목으로 동전이 넘어갔다고 해도 될 것을 굳이 '구멍'이라는 말을 더 넣어서 품위를 떨어뜨릴 필요가 없다.

골이 쑤신다는 표현은 저속하다. '골'이라는 말을 '머리'로 바꿔서 '머리가 아프다'로 해도 된다. 굳이 자극적인 표현을 쓸 필요가 없다.

하마새끼, 돼지새끼, 토끼새끼, 사슴새끼보다는 새끼하마, 새끼돼지, 새끼토끼, 새끼사슴이 훨씬 점잖은 표현이다. 우리말에는 주된 의미를 가진 말과 종속된 의미를 가진 말이 합해진 말은 주종관계가 있는 복합어인데, 위의 경우 '하마새끼'는 하마가 새끼를 수식하는 종속된 말이고 새끼가 주된 말이기 때문에 새끼에 강한 의미가 주어지면서 속되게 들린다.

그래서 하마와 새끼의 앞뒤를 바꿔서 새끼하마라고 하면 앞의 새끼가 종속된 말이 되기 때문에 하마에 주된 의미를 부여해서 하마새끼보다 부드럽게 들린다. 우리하고 친해져서 새끼라고 부르기 미안한 소, 말, 개, 닭 등 가축의 새끼들은 송아지, 망아지, 강아지, 병아리와 같은 이름이 있어서 다행이다. 그래서 소새끼, 말새끼는 상스럽게 들린다.

곰보라는 표현은 천연두를 앓은 적이 있는 당사자가 들으면 언짢은 말이다. 이산가족찾기 방송에서도 처음에는 곰보나 언챙이, 째보, 애꾸눈, 절뚝발이 등의 표현이 많았다. 신체적인 특징이 상봉의 열쇠가 될지 모르지만 방송언어로는 적합하지 않은 말이다. 가능하면 품위 있는 말을 써야 한다".

(2) 일반 속어들

다음으로 일반 사회에서 통용되고 있는 속어, 비어, 음어들을 살펴보자.

먼저 거지, 소매치기, 도둑, 강도, 폭력배 등 불량집단의 음어들을 살펴본다. 대중매체에서 사용되는 말들은 언어사용에 대한 부주의 또는 부정확성으로 말미암아 결과적으로 말의 품위를 떨어뜨린다. 이에 비해서 일반 사회에서 만들어지고 쓰여지는 음어와 비어는 국민의 정서와 언어의 품위를 정면으로 파괴한다는 점에서 중대한 문제를 야기하고 있다.

예)
자전거전문도둑-딸딸이
넝마주이-시라이꾼
모자전문절취자-감투재비꾼
소매치기- 꼬재비, 뺑재비, 힝재비, 씽재비
도둑-두룩, 럭잡이
부하-짚신
두목- 왕초, 야간치안국장
권총- 닭다리
수갑-맹꽁이
큰 못- 스파이크
포승(捕繩)-빠
열쇠-삿대
자물쇠-뽀뜨
총알-콩알
교도소- 골

형사-짜브

순경-쌔리

교도소장-넥타이지배인

사체-넥타이상인

사형수-넥타이견습공

무기징역-망건벗다

판사-말똥장군

면회실-사진관

지방법원-뻥낑간

복덕방주인-소금쟁이

춤에 능숙한 여대생-뗀놈

역에서 꾀어 온 시골처녀-무명저고리

노처녀-무꾸리처녀

줏대 없는 여성-민들레

군수물자-능구렁

가짜헌병-군고구마

가짜군인-은메달

가짜상이군인-동메달

돈뭉치-두꺼비

돈-싱, 씽, 뻥, 힝, 꽃

위조달러-오꼬시

신문지로 만든 가짜돈 -합죽빠이

시어머니-왈래

첫딸-다미

첫아들-도미

첩-기생충

아버지-큰게비

매독 초기 환자-사꾸라잎

아편중독자-따통

치질-구공탄지리

성병에 걸렸다-고뿔걸렸다

구출하다-찍다

구타하다-다구리놓다

공갈 위협하다-허풍선

복면하다-박쥐털뽑다

수	경동시장 청과물	수	우 시 장
1	먹주	50	적은질러
2	대	100	너머짝
3	삼패	150	너머질러
4	을씨	200	명이
5	을씨본	250	명이질러
6	살	300	튕이
7	살본	350	튕이질러
8	땅	400	적은절
9	땅본	450	절질러
10	주	500	질러
11	주본	550	두질러
12	주손	600	임자
13	손위본	650	임자질러
14	꽁	700	건너
15	꽁본	750	건너질러
16	엉	800	나무
17	엉본	850	나무질러
18	주짜돌	900	뺑뺑이
19	짜돌본	950	뺑뺑이질러
20	대	1000	장수

　재미있는 것은 같은 말이지만 달리 쓰이고 있는 경우도 있다는 사실이다. 예컨대 '야리'가 평화시장 피복부에서는 1원

을, 양말가게에서는 100원을, 잠바가게에서는 10,000원을
가리킨다.

이런 음어 자체가 언어문화의 저질화를 가져오지만 더욱
문제가 되는 것은 이들 음어의 상당 부분이 일본음어에서 나
왔다는 점이다. 예컨대 위 '야리'는 일본말의 야리〔槍-やり〕
에서 나온 것이다. 이 말은 다시 '입뿐야리〔一本槍〕'에서 나
온 것이다. '一本槍'는 창 하나로 승리를 정한다는 뜻을 가지
고 있는 말이다. 야리가 위와 같이 1과 관계되는 숫자의 음
어로 쓰이고 있는 이유도 여기에 있다고 본다.

다음으로 일반적인 음어를 살펴보자.

몰매-딱다리 또는 다구리

이마-마빡

외상-박상('박'은 '밖'을 뜻함. 결국 밖의 상처라는 의미)

사기꾼-접시꾼(접시는 사기그릇이라는 뜻)

해산-풀날(한자 解産을 우리말로 직역)

노인-세 다리(두 다리와 지팡이로 걷는다는 뜻)

닭오리-'닭 잡아먹고 오리발 내민다'의 생략

마지막으로 젊은 세대의 음어, 비어로 인한 언어파괴 상황
을 살펴본다.

젊은이들이 생각 없이 쏟아내고 있는 험한 말, 저질 언어
들을 듣고 있으면 절망 같은 것을 느끼게 된다. 말은 곧 정
신이요, 생명이라는 것을 생각할 때 젊은 이들이 사용하는
저질언어는 바로 민족의 얼과 국민의 생명을 파괴하는 것이
라 할만하다. 젊은이들이 즐겨 쓰는 비어들을 살펴보자.

훔치다-뽀리까다

성관계를 맺다-콩까다

거짓말-야부리

째려보다-야리다

상대해 싸우다-맞장뜨다

형편없는 녀석-짜리

뒤에서 욕하다-뒷다마까다

경찰-짜발이, 짭새

바보 같은 녀석-뻐꾸

가짜-뽀루꼬

들키다-뽀록나다

키큰 자-롱다리

키작은 자-숏다리

5) 우리말 · 글의 약칭

　인류생활의 폭이 넓어지고 그 밀도가 커지고 있다. 이에 따라서 역사의 변화 속도도 매우 빨라지고 있으며 말도 대단히 빠른 속도로 변화되고 있다. 말의 내용도 빨리 변화되고 있지만 말의 속도도 빨라지는 경향을 보여 주고 있다. 특히 젊은 사람들의 말은 점점 빨라지고 있는 것을 느끼게 된다. 말의 속도가 빨라진다는 것은 말의 품위를 떨어뜨릴 수 있다는 것을 뜻하므로 이는 신중히 살펴봐야 할 문제다.

말의 속도와 언어의 경제성을 고려해 볼 때 말을 줄여서 약칭을 사용하는 것은 하나의 자연스러운 경향으로 받아들일 수 있다고 할 수 있다.

우선 영어에서의 약칭사례를 살펴보자.

R.O.K.(the Republic of Korea-대한민국), U.S.A(the United States of America-미합중국), UNCMAC (United Nations command military Armistice commission-유엔군 군사정권위원회), T.G.I (Thank God, it′s Friday-하나님, 금요일이오니 감사합니다)

그 이외에도 이런 예를 들자면 끝이 없다. 영어는 이러한 약칭을 대단히 많이 사용하고 있다. 한자도 이러한 표현을 많이 사용하고 있다. 韓民黨은 韓國民主黨을 뜻한다. 自民聯은 自由民主聯合의 약칭이다. 韓總聯은 韓國大學總學生會聯合이다.

그런데 우리말은 약칭을 인정하지 아니한다. 약칭은 점잖은 말이 될 수 없다고 생각하기 때문일까? 어쨌든 우리말에는 약칭이 없다. 그런데 얼핏 생각해 보면 우리말에도 약칭이 있는 것처럼 보여지기도 한다. 무지개의 일곱 색깔을 나타내는 약칭이 그것이다. 가로되 '빨주노초파남보'다. 위 글씨는 각각 '빨강빛', '주황빛', '노란빛', '초록빛', '파란빛', '남색빛', '보라빛'을 뜻했다. 그런데 '빨주노초파남보'는 각각 그것들이 뜻하는 빛깔의 약칭이 아니다. 무지개의 일곱 색깔을 암기하기 위한 하나의 기술적 표현에 불과한 것이다. 그러므로 그것은 결코 공식적인 약칭이 될 수 없다.

한때 '아더매치유'라는 말도 유행했다. 그것은 '아니꼽고, 더럽고, 매스껍고, 치사하고, 유치하다'라는 뜻을 가지고 있었다. 이것은 익살이나 기지일 뿐 약칭은 되지 못한다.

그렇다면 '나사본'은 어떤 의미를 가지고 있는가? 한때 대통령선거운동에서 중요한 역할을 담당했던 정치 방계단체의 이름이다. '나라사랑본부'가 그 실체이다. '나라, 사랑, 본부' 각 어휘의 첫자를 떼어서 엮은 말인데 우리에게 생경감을 주었다. 그러므로 '나사본'이란 말은 그 출발에서부터 잘못된 것이라고 할 것이다. 이러한 약칭은 우리말을 오염시키는 또 하나의 주범이 되는 것이다.

'예닮교회'라는 교회가 있다. '예수닮기교회'라는 의미를 담고 있는 이름이라고 생각한다. 읽을 때의 소리도 나쁘지 아니하다고 생각한다. 그러나 문제는 원칙이다. 원칙의 측면에서 생각해 볼 때 '예닮교회'란 명칭은 역시 우리말 오염에 대한 책임을 져야 할 것이다.

'함,즐,함,울'운동이라는 것이 있다. '즐거워하는 자들로 함께 즐거워하고 우는 자들로 함께 울라'(롬 12:15)라는 성경말씀을 실제 생활에 옮기자는 운동이다. '함께, 즐거워하고, 함께, 울다'라는 말의 첫소리를 따서 엮은 것이다. 뜻도 좋고 기지도 엿보이는 말이다. 그러나 이 표현 역시 우리말의 품위를 떨어뜨리는 것이다.

이러한 식의 신조어 약칭이 생길 수 있다면 '태하천창'이라는 표현도 수용해야 될 것이다. "태초에 하나님이 천지를 창조하시니라"(창1:1)라는 성경 구절은 웬만한 사람이면 다 알고 있다. '태,하,천,창'은 위 성경 구절의 각 어휘 첫자를 떼어서 엮은 것이다. '태하천창'이 받아들일 수 없는 것처럼 다른 모든 천박한 억지 약칭은 배척되어야 하는 것이다.

우리말의 순수성을 지키기 위해서이다.

12. 조국의 통일과 남·북 언어의 통일

1) 머리말

한반도의 통일은 우리 민족의 한맺힌 소망이다. 우리의 강토가 갈라져 있다는 것은 조국의 산과 들이 갈라지고 강과 바다가 갈라졌다는 그런 지리적인 문제가 아니다. 우리의 사지가 찢기고 살이 떨어져 나갔다는 피의 문제이다. 그렇기 때문에 이 반도에서 생겨난 거의 모든 비극과 아픔의 출발점은 바로 이 조국의 분단이다.

광복 50년이 지났는데도 남과 북은 서로 원수로 대치하고 있다. 말로는 서로 형제이고 동포라고 하면서 실제로는 원수인 점에 이 원수됨의 처절함이 있다. 그리고 우리가 지금은 지구상에 유일한 분단국가라고 하는 점에 우리의 보다 큰 아픔이 있다. 우리에게 조국의 통일은 언제쯤 실현될 것인가? 이것이 온 민족의 뜨거운 관심사이다.

그런데 지금 당장 우리 앞에 통일이 찾아온다고 하면 우리는 이것을 맞을 준비가 다 되어 있는가? 우리의 생각이 여기에 미치면 우리는 크게 당황하지 않을 수 없다고 생각한다. 오늘이라도 휴전선이 무너지면 어떻게 될 것인가? 대혼란이 일어날 것이다. 정치, 군사, 경제, 문화, 사회 어느 하나 흔들리지 않고 버틸 수 있는 곳은 없을 것이다.

그렇게 강력한 힘을 배경으로 하여 꾸준히 통일을 대비해 온 동·서독(특히 서독은 그랬다) 마저 동·서 장벽이 예상보다 빨리 무너지자 얼마나 당황했던가? 그리고 그후 양독의 이질화를 극복하기 위해서 얼마나 힘든 고비를 넘겼던가?

우리는 이것을 생각하면 아찔해질 수밖에 없다. 우리와 저들은 같은 형제라고 생각할 수 없을 정도로 가치의 기준과 생활의 지표가 다르다. 우선 급한 것이 법률제도의 정비라고 생각한다. 사유재산을 인정하지 아니하는 공산제도하에서의 경제원칙과 시장경제제도하의 그것은 근본적으로 다르다.

해방 후 또는 1.4후퇴 후 자기 재산을 몰수당하거나 버리고 남하한 사람들의 소유권을 어떻게 처리할 것인가? 그외에 법률적으로 해결해야 할 경제적 문제가 산적돼 있다.

다음으로 중요한 것이 언어의 문제라고 생각한다. 물론 남과 북은 원래 같은 말을 써온 언어공동체의 같은 구성원이었다. 그러나 지금은 공산주의와 자유민주주의가 서로 다른 만큼이나, 서로 다른 말을 쓰고 있다. 우리가 같은 말을 쓰고 있는 형제라고 생각하기 어려울 정도로 남과 북의 말은 서로 이질감을 주고 있다.

말의 이질성은 곧 문화의 이질성을 뜻하는 것이고, 문화의 이질성은 정신의 이질성을 의미하는 것이다. 그러므로 우리가, 통일을 필연적인 우리의 지상과제라고 생각한다면, 언어의 통일을 위한 준비를 시작해야 하는 것이다.

2) 남 · 북 언어의 실태

우선 남·북한의 언어의 실태를 살펴보자. 1945년부터 1954년까지는 북한도 우리와 같은 '한글맞춤법통일안'을 지켰으므로 남·북한의 언어정책에는 별다른 차이가 없었다. 그런데 1954년에 '조선어철자법' 시대에 접어들면서 북한은 우리와 다른 철자법을 시행하게 되었다. 거기다 자모순까지 바꿔 버렸기 때문에 양쪽의 사전편찬은 대단한 차이를 보이게 되었다.

1966년 '조선말 규범집'이 출판되고 나서부터는 철자법과 표준발음법에 있어서 우리와는 심한 이질화를 보여 왔다. 그 중 특기할 사항은 1966년에 북한이 '문화어'라는 새로운 말을 만들어 내었다는 점이다. 그들이 정의하고 있는 문화어의 개념은 다음과 같다.

"문화어는 조선인민의 유구한 역사와 더불어 발달하여 온 조선민족의 훌륭한 모든 요소들을 이어받아 인민적 입장에서 다듬고 가꾸어 온 가장 규범적이며 문화적인 언어이다". 김일성은 문화어와 관련하여, 아래와 같은 교시를 내리고 있다.

"우리말을 발전시키는 데 있어서 영어나 일본말이 많이 섞인 서울말을 표준어로 할 수 없다. 사실 남조선에서 쓰고 있는 말 중에 한자말과 일본말, 영어를 빼버리면 우리말은 '을', '를'과 같은 토만 남는 형편이다. 그래서 서울말을 표준어로 정할 수 없다. 우리는 우리의 표준어, 문화어를 써야 한다.

평양말을 기초로 하여 문화어를 써야 한다".

이 말은 정치면과 군사면에 있어서뿐만 아니라 언어를 중심으로 한 문화면에서도 북한이 주도권을 장악하겠다는 뜻을 내포하고 있는 것이다. 결국 모든 면에서 평양(북한)은 서울(남한)보다 우위를 차지하여야 한다는 것이다.

'노동'을 '로동'으로, '역사'를 '력사'로, '이순신'을 '리순신'으로 발음하고 있는 것도 우리와 다른 것이다. 그냥 다른 것이 아니다. 그들의 해석에 의하면 이는 북의 우월적 차이인 것이다.

'옥수수'를 '강냉이'로, '채소'를 '남새'로, '전장'을 '전마당'으로 고집하는 것도 문제이다. '출입'을 '입출'로 '수용'을 '접수'로 하는 것도 문제라면 문제이다.

민족의 자존과 주체성을 지킨다는 명목으로 외국어는 거의 전부 순수한 우리말로 바꿔 놓고 있다. 그 마음의 자세에는 수긍이 가는 바도 없지 않으나 국제화시대에 있어서 세계적으로 통용되고 있는 자연스런 외국어도 우리말로, 그것도 무리한 우리말로 바꿔야 할 필요가 있는가 하는 점은 생각해 볼 일이라고 본다.

'레코드'를 '소리판'으로, '리본'을 '꽃댕기'로, '파마'를 '볶은머리'로, '코너킥'을 '모서리차기'로, '메뉴'를 '차림표'라고 하는 것 등이 그 예이다. '탁아소'를 '애기궁전'이라고 부르는 것은 과장기를 느끼게 하고, '멸균'을 '균 깡그리 죽이기'라고 고친 것은 거추장스럽다는 점을 빼고 호전적인 북의 기질을 피부로 느끼게 하는 것이라고 본다. '해수욕'을 '바닷물놀이'라고 말하는 것은 말의 기교성을 느끼게 한다.

좀더 구체적으로 살펴보자. 북한이 즐겨 쓰는 방송언어다.

"탁구전법을 열심히 학습해 나가다"

"모내기전투가 벌어졌다"

"수술전투는 성공했다"

"우리가 영농전투에서 승리를 했다"

"예술선동(격려)의 북소리가 우렁차다"

"약초생산기지(재배지)를 건설할 데 대한"

"무대지령체계(감독)를 다지자"

"원료기지(식량공급터전)를 꾸미는 데 일떠나서자"

"혁명가요를 창작하기 위한 투쟁을 벌린다"

"전사들의 생명을 지키는 초소(임무)를 맡다"

"직접 강의에 출연(출강)하였다"

우리의 입장에서 들어 보면 소름이 끼칠 정도로 호전적, 선동적인 말이다. 이러한 군사용어는 그들의 사상 무장과 체제 옹호를 위하여 의도적으로 사용되고 있는 것으로 본다.

남·북한이 같은 낱말을 쓰고 있는 경우에도 그 내용은 다른 경우가 허다하다. 이는 남·북의 문화사회적 이질성 때문에 생긴 결과라 할 것이다. 아래에 문제의 낱말과 남·북한에 있어서의 의미의 차이를 대비해 본다.

낱 말	남 한	북 한
동지	서로 뜻이 같은 사람	로동계급의 혁명위업을 이룩하기 위한 투쟁대오에서 같은 뜻을 가지고 싸우는 혁명가
변절자	절개가 변한 사람	혁명적 지조를 저버리고 조국·인민을 배반하여 반혁명이나 반동으로 넘어간 자
승리	겨루어 이김	혁명투쟁, 건설사업에서 이기는 것
자질	타고난 성품과 바탕	가지고 있는 정치적 실무적 능력수준
선동	여러 사람을 부추기어 일을 일으키게 함	혁명적 사업을 잘 수행하도록 대중에게 호소하여 그들의 혁명적 기세를 돋구어 주며 당정책 관철에로 직접 불러일으키는 정치사상 사업의 한 형태
세포	생물체를 조성하는 기본적 단위	당원들을 교양하고 당원들의 사상을 단련하며 그들의 일상생활을 지도하는 기본조직
어버이	아버지와 어머니	인민대중에게 가장 고귀한 정치적 생명을 안겨 주시고 친부모도 미치지 못할 뜨거운 사랑과 두터운 배려를 베풀어 주시는 분을 친근하게 높이어 이르는 말
독재	주권자가 마음대로 정무를 처단함	프롤레타리아 독재는 소수 착취계급에 대한 독재인 동시에 광범한 인민대중에 대한 민주주의이며, 부르주아 독재는 광범한 피착취 근로대중에 대한 독재인 동시에 극소수 착취계급에 대한 민주주의다.
일군	삯을 받고 육체노동을 하는 사람	혁명, 건설을 위하여 일정한 부문에서 사업하는 사람
풍자	무엇에 빗대어 재치있게 경계하거나 비판함	미제국주의와 계급적 원쑤들의 반동적 본질과 죄행을 규탄하는데 리용하는 비웃음을 통한 비판

특히 '민족', '자주', '통일', '평화', '전쟁', '대화'라는 말에 대한 남과 북의 견해차이는 서로 하늘과 땅 같은 거리를 두고 있다고 할 것이다. 그러나 이 사안은 정치적 논쟁을 유발

할 가능성을 가지고 있으므로 이 이상의 설명은 피하기로 한
다. 마지막으로 남·북한이 서로 다른 어휘를 사용하는 경우
를 아래에서 살펴본다.

남 한	북 한	남 한	북 한
상이군인	영예군인	군사계급	군사칭호
화장실	위생실	자포자기	자기포기
산책길	유보도	수업시간	상학시간
양해	료해	원수	원쑤
기상대	기상수문국	국내외	해내외
상호	호상	저서	로작
농가	농호	민간인	사민(私民)
양로원	양생원	하수관	오수관
보증하다	담보하다	공무원	정무원
대풍년	만풍년	입구, 어귀	초입(初入)
예술공연	교예공연	살충	벌레잡이
확성기	고성기	살충제	벌레잡이약
진열대	매대	농경지	부침땅
반찬	식찬	연골	삭뼈
명곡	절가	연안해	기슭바다
헌병	경무원		

위에서 살핀 문제에다 남·북한의 문법의 차이, 글씨 표기
의 차이 그리고 문장구성의 차이에까지 생각이 미치면 가슴
이 무거워진다. 이는 심각한 언어 동일성 파괴요소로 떠오르
지 아니할 수 없는 것이다. 우리는 이 문제 극복을 위하여
있는 힘을 다 바쳐야 할 것이다. 우리가 참으로 흰옷 백성의
통일을 희구한다면 말이다.

13. 우리말·글의 아름다움을 되찾자
-사람의 이름과 땅이름에서부터-

1) 한글이름 짓기

한 사물의 개념을 분명하게 한다는 것은 그 사물의 내용을 밝히면서 다른 사물과의 차이점을 드러내는 것이 된다. 명사의 개념을 정립한다는 것은 바로 이러한 것을 의미하는 것이므로 그 일은 실로 귀한 것이다.

그러한 개념 중에서도 가장 귀한 것이 사람의 이름과 땅이름이라고 생각한다. 사람은 우주의 주인이고 땅은 사람으로 하여금 사람되게 하는 흙이기 때문이다. 형식이 내용을 결정하는 경우가 많은 것처럼 훌륭한 이름에서 훌륭한 사람이 나오고 아름다운 지명에서 아름다운 환경이 생겨나는 경우가 많다고 본다. 또 그것이 진리인 경우도 많은 것 같다.

우리나라 사람들은 유난히 사람과 땅의 이름에 대해서 애착을 느끼고 있는 것 같다. 그래서 다른 나라에서는 찾아보기 힘든 성명철학(?)이 우리의 관심을 끌고 땅의 풍수지리학이 성행하는 것인지 알 수 없다.

어쨌든 우리나라 사람들이 성명에 대해서 크게 관심을 기울이고 이름을 중시하는 것은 널리 알려진 일이다. "호랑이는 죽어서 가죽을 남기고 사람은 죽어서 이름을 남긴다”라고 들 말하고 있다. 효도를 중시하는 우리가 ‘입신양명(立身揚名)’이 최고의 효도라고 보고 있는 것은 이름이 얼마나 중요하다는 것을 나타내고 있는 것이다.

그런데 그 이름들을 옛날에는, 거의 예외없이, 한자로 지었는데 요즈음은 아름답고 힘찬 우리말로 짓는 경향이 생겨나고 있다. 이는 괄목할 만한 좋은 현상이라고 생각한다. 이 말은 한자로 지은 이름은 나쁜 것이고 우리말로 지은 이름이라야 좋은 것이란 의미가 아니다. 한글이름이 참신하고 넘치는 활력을 솟구치게 하는 힘을 가지고 있다는 뜻이다.

그런데 고유한 우리말 이름을 연구한 분들의 말에 의하면 우리나라 사람들의 옛이름은 순수한 우리말로 된 것이 많았다고 한다. 한말글연구회 회장 정재도님의 글을 옮겨 본다.

“동명 성왕의 ‘동명’은 ‘새 밝’, 온조의 ‘온’은 ‘백’, 박혁거세의 ‘혁거세’는 ‘붉은 뉘(밝은 누리)’, 김수로왕의 ‘수로’는 ‘마로(마루, 우두머리)’, ‘대로(對攎)’는 ‘마로’, ‘각간(角干)’은 ‘뿔한’이다”.

그리고 보니 주시경 선생이 자신의 이름을 우리말로 ‘두루 때글’이라고 부르던 숭고한 나라사랑의 넋을 다시 한 번 기리고 싶어진다. ‘두루 때글’님의 정신을 뒤따르면서 우리말로 지은 아름다운 이름들을 열거해 본다(이중에는 실제 인물의 이름도 있다).

강나루건너, 고운이, 구슬이, 금방울, 김불끈, 금모래, 금잔디, 김두루한, 김한빛나리, 나너랑 나누리, 나비랑, 남보

라, 노고지리, 노을빛

  단비, 도라지, 동방별, 마으미, 모두다, 문열림, 박꽃별, 박넝쿨, 박달재, 박덩굴, 박차고, 반가움, 밝한샘, 방그레, 방실, 뱃길로, 배우리, 배꽃나라, 백골집, 변치안, 복숭아, 봉우리, 부지런

  서라벌, 서리라, 서쪽마을이, 소나무, 소르르, 송아리, 송송송, 숨결새벌, 신나리, 양나래, 양어개, 예다운, 예도라, 오솔뼈, 오솔사이, 오신님, 옥구슬, 온나라, 온누리

  우리나라, 우물가, 우스미, 유능수버들, 윤나리, 윤이나, 은나래, 은방울, 이거다, 이나라, 이대로 살자, 이루다, 이쁘다, 이슬비, 이하얀, 이더기, 임고운, 임소리, 임섬김, 장모퉁이돌, 장하니, 장한누리, 전진일뿐, 정겨와, 정다운, 정고스란, 조약돌, 조은애, 주리라, 지고가

  차돌샘, 채송아, 채우리, 피리라, 하리라, 한구루, 한꽃송이, 한나라일꾼, 한빛살기, 한아름, 한흙솔, 홍보라, 황고사리 등이 그것이다.

  추가로 방송작가 이봉원님의 글을 소개한다 아름답고 멋있는 우리말 이름들이 소개되고 있다.

  "한글식 돌림자 이름짓기엔 많은 방법이 있다. 쌍둥이 여아들에게 '아롱, 다롱'이라 지어 준 부모가 있고, 'ㄴ'자를 돌림으로 하여 '난새', '내리', '노상'이라고 지은 음악가정이 있는가 하면, 한 낱말을 돌림자로 하여 '아름나라', '보리나라', '새미나라'라는 아름다운 이름을 가진 형제도 있고,

  그런가 하면 3남매 이름을 차례로 '참', '아름', '다운'이라고

지어서 그댁 식구들은 전화벨이 울리면 수화기를 들고 '참 아름다운네 집입니다!'라고 한다는 아주 행복한 가정도 있다.

얼마나 아름다운 이름들인가? 이런 아름다운 이름을 짓고 부르는 운동이 생활화되면 이 강산에는 풍요로움이 가득차게 될 것을 나는 의심하지 아니한다."

2) 우리 땅이름 되찾기

.다음으로 우리말의 땅이름을 찾아보자. 사람이름은, 위에서 밝힌 바와 같이, 옛날에는 한자로 지어졌다가 요즈음 우리말로 지어지는 경향이 있는데 땅이름은 순수한 우리말로 불리던 것이 근대에 와서 한자로 바뀌었다. 이것은 안타까운 일이라고 생각된다. 그리고 그 한자개명이 주로 일본의 우리 문화말살정책으로 이루어졌다는 점에서 더욱 그렇게 느끼게 된다.

어쨌든 잃어버린 우리의 옛 땅이름을 살펴보자. 우선 우리 나라의 국명부터 짚어보자. 우리나라의 옛이름은 '한나라'이다. 그 당시에는 한자가 없었으므로 그것은 '韓나라'나 '漢나라'를 뜻하는 것이 아니었다. 우리의 '한나라'는, 한말글연구회 회장 정재도님의 설명에 의하면 다음과 같이 높고 귀한 뜻을 가지고 있었다고 한다. 그분의 글을 옮겨 본다.

"우리 '한나라'의 '한'은 '하늘'(한 우물:하늘에 제사지내는 우물), 우두머리(마리한:신라 왕이름 '마립간'), 크다(한 길), 바르다(한가운데, 한복판), 하나(한 개, 한 사람), 같다. 한

마을, 한 동네, 한창, 한겨울, 한더위 같은 뜻의 좋은 말이
다.

'한가람'이 '한강'이 되었어도 그 '한'은 '크다'는 뜻의 우리말
이지 '한강(漢江)', '한강(韓江)'이 아니다. 그런데 지금도 '漢
山, 漢江'을 '韓山, 韓江'으로 하자는 얼치기가 있다니 어처구
니가 없다"

그분의 설명에 의하면 고구려, 백제, 신라, 가라의 나라
이름도 우리말에서 그 뜻을 찾을 수 있다는 것이다. 즉 '구
려'는 '크리(큰 나라)', '백제'는 '밝잣(밝은 나라)', '신라'는
'새라(새 나라)', '가라'는 '크라(큰나라)'라는 뜻을 가지고 있
다.

박한샘님의 연구에 의하면 신라의 처음이름은 '시가라'였는
데 '시'는 동쪽 '가라'는 '나라'라는 뜻을 가지고 있었다는 것이
다. 결국 '시가라'는 '반도의 동쪽에 있는 나라'라는 의미를 가
진 이름이었다는 것이다.

재미있는 것은 전라북도에 있는 '임실'이 백제시대 이래로
한 번도 바뀐 일이 없는 유일한 우리말 땅이름이라는 것이
다. '임실'은 원래 '임이 사는 마을'이라는 뜻을 가지고 있었다
고 한다. 이 뜻을 따라서 한자로 표기하면 '主谷'이 되어야
할 것인데 소리를 따라서 '任實'이라고 표기한 탓으로 안타깝
게도 원래의 의미를 상실하게 되었다는 것이 위 정재도님의
주장이다.

그리고 땅이름과 관계되는 것으로 서울 은평구의 모래내우
체국과 전라북도 부안의 곰소우체국 두 곳이 우리말의 땅이

름을 보존하고 있다는 것이다.

한국사람의 의식구조와 관련하여 특별한 의미를 가지고 있다고 인정되는 지명 하나를 생각해 보고자 한다. 서대문 밖에 '눈물의 다리'가 있었다는 기록이 있다.

이 다리는 한국인의 눈물의 특성과 그 영향을 입고 있는 우리의 언어습관 등을 생각하는 데 좋은 자료를 제공하고 있는 것이라고 느껴진다. 원로 언론인 이규태님의 글을 요약해서 옮겨 본다.

위 눈물의 다리가 한자로는 '泪橋'라고 표기되어 있다고 한다. '泪'자와 '淚'자는 다 같이 '눈물 루'자로 읽혀진다. 그 차이는 무엇인가? 그의 설명에 의하면 淚자는 상형(象形)으로 미루어 보아 흐르는 눈물의 형상이고 泪자는 흐르지 않고 (눈에) 고여 있는 눈물을 뜻하는 글씨이다.

"그런 누교(泪橋)는 어떤 사연의 다리이기에 눈물이 흐르지 않게 울어야 했던 다리인가?" 하는 것이 그가 제기하는 문제의 초점이다.

이 누교 건너편은 조선 말엽 천주교 대박해 때 수많은 천주교도들이 처형되었던 서소문형장이었다는 것이다.

이 다릿목에서 순교자들의 가족이나 친지들은 단장의 이별을 해야 했다. 그들은 사랑하는 이의 처절한 죽음의 비명소리에 귀를 막고 몸부림쳤다. 그곳은 또 다리께로 실려나오는 시체 앞으로 달려가 쓰러져 울고 울던 곳이기도 하다.

그런데 왜 눈물을 흘려서는 안 된다는 것인가? 이것이 그가 제기하는 의문의 핵이다.

"왜 정든 자와 사별하는 그런 극한 상황에서까지 한국인은 눈물을 흘려 버려서는 안 되었던가? 마냥 복바쳐 나와 눈망울 속에 방금이라도 넘쳐날 듯한 그 눈물을 흐르지 못하도록 억제하는 한국인의 의지는 무엇인가?"

이 자문에 대한 자답은 다음과 같다. "눈물이 솟는다. 눈꺼풀로 억제한다. 흘려 버리면 전혀 다른 상황이 벌어질 것이므로 다 그 긴장된 순간순간을 흘려 버려서는 달라질 상황 이전의 상황에다 유보하려는 노력이 있다. 흘려 버리기는 쉽다. 그것은 편한 노예를 포기하고 고된 자유를 택하는 행위와 같은 것이다. 눈에 가득히 담아 둔 그런 루(泪), 거기에 의지가 껴들어 있어 아름답다… 그러기에 눈물은 淚보다 泪 쪽이 한결 어렵고 철학이 필요하다"(이규태 《한국인의 의식구조》, 161~163면).

이 철학이, 그의 표현에 따르면, 희로애락을 은폐할 줄 알아야 사람구실을 할 수 있게 된다는 자기부인의 철학인 것이다. 이미 살펴본 바와 같이, 이러한 의식과 철학이 우리의 말·글 구석구석에 그 모습을 들어내어 놓고 있는 것이 사실이다.

이제 우리말 옛이름을 잃어버린 땅들을 살펴보자. 비사벌(전주), 서라벌(경주), 달구벌(대구), 한밭(대전), 널문이(판문점), 대춧말(대조동), 약밭(약전동), 서리풀이(서초동), 곧은골(직동), 능골(능곡동), 새내(신천동), 마른냇골(건천동), 연못골(연지동), 진고개(이현동), 솔고개(송현동), 등마루(등촌동), 밤고개(율현동), 가는골(세곡동), 곧은골(직동),

먹골(묵동), 범넷골(범천동), 검은돌(흑석동), 광나루(광진), 굴레방아 돌곶(석관동), 뚝섬, 자갈치, 마리산(머리산의 뜻) 등이다.

멋과 풍류를 갖춘 이름들이 아닐 수 없다. 이 이름들을 부르고 있으면 우리 조상들의 슬기와 꿈을 다시 한 번 체험하는 듯한 느낌이 든다. 이름이 전부가 아니라도 좋다. 실제하는 것은 개별적 생명체뿐이다. 추상적 개념은 명목에 불과하다는 유명론(nominalism, Nominalismus)의 소리에 귀를 기울여 보고 싶은 생각이 든다.

이렇게 아름다운 땅이름을, 천천히라도 되찾는 운동이 벌어졌으면 하는 생각이 간절하다. '서울'만이 예외적으로 불리는 우리말 땅이름이 되어야 할 이유가 어디에 있는가?

14. 맺음말

우리의 말과 글은 지금 극도의 혼동 상태에 놓여 있다고 할 것이다. 그런데 대다수의 국민들이 이 위기를 위기로 느끼지 않고 있는 곳에 보다 큰 위기가 있다고 본다. 경제를 바로잡고 질서를 세우는 일도 중요하지만 우리말과 글의 문제를 해결하는 일이야말로 무엇보다도 시급한 일이라고 생각한다.

우리의 말과 글에 담긴 우리의 정신이 바로 세워지지 아니하는 한 나라를 위한 다른 어떤 노력도 무의미한 것으로 되기 때문이다.

우선 아름다운 우리말 쓰기, 정확한 우리글 찾기에서부터 시작하여 우리의 말과 글에 담긴 우리의 넋을 빛나게 하는 데까지 이르러야 한다고 본다. 문맹률이 낮기로 세계에서 으뜸 간다고 자랑하면서도 자기말 바로쓰기에서는 2류나 3류급 국가군에 머문다면 이는 부끄럽기 짝이 없는 노릇이다. 초등교육만 받게 되면 기초적인 문법상의 오류를 범하지 않는다는 것이 세계적인 추세라는 것을 생각해 볼 필요가 있다.

우리의 눈은 멀리 찬란한 21세기를 바라보고 있는데 우리의 발은 오늘의 오염된 말·글의 늪에 빠져 있다. 최소한 일본 사람들이 자기 말을 쓰는 수준으로 우리는 우리말을 쓸 줄 알아야 한다고 본다. 제 나라 말을 정확하게 쓸 줄 모르면서 남의 말과 글을 배우겠다는 것은 크게 잘못된 것이다.

외국말을 배우지 말자는 뜻이 아니다. 그렇다고 해서 우리말을 완전히 정확하게 쓰게 된 후에 외국어를 배우자는 뜻도 아니다. 우리말을 지금 수준의 6배 정도로 정확하게 쓰게 될 것을 염두에 두면서 외국어나 한문을 배우자는 것을 제창하고 있는 것이다.

우리가 우리말·글에 대해서 사랑과 긍지 그리고 사명감을 가지고 이를 닦아 나갈 때 우리에게는 약속된 내일이 있게 될 것이다.

말·글의 힘, 나라의 힘   값 15,000원

2002년 12월 20일 초판 인쇄
2002년 12월 25일 초판 발행

지 은 이 / 이 진 우
펴 낸 이 / 최 석 로
펴 낸 곳 / 서 문 당
주소 / 서울시 마포구 성산동 54-18호
전화 / 322—4916~8 팩스 / 322—9154
창업일자 / 1968. 12. 24
등록일자 / 2001. 1. 10
등록번호 / 제10-2093
SeoMoonDang Publishing Co. 2001

ISBN 89-7243-185-0   * 잘못된 책은 바꾸어 드립니다